ローカル・ノレッジ

JN158863

ローカル・ノレッジ

解釈人類学論集

クリフォード・ギアーツ

梶原景昭・小泉潤二
山下晋司・山下淑美 訳

岩波書店

LOCAL KNOWLEDGE
Further Essays in Interpretive Anthropology

by Clifford Geertz

Copyright © 1983 by Basic Books, Inc.

This Japanese edition published 1991
by Iwanami Shoten, Publishers, Tokyo
by arrangement with Basic Books, Inc., New York
through Tuttle-Mori Agency, Inc., Tokyo.

「この作品はどのジャンルに入るのか、と私は問う。喜劇のジャンルか？　が、ここに笑うべき言葉はない。悲劇のジャンルか？　が、恐れや哀れみなど、感情の激するところはいささかもない。しかしここには興味深さがある。笑うべき滑稽さはなく、おののくべき危うさもないが、そこで主題が重要となり、そこで詩人が真摯なものの内なる色調を捉え、そこで当惑ととまどいのうちに筋書きが進行するような演劇構成の内には、興味深さがある。そして、生においてはこの筋書きがもっともよくみられるのであるから、この筋書きを対象とするジャンルは何よりも有用で何よりも広いはずだと私には思われる。このジャンルを私は、真摯なジャンルと呼ぼう。」

ディドロ『演劇論』

ローカル・ノレッジ

目次

序文

一〇年前、私が自分の論文いくつかを集めて、半ば表敬、半ば護符のつもりで『文化の解釈』の名のもとに発表したとき(＊1)、私は総仕上げをしたつもりであった。そのとき書いたように、自分が何を書いてきたかを書いたつもりであった。しかし実は私は自らに責めを負わせることになっていた。人類学においてもやはり、Aを語ればBをも語る、ということだったのであり、爾来私はそれを語るために多くの時間を費やしてきた。そうして生まれたのが以下の諸論文である。しかしそれらが、考えの帰着するところよりはよって来るところからほど遠くないことを、私は今ひときわ強く感じている。

同時に、この種の思考——美術鑑定をする人は作品の微妙なニュアンスに鈍く、作品批評をする人は比較の作業に弱いことを相互に補完させたようなもの——が社会科学全体に広まっていることも、当時よりはるかに強く感じている。このような変化は、部分的には単に歴史によることであった。文化現象は理解の問題を提起する意味体系として扱われるべきである、という考え方は、文学的なもの、ないしは不精確なものにアレルギーのある社会科学者にとって、一〇年前には現在よりはるかに警戒すべきものであった。これはまた部分的には、文化現象に対する既成のアプローチ、つまり法則性と因果関係を土台とする社会物理学的アプローチが、予測と統御と検証可能性の勝利する日を予言しながら、いつになってもその日は来ないことが広く認められるようになった結果でもあった。そしてまた部分的には、知的孤立性の解消の結果でもあった。現代思想の大きな潮流は、かつては心地よく孤絶していた領界、所によってはいまだ孤絶している領界を、ようやく浸し始めたのである。

こうした事態の展開のなかで、最後のものがもっとも重要であるかもしれない。ハイデッガー、ウィトゲンシュタイン、ガダマー、リクールら哲学者の見解や、バーク、フライ、ジェイムソン、フィッシュら文芸批評家の見解、またフーコー、ハーバマス、バルト、クーンら分野不問の反逆者たちの見解が社会科学の領域に入り込んだために、社会科学を専門技術として捉える見方への単純な回帰はほとんどありえないことになった。無論、そのような見方からの離反がまったく新しいわけではない。ウェーバーの名を忘れるわけにはいかないし、フロイトやコリングウッドの名も落とせない。しかし離反が全面的であることは新しい。今世紀の独創的思想にその根本を揺るがされる社会研究は、まことに規則性を欠くものになりつつあるように思われる。

それが多元的になりつつあることは確実である。大々的観念を奉じる人々がいなくなったわけではないが、社会的なるものほぼすべてについての「一般理論」を求めようとすることの虚しさは増し、そうした理論を手にしたとの主張は誇大妄想と聞こえるようになった。これが統一的科学を望むには早すぎるからか、それともそんなものを信じるには遅すぎるからかは、議論のあるところと思う。しかしそうした科学が、今ほど遠く、考えにくく、望むべくもないように思われる時はない。タルコット・パーソンズがかつて冗談半分に宣したことであるが、〈社会学はこれから始まろうとしている〉のではない。それは小さな枠組みへと分解しているのである。

枠組みこそ、さまざまな人々がそれぞれ自分のやっていることを要するに何であると考えているのかを見定めようという、文化人類学なる学問の実体なのであるから、以上のようなことはみな、この学問になじみの深いことである。文化人類学は、その普遍主義臭がとりわけ強い——進化主義的、伝播主義的、機能主義的、またごく最近では構造主義的、社会生物学的——かたちにおいてさえ、見えるものはどこから見ているか、何によって見ているかに依存するということについて、常に鋭い感覚を保持してきた。はるか遠くにある観念装置を理解し秩序立てようと試みる民族誌学者にとっては、知の形態は常に紛れもなく地方固有《ローカル》のものなのであり、その形態が利用するもの、そしてそれを包み込むものから切り離すことはできない。この事実を、普遍理論の修辞で覆い隠したり力づくの理論で見えにくくすることはできるが、全面的に消し去ることは不可能である。

かねてより馴染みやすさではほとんど並ぶもののない学問として、知的虚飾の臭いあるものを敵視しその野外活動のイメージを不自然なほど誇りとしてきた人類学は、奇妙なことに現代思想のある種の最先端部分にとりわけて適合的であることが明らかとなったのである。現代思想の大半における文脈主義的、反形式主義的、相対主義的傾向、すなわち、世界のそもそものあり方よりは、世界が語られる——描かれる、見取図がつくられる、表現される——際のさまざまなあり方を検討しようとする方向性は、奇異な認識や異様な物語の取り扱いに慣れている冒険科学者には受け容れやすいものであった。驚くなかれ、彼らはずっと前からウィトゲンシュタインの語り口をしていたのである。その一方で人類学は、かつてはもっぱら娯楽や好奇心や心の広さのため、また植民地的状況においては行政的便宜のために読まれていたものが、今や思弁的論争の主戦場と化した。エヴァンズ＝プリチャードとその神聖冒すべからざる鶏の託宣(*2)や、レヴィ＝ストロースとその物知りげなブリコルール(*3)よりこのかた、私が本書で「われわれの思考はいま」と呼んだものの中心課題は、人類学的材料と人類学的方法と人類学的概念のもとに統合されてきたのである。

　私自身の仕事に資料記録(人類学の役割の一つであるにもかかわらず不当な扱いを受けている)以上のものがあるとすれば、それはこうした議論の一端に私なりの切り込み方をしようとした点である。以下の全論文は、哲学者なら思索に依存して、文芸批評家ならテクストに即して、歴史家なら帰納を用いて考察するはずの大きな問題についての、民族誌学的情報(誤情報でないと誰が言えよう)に基づく考察である。社会理論の比喩的性格、異なる心性の関わりあい方、事物を他の人々が見るように見ることの実際上の困難、常識というものの認識論的な位置づけ、芸術が啓示する力、権威というものの象徴的構築、現代知性の騒然と差異に溢れた状況、人々が事実とみなすものと正義と考えるものとの間の関係、本書ではこうしたものを次から次へと検討することによって、われわれ自身のものではない理解をわれわれが理解するとはどういうことであるかを何とか理解しようと試みるのである。

　「理解を理解する」というこの試みは今日では解釈学(hermeneutics)と呼ばれることが多く、この意味でなら、特に解釈学という語の前に「文化」(cultural)とつけるならば、私のしていることはその呼び名にふさわしい。しかし以下の議論には、「解釈の理論と方法」(これが解釈学という語の辞書的な定義である)といったものは大して見あたらないであろう。というのは「解釈学」を、認識論の場合と同じように一種の超《パラ》科学へと物象化することが必要であるとは私は思わないし、一般原則の類いならもう十分だからである。以下の議論は何かについてのいくつもの解釈であり、そうした解釈が指し示している大きな問題として私が捉えるものを人類学へと引き寄せて論じるものであり、繰り返し現れる用語——象徴、意味、概念、形態、テクスト……文化——の循環なのであるが、これらの用語は議論に一貫するシステムが存在すること、そしてそれぞれ目標は大きく異なる以下の論考が、想像力による社会の作られ方についての説明を構築するにはどうすればよいかについての、一定した見解のもとに推進されていることを示唆するためなのである。

しかし、見解は一定であるにしても、その見解を実際にはどのように存在させどのように利用できるようにするかのほうが一定していないことは間違いない。こうした問題についての私の試論ばかりでなく、解釈的社会科学全般の議論が真っ直ぐに進まないのは、(議論を無味明快にすることを好む人々がよく言うように)実は逃避であるものを新たな深みであるかのように見せかけようとすることや、理性なるものに対して背を向けようとすることによるのではない。それはこれほど不確かな試みにおいては、いったいどこから始めたらよいのか、またともかく始めたにしてもどちらの方角へ向かったらよいのかがわからないことによるのである。議論が、そしてそれに伴って言葉が遠回しになるのは、直線的でよくならされているかに見える道筋ほど危うく見えるからである。

社会現象を因果関係の巨大な織物に織り上げることによって説明しようとすることをやめ、固有《ローカル》の意識の枠組みの中に位置づけることによって説明しようとすることは、見取図のはっきりしている一連の困難を、見取図のあまりはっきりしない一連の困難と置き換えることである。科学の名に値するものならば、論理の力に加えて、冷静さや一般性や経験的基礎づけをその特徴とするものである。これら捉え難い美徳を手に入れるために、決定論的アプローチをとる者は記述と価値づけとの間に根元的な区別を設け、しかるのち自らを記述の側に限定する。しかし解釈学的アプローチをとる者は、そうした区別が根元的であることを否定し、あるいはそうした区別の間に橋をかけようとするのであるから、それほど歯切れのよい戦略をとるわけにはいかない。もし私のように、ある人――モロッコの詩人、エリザベス朝の政治家、バリの農民、アメリカの法律家――が自らの経験にどのような注解を与えるかについての説明を構築し、そうした注解についてのそうした説明から、表現や権力やアイデンティティや正義に関する何らかの結論を引き出そうとするならば、通常の議論展開のスタイルからかなり逸脱していることをいつの時点でも感じるものである。遠回りをし、横道を歩くのであり、ウィトゲンシュタインの言い方を借りれば、眼の前に真っ直ぐな道路が見えても「もちろん……それは使えない、なぜならそれはいつまで待っても通行止めだからである。」

遠回りをし横道を歩くためには、随想《エッセイ》の形をとるのが便利である。およそどんな方向に歩き出してもよいし、それでうまくいかなければまたもとに戻って別方向に進めば、費やす時間も失望も大したことがない。研究書や論文とは違って、それに先立つ一〇〇ページにもわたる議論に関係づける必要もないから、中途での進路修正も容易である。着実に前へ進む、というのではもともとなく、曲がりくねって気まぐれに、出るところに出るだけなのであるから、さらに横道に入り込んだりさらに遠回りしたりしても、別に具合が悪いわけではない。また、ある問題についてさしあたっては、あるいは何一つ、言うことがないなら何も言わなければよい。ヴァレリーが言ったように、「作品は未完成なのではなく、打ち棄てられるのである。」

随想の形をとることのもう一つの利点は、極めて状況に対処しやすいという点にある。ある人の追悼や祝賀のため、またこの雑誌あの組織に肩入れするため、あるいは前に同じようなことを頼んだことに対する単なる返礼のために、あるところで話したり別のところに寄稿したりするよう千差万別の依頼が降り注ぐなかで一貫した思考を維持する能力を持たねばならないことは、あまり触れられることはないが現代の研究者生活における最大の特徴の一つである。そうした状況に抵抗することもできるし、人生をコーヒースプーンで計りとるようなことにならないためにはある程度はそうしなければならない。しかし同時に、(「文化は学習される」「慣習は異なる」「世界はあらゆる人種からなる」など)人類学おきまりの芸を繰り返すばかりの教壇上の曲芸師にならないためには、そうした条件を活用して、個別の要求に一つ一つ答えながら分析のまとまりを保ちつつ前進しなければならない。以下の全論文は、このような相互に無関係に、そして結果としてみれば学問の壁越しに来ていた依頼に答えたものである。しかしすべては、大きな展望《プログラム》を前面、ないしはいずれかの面に押し出そうとする執拗な試みでもある。[*4]これらさまざまな依頼者——法律家、文芸批評家、哲学者、社会学者、またアメリカ芸術科学アカデミーのさまざまな学者たち(以下の論文中二篇は彼らのためである)——が何を望んでいたにしても、彼らが得たのは「解釈人類学」、それも私流のである。

冒頭の論文「薄れゆくジャンル」は、まことに似つかわしいことであるが、もともとはネヴァダ州人文科学委員会のためにリノ市で講演したものである。（＊5）与えられた課題とは、「人文科学」と「社会科学」の関係についてある程度まとまったことを何かしら述べよということであって、これは両科学の両棲類とみなされる人類学者がいつでも頼りにされてきた問題なのであるが、私は（答えがわからないなら問題自体について論じるべしという学期末試験受験心得に従って）、そもそも両分野を区別すべきかどうかに疑いをさしはさむことによって答えを作ろうとした。「自然科学」「生物科学」「社会科学」「人文科学」という大分類は、カリキュラムを編成したり、学者を派閥や分野別共同体に分けたり、知的スタイルの大伝統を見分けたりする上では役に立つ。そして、一つの分野の内で行われる研究には相互に似たところがあるし、他の分野で行われるものからまったく異なるところがあることも疑いない。ともかく現時点においては〈物理運動の史料〉などは存在しないし、小説内における〈不活性《イナーシア》〉は自然科学におけるそれとは異なっている。しかしこうした大分類を現代の知における国境と領土の見取図であると考えたり、それより具合が悪いが学者世界の種の分類のためのリンネ的カタログと考えたりすれば、幾多の男性女性がものごとについて考え、その考えたものが何であるかを書きつけているそれぞれの分野において、いったい何が起きているのかが見えにくくなるだけである。

社会科学の諸分野に関する限り、それらを本質と派生物の対比によって自然界の種のように定義づけ、学問世界の一定の緯度経度に位置づけようとする試みは、ラベルを離れて事例に目を移すやいなや挫折することになる。レヴィ＝ストロースの仕事とB・F・スキナーの仕事を同一範疇に入れようとすれば、何とも空虚なことにならざるをえない。（＊6）「薄れゆくジャンル」において私は、このような異常と見える事態が今や当たり前となっていることをまず論じ、次いでそのために学問の親縁関係——誰が誰から何を借りているか——に重大な変動が起きていることを論じた。とりわけ、反乱や、病院や、なぜ冗談が面白いかなどを理解しようとする人々は、以前のような力学や生理学よりは、言語学や美学や文化史や法学や文芸批評に光源を求めるようになってきている。そのために社会科学が科学的でなくなってきているのか、それとも人文研究が科学的になってきているのか、(それとも、私などはそう思うが、科学とはそもそも何であるかについての、いずれにせよさして確固としたものではなかったわれわれの考え方が変わりつつあるのか)は、あまり明らかではないし、さほどの重要性は持たないのかもしれない。しかし、両分野ともに性格を変えつつあるのは明らかであるし重要である——そして秩序破壊的である。それが秩序破壊的であるというのは、結局どういうことになるのか誰にも見当がつかないからばかりでなく、社会的事象の説明のイディオム、つまりその語調とイメージが変化してきているからであり、そのような説明とは何か、それがなぜ求められるのか、それはわれわれが価値を置くものとどのように関わるかについてのわれわれの感覚もまた、変化してきているからである。変化しているのは理論や方法や主題ばかりでなく、企てそのものである。

第二の論文「翻訳に見出す」は、コロンビア大学のライオネル・トリリング記念セミナー(*7)において発表したものであり、私のような民族誌学者がやることとトリリングのような批評家がやることとを比較してそれほどの違いがないことを明らかにすることにより、上記の問題をいま少し具体的にしようとしたものである。この世の事物のあり方についてのバリ式の表現を、われわれ自身の表現に対する解釈的緊張関係に置くこと、つまり一種の註釈とすることと、生がどのようなものであるかについての――オースティンやハーディーやフォークナーの――文学的描写が、実際行動に対しどのような意味を持つかを評価することとは、単に類似の活動であるにはとどまらない。それらは異なった追求のしかたによる同一の活動である。

私はこの活動を、この論文の直接目的より大きな目的のために、「道徳《モラル》的想像力の社会史」と呼んだが、この語で意味するところは、われわれ自身と他の人々についての――他の人々のただ中にあるわれわれ自身についての――われわれの理解というものが、われわれ自身の文化形態との関わりによって影響されるばかりでなく、直接われわれのものではないような形態を、作り直し向きを変えて派生的にわれわれのものとする人類学者や批評家や歴史家等々による叙述によっても、かなりの程度まで影響されるという事実を歴史的に把握するということである。とりわけ現代世界においては、遠いこと、過去のこと、秘儀的なことについて、どんなことでも何かしらわかりさえすれば誰かが書かないことはまずなく、われわれはメタ註釈(バリの人々がどう考えるかについてギアーツがどう考えるかについてトリリングがどう考えるか、そしてそれについてギアーツがどう考えるか)にどっぷり浸かっているのであるから、われわれの意識は、ものごとがこの場、われわれのいるところで現在われわれにはどのように見えるかによってばかりでなく、世界の他のところの他の人々にはどのように見えるかによっても、少なくとも同じくらい形作られている。そのため(われわれの認識論上の自信が危うくなることは言うに及ばず)われわれの精神生活に不安定性がもたらされているのであるが、われわれはどうも一どきにあまりに多くのことを信じすぎているような気がしてならないこと、また、われわれは他の人々の生について判断を下す立場にあるのか、あるいはそもそものような立場に立つことができるものなのかどうかについてわれわれが強い関心を抱いていることは、この不安定性により説明されると私は思う。そして、ジェーン・オースティンについて現代人にどう語ればよいかを見出そうとするトリリング[*8]などと、現代人にはその想定や感受性においてオースティンよりさらに遠い想像力の構築物――妻女殉死《サティ》といったこと――について現代人にどう語ればよいかを見出そうとする私などとを、見解や方法においてはどのような違いがあるにしても結びつけているのは、このような不安定性を和らげうるという考えである。

種々の文化説明者がわれわれのためになしとげてくれるはずのものを私は「翻訳」(translation)――私の分野では少なくともエヴァンズ＝プリチャード以来使われてきた言葉である――と呼び、ジェームズ・メリル[*9]の一節を引き合いにして、翻訳においては多くが失われることは明らかであるが、曖昧で厄介であるにしてもやはり多くのものが見出されると論じた。しかし、翻訳とはいったい何なのか、実際にはどのようにすれば可能なのかという問題についてはそのまま触れずにおいた。「住民の視点から」は、事実トリリングが最初に反応した論文であったが、ここで私はこの問題を、少なくとも人類学としてはかなり具体的に検討した。

少なくとも私自身の人類学としては、である。このときは、私の仕事について賞を受けるためにアメリカ芸術科学アカデミーで講演する機会であったから、私の仕事はどんな種類のものなのかを語ってみようかと考えた。その数年前に出版されたマリノフスキーの『厳密な意味での日記』[*10]は、通常「感情移《エンパシ》入」と呼ばれるような、未開人の「心の中に入り込む」特殊な能力によって人類学者はその成果を得るのだという考えを相当程度まで粉砕していた。この考えがどれほど広く支持を得ていたかはわからない。(ミードの『火薬をしめらせるな』[*11]が出版されたときバーナード・デ・ヴォート[*12]は、「人類学者が米国について書けば書くほど連中がサモアについて言うことが信じられなくなる」と怒っている)。しかし『日記』が出版され、ロマン派詩人になったほうがよかったのでは、と思われるほどに自己没頭的な一人の男の姿が明らかになることにより、人類学者がどのようにして成果を得たのか(マリノフスキーばかりでなく、デ・ヴォートの見解はともかくミードも明らかに成果を得ているのである)という疑問は、これほど主観的ではないかたちで問われなければならなくなった。

　私がそのただ中で仕事をした人々――さまざまなモロッコ人やインドネシア人、つまりイスラム教徒や、ヒンドゥー教徒や、自分の反対側の宗教を装う人々――は、誰の定義によるにしても未開人とは呼び難いが、彼らの〈ものごと〉へのアプローチのしかたは相互に大きく異なるから、問題の焦点を広げて考えることが可能となる。このことを示すために、私はジャワ中部とバリ南部とモロッコのアトラス山中に見出した自己概念をまず手短かに描写し、そうした概念がその生命を得るような思考と行為の大きな枠組みをさらに手短かに描写した。次いで、人類学者がこの種のことを成し遂げるためには、二種類の描写を縫い合わせて――つまり(ジャワの人々が感情をどのように分類し、バリの人々が子供にどのように名づけ、モロッコの人々が知人をどのように呼ぶかについての)微に入り細をうがつ方向への観察と、(「静謐主義」「演劇主義」「文脈主義」という)大きくまとめあげる方向への特徴づけとを縫い合わせて――、両者を心の中に同居させたとき人の生のかたちについての信頼すべき、肉をまとった姿が現れ出るようにしなければならない、という点を私は論じた。ここでの「翻訳」とは、単に他の人々の〈ものごと〉の並べ方をわれわれ自身の見地から並べ直すことではなく（そうすれば〈ものごと〉は見失われる）、その人々の〈ものごと〉の並べ方における論理をわれわれの叙述のなかに開示することである。この考え方は翻訳という作業を、星を説明するために天文学者がすることより、詩に光をあてるために批評家がすることに近づける。

この点はどうあっても、「彼らの」見方を「われわれの」語彙のなかに捉えることは、自転車に乗るのと同じく言うよりは行うがやすしの類いである。そして続く二篇で私は、これをいま少し組織だったかたちで試みたが、そこで対象となったのは、私自身は別として人によっては文化の対蹠的両極端にあるとみなすもの、すなわち常識と芸術である。

実際、常識とは多くの人にとって、とりわけ比類なき常識人にとっては文化的なものなどではまったくなく、ありのままに理解されたものごとの真理そのものである。それは当たり前の人が理解する当た[*13]り前の事実のことなのである。そこで私は、六〇年代の学生運動のさなかのアンティオク・カレッジでジョン・デューイ記念講演[*14]として最初に発表された「文化システムとしての常識」を、このような（常識的）考えとは逆に、常識とは文化システムであると論じることから始めた。常識とはゆるやかにつなぎ止められた信仰や判断のまとまりなのであって、まともな心を持つ者ならそう考えざるをえないものなどではない、としたのである。まともな心を持つ者ならそう考えざるをえないものも確かにある――

岩は固い、とか、死は不可避である、とかである。また——岩は無感情である、死は不快である、のように——岩に精神生活を与えたワーズワースや、ウナムーノに向かって「死よ万歳《ビバ・ラ・ムエルテ》」を叫んだファシスト連[*16]を別として、誰にとっても疑いにくいものがあることも確かである。しかし常識とは、岩や死がこの世界に存在することを単に認識するよりは、そうしたものが存在するこの世界にどう対処したらよいかに関わるものである。常識は、絶対音感のような生まれつきの能力ではない。それは信仰心や律法尊重主義のような、心の特別な枠組みである。そして常識は、信仰心や律法尊重主義(や倫理や世界観)と同様、場所によって異なると同時にどこでも特徴的なかたちをとって現れる。

この論文では以上の点を例証するために、まず人類学的文献からとられた実例(エヴァンズ＝プリチャードの妖術、エジャートンの半陰陽)によって変異を示し、次いでどんな風土においても常識に特有のいくつかの特徴(繊細微妙なことについての不信感、実用性の称揚など)によって形態を示す。個別の理解を細かく見ていくことと、そこに染みわたる姿勢を大きく捉えていくこととの間の往復運動が、ここでもまた分析を推し進めている。このような往復運動においてのみ、人類学的範疇の構築、それが関わるものの広がり、それを利用する条件など、より大きな問題へと結びつけていく試みがありうるのである。

芸術に目を転じれば、こうした問題はさらにとぎすまされてくる。なぜなら芸術という範疇が「非西洋的」また「前近代的」な状況に適用可能かどうかについての論争は、「宗教」「科学」「イデオロギー」「法」についての似たような論争と比べても、奇妙に収まりのつきにくいものだったからである。それはまた、奇妙に非生産的な論争でもあった。射抜かれた動物たちが折り重なる洞窟壁画、男根の形状に似せた寺院の塔、鳥の羽を植えた盾、指で描いた渦巻文様、顔面に施された入墨、これらを何と呼ぶにしても、やはり取り扱うべき事象はそこにあるのであるし、ここにクラ交換やドゥームズデイ・ブックを加えれば、やはりすべてがいっぺんに駄目になるという気もするのである。(＊17) 問題は芸術(あるいはどのようなものでも)が普遍的か否かではない。問題は、西アフリカの彫刻や、椰子の葉に描かれたニューギニアの絵や、イタリア一五世紀の画法や、モロッコの詩作について、それらが互いに何らかの光を投げかけ合うようなかたちで語ることができるか否かである。

　まさにこのことを試みた論文「文化システムとしての芸術」を発表したのは、――モーリス・マンドルボーム、ポール・ド・マン、アラン・ダンディースからウンベルト・エーコ、トマス・シービオク、ローマン・ヤコブソンに至るまで――専門分野をおよそ無視してジョーンズ・ホプキンズ大学に集め、(＊18)(この大学がかつて解雇したことのあるチャールズ・パース(＊19)を記念して)開かれた「記号論」についてのシンポジウムにおいてであったから、私は私自身のアプローチを発展させる上で語り続けてきたことを、いかにして――機械的な形式主義などの見地からは――語らないようにするかに腐心せざるをえないことになった。とりわけ、記号の科学という広い意味での記号論を、構造主義と同一視することに抵抗することは重要と思われた。(一種のハイテク合理主義としての構造主義に抵抗することは、ともかく広く一般的な重要性を持つと私には思われる。)そこで私は事例分析――ロバート・ファリス・トンプソンのヨルーバ族の線、アンソニー・フォージのアベラム族の色、マイクル・バクサンドールのルネサンス期の構図、私自身のモロッコの修辞――をとり上げ、このような「意味するもの」がどのように、そして何を、意味するかを理解するためには、それらを図式的パラダイムの中に押し込めたり、それらを「生成する」とされる抽象的規則体系にまで痩せ細らせていくよりも、それらを社会的文脈の内に位置づけることのほうが有益であることを示そうとした。これらの事例について同時に語ることが有益なのは、それらはみな共有の感受性を刻んでいるから、ある固有《ローカル》の人々に固有のかたちで固有の心を提示しているからである。

常識と同じように――宗教や、法や、またわれわれの好みからしてきわどい問題ではあるが科学とも同じように――、芸術は異なった文化においてさまざまな装いをもって現れる超越的現象などではないし、完全に文化に束縛されヨーロッパを越えれば無用の長物となるような概念でもない。スウィーニーの法則(「君らに話をするときにゃ、僕も言葉を使わにゃならぬ」)[*20]もあるがそればかりではなく、能楽とオペラ、あるいはシャラコ[*21]と「火の鳥」を相互の関係のもとに考えるほうが、それらをカヌー作りや民法との関係のもとに考えるより有益であるという単純な事実は(もっとも禅とバイクの関係を思えば[*22]あまり確信の持てないところがある)、どこまでも文化主義一点張りではどうにもならないことを示唆している。そして一方、これほどまでに多様なことがらは、もっとも抽象度の高い、すなわちもっともむなしい次元――「美の対象」「感情の表出」「表現的形態」――以外ではまとまりがつかないという事実は、普遍主義的な捉え方もまた、さして有望ではないことを示唆している。類似を見出し相違を印すために、ある範疇をそれが元来生まれ意味を帯びた文脈を越えたところに届くよう作り直すこと(つまりわれわれの、また他の人々のカテゴリーを作り直すこと――「タブー」の場合を考えよ)[*23]は、人類学において「翻訳」とは何であるかの主要部分である。それは人類学とは何であるかの——「家族」「カースト」「市場」「国家」について人類学がなしえたことを考えよ——主要部分である。

続く論文「中心、王、カリスマ」は、理論社会学者エドワード・シルズを讃える論文集のために書かれたが、そのように有用なかたちでねじ曲げられた範疇(「疎外」「エゴ」「アノミー」、そして言うまでもなく、全社会科学でもっとも有用でもっともねじ曲げられている「文化」も同様である)のうちの一つに焦点を合わせている——すなわち「カリスマ」である。元来カリスマとは、神に与えられて奇跡を行う能力についての、キリスト教神学上の言葉であった。後にこの語は、今世紀にはどこでもみられるようになった〈我こそその者なり〉型の指導者に対するラベルとして、マックス・ウェーバーにより用いられた。しかし近年に至り、使用過多のためこの語の由来は見えにくくなり、その政治学的切れ味はほとんど完全に失われて、名声や人気や魅力やセックス・アピールの同義語として気軽に使われるようになった。「中心……」論文で私は、その由来と切れ味の回復を試みるために、多少ともプロテスタント的な英国のテューダー朝後期と、多少ともヒンドゥー的なジャワのマジャパイト朝後期と、多少ともイスラム的なモロッコのアラウィ朝後期における、王の巡幸を比較した。

エリザベスが純潔と平和と航海安全の寓意《アレゴリー》的表現として自らの王国内を旅したこと、ハヤム・ウルクが〈地の輪を照らす日月〉の体現として自らの王国内を行進したこと、ムーライ・ハッサンが神の意志の物理的表現として自らの王国内を遠征したこと、これらを併置するのは前出の諸論文における同じく風変わりな併置と同様、規則性の抽出や類型の抽象によってではなく、対比を組織だてることによりある種の一般性を醸し出そうとしたためである。この種の人類学をする場合には、知を与える、ないし与えるはずのものは類比《アナロジー》であり、理論的概念の価値は有効な類比を打ち立てる力に依存する。そしてここでは純潔の女王と、神聖なる国王と、信者を率いる指導者に対する崇拝の間のこの種の類比こそ、カリスマという概念が、われわれの注意を権力の魔力に向けることによって構築を可能とするものである。

こうした議論は、支配の象徴性が洗練され際立っている伝統的王国については受け容れやすいかもしれない。が、この論文のかなり性急で断章的な結論でそうしたように、こうした類比を現代国家に広げて考えるのは行きすぎなのかどうかは難しい問題である。高度の政治は現代国家においてもいまだ完全に非神秘化されてはいないのではないか、あるいは将来もそうはならないのではないか、と考えることもできる。しかし本論文のように広大な比較論的眺望のもとでの考察によって提起された一般的問題——遠い過去、ないしは遠い場所に適用するために作られた分析のしかたを、どの程度までわれわれ自身に適用できるのかという問題——は、やはりそのままである。〈デ・ヴォートの問題〉(*25)はまさに本物なのである——印象主義的観察と自己自身のパロディー化、加えてイデオロギーの斧を若干砥ぎすますことの他には、現代文化についての人類学的議論からは何が得られるのであろうか。

最後の二論文——というより、正確に言えば随想一篇と、三部からなる小学術論文——において、私はこの問題を扱った。「われわれの思考はいま」(*26)は、初めはアメリカ芸術科学アカデミーの二〇〇周年記念講演として「単一性と多様性——心の生」(*27)という大きなテーマのもと、人工知能研究者ハーバート・サイモンの論文についての、一種の議論による対位法をなすものとして発表された。このときは責任を真正面から受けとめ、(*28) サイモンが言いそうなことを考えた上で、私は人間の「思考」の研究について現在流布しているアプローチに二つを大別した。思考を個人内部の、法則支配的な心理学的過程として捉える統合的アプローチと、それを文化的にコード化され歴史的に構築された集合的産物として捉える多元的アプローチ——すなわち頭の中の思考と、世界の中の思考——である。このどちらかに軍配を上げるのではなく(その両極端——チョムスキーとウォーフ(*29)——においては、どちらもとりわけては賛同し難い)、まず私は、人類学における両者間の緊張——「未開の思惟」「概念的相対主義」といったこと——が、民族学理論における推進力、しばしば歪曲力となっていく過程を跡づけた。次に私は、再び解釈、翻訳、混淆したジャンル、類比による理解といった概念に立ち戻って、もしわれわれが〈心の生〉について何かを理解しようとするなら、詩に始まり等式に至るまであらゆるかたちでわれわれをとりまく現代思想には、この上ない多様性があることを受け容れなければならないこと、そしてこのことは、人間の思考にはそれ自体の制限と定性があるという考えに対して偏見を抱かずとも可能であることを示そうとした。

これを成し遂げるため、すなわち、爬虫類学、親族理論、小説執筆、精神分析、位相数学、流体力学、図像学、計量経済学など種々雑多な試みが、そもそもわれわれにとって一つの範疇でありうるという事実を説明できるようなかたちで現代思想を描出するためには、これらの試みを、社会的世界における社会的活動として見ることが必要である。芸術や科学を構成する分野や小分野は、その内に含み込まれている者にとっては専門的作業や職業的義務の総体であるにはとどまらない。それらはその内で姿勢が形作られ、その内で生が営まれる文化的な枠組みである。物理学や腸卜、彫刻や瘢痕文身[*30]は、みな少なくともこうした社会的世界の内にある。それらに従事する者にとっては、それらは生に対するある特定の関わり方を支持するものであり、従事しない者にとってはそうした関わり方を例示するものである。それらが異なるところは、腸卜や瘢痕文身についてはそれがどのような種類の関わり方を支持するかについて、われわれは現在では少なくとも何かを知っているのに対し、物理学や彫刻については、そして〈心の生〉のその他すべての大分野については民族誌学的におおむね不明瞭であり、それらは見てそれとわかることをするための、見てそれとわかるようなやり方であるにとどまっているという点である。

そこでこの論文では、われわれが研究者たちの思考に対して民族誌学的なアプローチをとることがないよう研究者たちがしつらえてきた妖怪(「主観主義」「観念論」「相対主義」といった類い)についての考察を行う。そして実はつくり物であるそうした妖怪には気をとめずに民族誌学的アプローチをとることができるよう、人類学では既に使われている実際的方法のいくつかについて考える。さらに、どちらの側のケンブリッジ[*31]においてもさまざまな装いのもとでやはり現在でも大勢を占めている、アテネの貴族教育的なものとは異なる種類の現実的一般教養の育成のためには、そのようなアプローチが有用であることについて論じている。しかし、特定の〈心の生〉に関わる主題、すなわち法というものをとり上げ、その主題における特定の問題、すなわち司法における事実の発見と規則の適用との関係をとり上げて、このような企て——思考を〈社会的事物《ショーズ・ソシアル》〉としてみること——を経験的に試みたのは、最後の三論文においてである。

まとめて「固有の知識《ローカル・ノレッジ》――比較論的視点からの事実と法」と題されたこれら三論文は、イェール大学ロー・スクールにおける一九八一年のストーアズ記念講義であり、本書に収録した論文の中で、既に公刊されていなかったものとして唯一である。弁護士、見習い弁護士、法学部教授、ことによると変人裁判官もいるなかで、まぎれもない人類学でありながら彼らを退屈させないようなことを何とかひねりだそうとして、私は英米の法学と司法の双方における中心問題、すなわち、〈である〉対〈であるべき〉、〈ことがおきた〉対〈それは適法か〉の対比について論じ、私が調査の中で出会った三つの異なった法伝統において、そうした対比と半ば対応するものを比較することにした。すなわち、イスラム的、インド的、マラヨ＝インドネシア的法伝統である。本論考では、まず最初に現代の米国におけるこの対比の現れ方を検討した。次いで、上記の三伝統においてそうした対比がとるまったく異なったかたちについて描写した――それはほぼ全面にわたる再定式化が必要なほど、異なっているのである。そして第三に、既に古典的領界から抜け出し、対比的な法伝統が極めて直接的かつ実際的なかたちで対立せざるをえなくなっている現代世界において秩序ある司法を展開していく上で、このような相違がどのような意味を持つかについて何かを言うことができればと考えた。

そこでこの講義が描写するのは再び弁証法的な往復運動であり、それによって互いに引き寄せられるのは、法律家の見地からものごとを見ることと人類学者の見地からものごとを見ることの間、現代西洋の先入見と古典的中東やアジアの先入見との間、規範的観念の構造としての法と一連の決定手続きとしての法との間、広く行きわたった感受性と直接手元にある事例との間、自律的体系としての法伝統と互いに競合するイデオロギーとしての法伝統との間、そして最後に、固有の知識《ローカル・ノレッジ》の小さな想像性とコスモポリタン的意志の大きな想像性との間である。つまりこれは、ほとんど〈実験〉のようなものである――事実と法という対比について、真正面からの比較分析により化学変化を起こさせた上で、そこに何が残るかを見ることによりそうした対比を評価しようという試みなのである。そこには残るものも残らないものも多いという事実は、さして驚くにはあたらない。それはこのような測定尺度を持たない実験における常である。しかし何がそこに残り(一般的論理性を持つ言語と実際的結果を伴う言語の相互調和)、何がそこに残らないか(法的過程を〈社会の反映〉とする見方)は、より興味深いのではないかと思われる。

とどのつまるところ、またそもそもの初めから、文化の解釈学的研究とは、人間が生を営むという行為において生を構築する際の多様性と調和しようとする試みである。標準的な種類の科学においては、統計学者が第一種の誤りと第二種の誤りと呼ぶもの――否定したほうがよい仮説を受け容れることと、受け容れたほうがよい仮説を否定すること――の間をすり抜ければよい。解釈科学では過剰解釈と過少解釈の間をすり抜けること、すなわち理性に許されるより多くのものを読み込むことと、求められるより少なく読みとることとの間をすり抜けることが必要である。第一種のあやまち、つまりある人々について大学教授しか信じないような話を物語るあやまちはよく知られており少なからず誇張されている一方、第二種、つまりある人々に、こじつけてみれば大した意味はなくなる奇妙な観念若干があることはともかく、彼らもまたいずこも同じ金と女と地位と権力を欲しがる当たり前の連中だとするあやまちのほうは、あまり知られていない。しかしどちらも同じくらい有害である。われわれを取り囲むのは(実際、われわれは取り囲まれているのである)、火星人や、われわれ自身に近づきつつある〈旧版〉の人々なのではない。そしてこのことは、どのような「われわれ」——アメリカの民族誌学者たち、モロッコの判事たち、ジャワの形而上学者たち、バリの踊り手たち——からわれわれが出発するにしても、真である。

他の人々がわれわれを見るようにわれわれ自身を見ることは、目を開かせるものとなろう。他の人々にもわれわれ自身と共有するところがあるとして見ることは、最低限の心得である。しかし、われわれ自身を他の人々のさなかに見る、すなわちわれわれ自身を、人間の生がある地でとったかたちの固有《ローカル》の実例として、諸事例の中の一事例、諸世界の中の一世界として見るというはるかに大きな困難を達成して初めて、それなくしては客観性は自己賛美となり寛容性は偽善となる類いの心の広さが得られるのである。もし解釈人類学が果たす一般的役割というものがあるとすれば、この捉え難い真理を教え続けることである。

訳註

＊この序文と続く第一章は全体の鳥瞰図的な性格を持ち、人類学、社会学、哲学、歴史学、文学を中心とする極めて広く多種多様な分野からの著者・著作が、ときに明瞭に、ときに遠回しに言及される。この最初の二章に限り、よく知られているものもそうでないものも含めてかなりの数の(一言だけの)訳註を付して、第一章で言う「ジャンルの混淆」ないし「薄れゆく境界」に具体性を持たせるとともに、情報の手掛かりとすることを試みた。

(＊1)『文化の解釈』(*The Interpretation of Cultures*, 1973. 吉田禎吾他訳『文化の解釈学』岩波書店　一九八七)という表題が、フロイトの『夢の解釈』(ないし『夢判断』、英題 *The Interpretation of Dreams*, 1900)に由来するということである。

(＊2) 詳細な民族誌的調査を通じイギリス社会人類学展開の中心となったエヴァンズ＝プリチャード Sir Edward Evan Evans-Pritchard (1902-73) の古典、*Witchcraft, Oracles and Magic among the Azande*, 1937 (『アザンデ族の妖術・託宣・呪術』) を指す。

(＊3) 構造主義の代名詞として人文・社会科学全般に影響を与えてきた人類学者レヴィ＝ストロース Claude Lévi-Strauss (1908-) の古典、*La Pensée Sauvage*, 1962 (大橋保夫訳『野生の思考』みすず書房 一九七六) を指す。ブリコルール (bricoleur) は〈器用仕事《ブリコラージュ》をする人〉、すなわち、玄人とは違ってありあわせの道具材料を用いて自分の手でものを作る人のことである。

(＊4) American Academy of Arts and Sciences. 一七八〇年にハーバード大学を中心としてボストンに創設された、米国を代表するアカデミーの一つ。自然・生物・社会・人文の四科学分野を横切る組織として活動し、季刊誌『デダラス』を発行する。

(＊5) 一九世紀には鉱脈の発見により一攫千金を夢見る人々が群がり、現在はラスベガスと並んで賭博と離婚の町として知られるネヴァダの歓楽街リノにおいて人文主義や人文科学についての講演をすることが、分野間の境界が薄れゆくことに「似つかわしい」というのである。

(＊6) フランスを代表する人類学者レヴィ＝ストロースの構造主義的観念論と、アメリカを代表する心理学者スキナー Burrhus Frederic Skinner (1904-) の新行動主義の対比であり、部族社会の神話構造の分析と、実験動物のオペラント行動の分析の対比である。

(＊7) 人類学、精神分析学、政治学などを援用して自我と文化環境を論じたアメリカの文芸批評家・英文学者のトリリング Lionel Trilling (1905-75) は、コロンビア大教授であった。

(＊8) 『自負と偏見』(一八一三) ほかでイギリス家庭小説の頂点とされる女流小説家オースティン Jane Austen (1775-1817) の作品をコロンビア大の学生にどのように教えるか、という問題をめぐって、トリリングはギアーツの「住民の視点から」(本書第三章) を詳しく論じたが、この一九七六年刊行のエッセイは未完のままトリリングの遺稿となった。

(＊9) アメリカの詩人、小説家のメリル James Merrill (1926-)。『第一詩集』(一九五一)、『サンドーバーの変化する光』(一九八二)ほか。

(＊10) 人類学的フィールドワークの手法を確立し、機能主義の基礎を築いたポーランド出身のイギリスの社会人類学者マリノフスキー Bronislaw Kasper Malinowski (1884-1942)の没後出版された、*A Diary in the Strict Sense of the Term*, 1967(谷口佳子訳『マリノフスキー日記』平凡社 一九八七)。

(＊11) 主として南太平洋で心理学的調査を行い、『サモアの思春期』(一九二八)や『男性と女性』(一九四九)を通じて広く知られる人類学者ミード Margaret Mead (1901-84)による米国研究、*And Keep Your Powder Dry: An Anthropologist Looks at America*, 1942(国弘正雄他訳『火薬をしめらせるな――文化人類学者のアメリカ論』南雲堂、一九八六)。

(＊12) 『マーク・トウェーンのアメリカ』(一九三二)、『広きミズーリを越えて』(一九四七)ほかで知られるアメリカの批評家・歴史家のデ・ヴォート(ディボート) Bernard Augustine De Voto (1897-1955)である。

(＊13) 一九五〇年に哲学の学士号を得た著者の母校である。

(＊14) その「道具主義」によりプラグマティズムの創始者の一人とされるデューイ John Dewey (1859-1952)である。当然ながら本書の各章は、発表された場に密接に関連する主題をめぐって書かれている。

(＊15) イギリスの一九世紀前半のロマン派を代表する詩人ワーズワース William Wordsworth (1770-1850)の、「ティンターン・アベイの詩」(一七九八)などを指す。

(＊16) スペインの思想家、作家、詩人で『生の悲劇的感情』(一九一三)で知られるウナムーノ Miguel de Unamuno y Jugo (1864-1936)である。

(＊17) 「クラ」はマリノフスキーが詳細に報告した、ニューギニア東部海域の島々を結ぶ儀礼的交換の体系。交換の対象となる装飾品や、交換の手段としてのカヌーの装飾などを「芸術」とみなすことは難しくない。「ドゥームズデイ・ブック」は「征服王」ウィリアム一世の一〇八六年の命により作成された土地台帳である。この「作品」は中世イギリス史研究上の最重要資料である。

(＊18) ここにあげられた最初の三人は、歴史と相対主義を中心に研究する哲学者のマンドルボーム Maurice H. Mandelbaum(1908-)と、イェールのデコンストラクショニストの一人で文芸理論家、批評家のド・マン Paul de Man(1919-83)と、フォークロアを中心に構造主義的また精神分析的に研究する人類学者のダンディース(またはダンダス) Alan Dundes(1934-)である。

次の三人は、言うまでもなくそれぞれ記号論の展開に直接貢献してきた人々である――『記号論』(一九七五)や小説『薔薇の名前』(一九八〇)で知られるイタリアの文芸理論家エーコ Umberto Eco(1932-)と、記号論から動物言語学までにわたる数多の著作と雑誌『セミオティカ』の主宰で知られるハンガリー生まれのアメリカの人類学者シービオク Thomas Albert Sebeok(1920-)と、音韻論、文献学、詩学などに多大な業績を残したロシア生まれのアメリカの言語学者ヤコブソン Roman Osipovich Jakobson(1896-1982)である。

(＊19) アカデミズムに属さずプラグマティズムを創唱し、また現代記号学の創設者の一人となった哲学者、論理学者、数学者のパース Charles Sanders Peirce(1839-1914)。

(＊20) T・S・エリオット(第一章訳註＊29)の詩劇『闘技士スウィーニー――アリストファネス風なメロドラマの断片』 *Sweeney Agonistes: Fragments of An Aristophanic Melodrama*, 1932 で、スウィーニーが繰り返す台詞である。表現されるものと個別の表現媒体とを分離することは不可能である意。

(＊21) シャラコ(*Shalako*)は米国南西部のプエブロ・インディアンの儀式。祖先神カチナの季節ごとの訪問や帰還をしるすこの儀礼では、『火の鳥』にも似て、神話的存在シャラコが踊る。

(＊22) カウンター・カルチャーにおける禅とバイクの結びつきへの言及であろう。

(＊23) タブーすなわち禁忌という語は、もとはポリネシア語 tapu をキャプテン・クックがヨーロッパに紹介したものであったが、現在では人類学等における分析概念として(また日常語として)広く用いられている。

(＊24) 行為の一般理論を提唱し、パーソンズとの共編による『行為の総合理論をめざして』(一九五一)ほかで知られる社会学者シルズ Edward Albert Shils(1911-)。

(＊25) 前出の、ミードによるアメリカ文化の人類学的研究を、デ・ヴォートが批判したことへの言及である。

(＊26)「心の生」の原語は the Life of the Mind。

(＊27) サイモン Herbert A. Simon (1916–　) は、カーネギー・メロン大のコンピューター・サイエンスと心理学の教授。

(＊28)「薄れゆくジャンル」が書かれた際の課題への対応のしかたとの比較である。

(＊29) 生得的な普遍的文法の存在を想定し、言語の構造主義的生成理論を提唱した言語学者チョムスキー Noam Chomsky (1928–　) と、言語が異なれば外界の分節方法も異なり、思考様式や精神構造も影響を受けるとする主張(「サピア＝ウォーフの仮説」)で知られる言語学者ウォーフ Benjamin Lee Whorf (1897–1941) の対比である。

(＊30)「腸卜」(haruspicy) は、古代ローマの下級祭司が、生贄の獣の腸などを用いて行った占いである。「瘢痕文身」(scarification) はアフリカ、メラネシアなどに広くみられる身体変工の一技法で、刃物や燃えさしなどで皮膚を切傷または焼灼し、その傷跡がケロイド状に盛り上がることにより身体に文様を描く。

(＊31) ケンブリッジ大学がある英国のケンブリッジと、ハーヴァード大学とマサチュセッツ工科大学がある米国のケンブリッジを指す。

I

第一章　薄れゆくジャンル——社会思想の再成形

真実は数多くあると思う。その一つは、近年の知的世界において大変なジャンルの混淆があったこと、そしてそのような混淆が速やかに進行している、すなわち種を隔てる境界線が急速に薄れていっているということである。もう一つは、社会科学者の多くが〈法則と例証〉という説明の理想形態に背を向けて〈事例と解釈〉という観念に目を向け、惑星と振子を結びつける類いよりは菊と刀を結びつける類いに注意を払うようになっているということである。さらにもう一つは、物理学的理解において工芸や工業からの類比《アナロジー》が長らく果たしてきた役割を、社会学的理解においては人文研究からの類比が果たすようになったということである。さらに、これらが真実であるばかりでなく、互いに関わり合って真実をなしていると私は思う。そしてこの情況をもたらしている文化的変化が、私の主題である。すなわち、社会思想の再成形である。

ジャンル境界が薄れるとは、ハリー・フーディーニやリチャード・ニクソンが小説の主人公になる[＊1]とか、米国中西部の連続殺人事件があたかもゴシック小説[＊2]のように描写されるとかいった問題ではない。問題は、哲学的探究が文芸批評に似るということ(ベケットやソローについて書くスタンレー・カヴェルや、フローベールについて書くサルトルを見よ[＊3])、科学的議論が純文学の一節に似るということ(ルイス・トマス、ローレン・イーズレー[＊4])、またバロック的な幻想が無表情な経験的観察として提示されるということであり(ボルヘス、バーセルミ[＊5])、等式・図表や法廷証言からなる歴史(フォーゲルとエンガーマン[*6]、ル＝ロワ＝ラデュリ[*7])、告白であるかのドキュメンタリー(メイラー[*8])、民族誌の体裁の寓話(カスタネダ[*9])、旅行譚のかたちの理論研究(レヴィ＝ストロース[*10])、歴史研究の形式を借りたイデオロギー議論(エドワード・サイード[*11])、政治論文であるかの構成の認識論的研究(ファイヤアーベント[*12])、個人的回想形式の方法論的論争(ジェームズ・ワトソン[*13])、といった問題である。ナボコフの『淡い焔[*14]』は、詩と小説、医学からの註釈とイメージからなる難物であるが、こうした時代にまことにふさわしい。残るは韻文による素粒子論、あるいは代数による伝記くらいのものであろう。

　言うまでもなく、こうしたことはいつの時代にもあった――ルクレティウス、マンデヴィル、エラスムス・ダーウィンはみな、自らの理論を詩としたのである。しかし現在みられるようなさまざまな言説の混淆は、著者に対するラベル貼りも(フーコーは……歴史家か、哲学者か、政治理論家か？　トマス・クーンは……歴史家か、哲学者か、知識社会学者か？)、作品の分類も(ジョージ・スタイナーの『バベルの後に[*15]』は……言語学か、批評か、文化史か？　ウィリアム・ギャスの『ブルーについて[*16]』は……理論か、随筆か、擁護論か？)困難にするほどである。したがってこれは、単に奇妙な突然変異や時たまの珍現象であるにはとどまらず、革新的なものはその定義からして分類し難いという当然の事実にもとどまらない。事態には広がりがあり、かつはっきりと見えているのであり、単なる文化地図の描き直し――係争中の国境を何カ所か動かし、山中の秀麗な湖をいくつか付け加える――ではなく、そもそもの地図製作の原則が変わってきているということである。われわれの思考についてのわれわれの思考のしかたに、何かが起こっているのである。

われわれが読むものと書くものに対してわれわれ自身が抱く見解に、まごうことなく民主主義的様相が混入してきたことを理解するためには、〈エクリチュール〉とは記号の記号となる記号である、とするような錬金術師的見解を受け容れたり、テクストの意味をテクストに対するわれわれの反応のしかたへと解消させてしまうところまでテクストの歓びに身を任せたりする必要はない。さまざまなテクストを相互に結合する属性、つまりさまざまなテクストをともかく存在論的には同一の次元に置くような属性が、テクスト相互を分け隔てる属性と同じくらい重要であると思われるようになったということであり、自然界の一群の種、つまり明白な質的相違によって分け隔てられる固定的諸類型にわれわれが直面しているというよりは、実用性に応じ、他との相対関係に応じ、あるいはわれわれの目的に応じてのみ整理することができるような、意図も異なり構成も多様な作品群の、広漠としてほとんど切れ目のない場にわれわれは取り巻かれている、と考えられるようになってきている。これは解釈が行われなくなったということではない――流動的かつ多元的、中心を失いなんとも雑然とした状況に対処すべく築かれた――しばしば安普請の――解釈は、以前にも増して数多い。

社会科学に関して言えば、よく嘆かれるように固有の特徴を持たないことが社会科学を特色づけるのではなくなったということである。社会科学は未発達の自然科学であって、時間さえ、また進歩した分野からの助けさえあれば固まっていくはずのものであるとみなすこと、あるいは社会科学は人文科学の使命の無知で自惚れな簒奪者であり、確固たるものなどそもそもありえないところにそんな約束をするだけであるとみなすこと、あるいはまた社会科学は他から明瞭に異なった企てであって、スノーのカノン法的二分割の中間に位置する第三の文化であるとみなすこと、(＊17) こうしたことは以前にも増して無理になってきている。しかしこれはたいへん好ましいことでもある。自らを社会(あるいは、行動の、人間の、文化の)科学者と考える人々は、――誰もが不明瞭なのだから――分類学上明快にとどまる必要から解き放たれて、何をなすべきか、何をなすべきでないかについての既存の観念に従うよりは、必要に応じて自分の仕事をする自由を得るようになった。クライド・クラックホーン(＊18)がかつて人類学について言ったこと――〈人類学は知の密猟許可証である〉――は、彼がそう言った時代よりさらに真実になっているように思われるし、人類学の領域をはるかに越えて真実になってきている。生まれながらに不定型な社会科学は、以上に描写してきたような情況が拡大するにつれ栄えるのである。

こうして社会科学者にも、物理学のまねごとや机上の人文研究をやる必要はないし、自らの研究対象として新しい存在領域を捻出したりする必要もないということが理解され始めた。むしろ社会科学者は、集合的生活における秩序性を見出そうという自らの務めをあるがままに果たし、部分的にでもうまくいったときには、それが関連する企てにどうつながっていくかを見定めればよいのである。この目的のために社会科学者の多くは、本質において解釈学的《ハーマヌーティック》な――あるいは、もしこの語が狂信的聖書学者やえせ文学者やゲルマン的大学教授といった恐怖のイメージを呼び覚ますなら「解釈的《インタープレティヴ》」な――アプローチをとることになった。ジャンルが分散化しているため、他のアプローチをとる者も多い――構造主義、新実証主義、ネオマルクシズムや、微細＝極細＝記述主義や巨大＝極大＝システム構築、そしてあの常識《コモンセンス》と非常識《コモンナンセンス》を奇妙に組み合せた社会生物学《ソシオバイオロジー》(＊19)、などである。しかし社会生活を象徴(記号、表象、意味するもの、ダールシュテルンゲン……用語は多様である）により組織されるものとして概念化し、そのような組織を理解しその組織原理を定式化するためには、象徴の意味（意義、趣旨、意味されたもの、ベドイトゥング……）を把握しなければならないとする動きは、今や強大なものとなった。森は解釈を求める人々で満ちている。

解釈的説明――それは説明の一形態であり、単に註釈学を高度化したものではない――は、どのような制度や行為やイメージや言葉や出来事や習慣、すなわち社会科学的関心の通常の対象となるどのようなものであっても、それら制度や行為や習慣等々を所有する者にとってそれらがどのような意味を持つか、に注意を払う。その結果、解釈的説明は、ボイルの法則やボルタの力やダーウィンのメカニズムの類いとして現れるのではなく、ブルクハルトやウェーバーやフロイトのような構築物として姿を現す。すなわち傭兵《コンドティエレ》やカルヴァン派や妄想症患者の生きる観念世界を、体系的に展げて見せるものとしてである。

こうした構築物のあり方自体はさまざまである。ブルクハルトは描き出し、ウェーバーはモデルを作り、フロイトは診断する。しかしそれらはみな、それぞれの集団、時代、人物が、それぞれの集団、時代、人物自身にとってどのような意味を持つかを、そしてそれを理解した上で、社会秩序や歴史変化や心理機能、その一般についてわれわれが何を理解できるかを定式化しようとする企てである。こうした研究の対象となるのは、事例や事例の集まりであり、それら事例を他から際立てている個別の特徴である。しかしその目的は、力学や生理学の目的と同じくらい遠大である――人間経験を作り上げるものを見極めようというのである。

このような目的、またこのような目的追求のあり方のために、分析の語法、すなわち説明の語句とイメージにも、新たなものがもたらされている。科学にしてもそれ以外でも、理論とは主として類比《アナロジー》によって、つまりわかりにくいものをわかりやすいもの「として見る」こと（地球は磁石、心臓はポンプ、光は波、脳はコンピューター、宇宙は風船）による理解によって進められるのであるから、理論の流れが変化するとともに理論の表現も変化する。類比が厚い壁の内に幽閉される以前、自然科学の初期段階においては――また、いまだ壁の内には至っていない種類の自然科学（サイバネティクスや神経学）においては――、〈十分に理解された現実〉を与えたのは概して工芸と、後には工業の分野であり（十分に理解された、というのは、ヴィーコが言ったように〈作られたがゆえに真〉、人がそれを作ったからである）、そのような理解された現実をもって〈十分に理解されていない現実〉を、理解されたものの仲間うちに引き込むことができたのである（十分に理解されていない、というのは、人が作ったのではないからである）。蒸気機関は科学に負う、というよりも科学は蒸気機関によっている。染色技術がなかったならば化学はありえなかったであろう。冶金学は鉱山採掘を理論化したものである。社会科学においては、少なくとも社会科学は何についてであるかについての還元論《リダクショニズム》的な考えを捨てた社会科学においては、物理的操作の図式よりは文化的パフォーマンス――演劇、絵画、文法、文学、法律、遊び――の図式から類比がなされるようになってきている。物理学で梃子が成し遂げたことを社会学において約束するのは、チェスの駒の動きである。

もちろん約束が守られるとは限らず、守られたときにはそれが無理強いであったことが判明することも多い。しかし社会理論が、鉛管工や技術者よりは賭博師や美学者にとってなじみある形で作られるようになっていることは明らかである。社会科学における説明上の類比が人文研究に求められていることは、社会科学というジャンルが揺らいでいること、そして「解釈学的転回」(interpretive turn)が起きていることを同時に示しており、そのもっとも見えやすい形での帰結として、社会研究における言説のスタイルが変化してきている。論議の道具だてが変化して、社会というものが精妙な機械や有機体に類するものよりは、真摯なゲームや、歩道上のドラマや、行動のテクストとして表現されるようになってきているのである。

II

言うまでもなく、構成や研究や説明の属性がこのように云々されるのは、社会学的想像力が根元的に変容し、困難で親しみのない方向へと押しやられていることの現れである。そしてこのように心の形式に変化が起きるときはいつもそうであるが、精確さや真理とともに、わかりにくさや幻影ももたらされることであろう。冗長さにさらに念を入れたものや無意味さをさらに増幅させたものが成果であるということがないようにするには、批判的意識を発展させなければならない。そしてイメージや方法や理論やスタイルが以前にも増して人文研究からもたらされるということであれば、それらの大半は自然科学者とその擁護論からではなく、人文学者《ヒューマニスト》とその擁護論からもたらされなければならない。が、長年にわたって社会科学者を技術主義者ないしは侵略者とみなしてきた人文学者には、その役目を果たす準備ができていないとは言うもおろかである。

社会物理学の夢——一般法則、統一科学、操作主義、等々——から、ようやく、それも部分的に自らを解き放ったばかりの社会科学者の側も、準備が整っているとは言いにくい。彼らにとっては、自分の職業的アイデンティティーが曖昧模糊としてくる時期として、これ以上は望むべくもない。もし社会科学者が、原因を特定する、変数を決定する、力を測定する、機能を見定める、といった概念よりは、規則に従う、表象を構築する、姿勢を表す、意図を持つ、といった概念が中心的役割を果たすような分析体系を発展させようとするなら、そのような概念について慣れ親しんでいる人々から得られる限りの手助けを必要とするであろう。必要なのは分野を横切る連帯感ではないし、知識人によくあるような折衷主義に走ることではなおさらない。研究者を一つの知的共同体にまとめている境界線、ないしは(同じことであるが)異なった共同体に分け隔てている境界線が、今日では極めて変わった向きに走っているということを、すべての人々が認めることが必要である。

社会科学者の仕事についての人文学者による省察が緊要となるのは、人文主義的領域のもたらしたモデルが社会分析に利用される際である——ロックが言ったように、「さもなくば隠されたままにとどまるような真実を見出し有用なものを作り出すことを可能とするような、あの類比による用心深い思考」であるＨロックが言っていたのは二本の棒をこすり合わせて火を起こすことと原子摩擦による熱発生の理論の類比であったが、ビジネス・パートナー関係と社会契約でもよかったはずである)。思考を〈用心深く〉進めて有用として真とすること、要するにそれが問題である。

ゲームからの類比は、現代の社会理論においてますます人気が高まっていると同時に、一層の批判的な検討も必要とされている。ある社会行動を何らかのゲームとして見ようとする欲求は、いくつもの方面(大衆社会でスポーツ観戦が盛んになったことも関係なしとしない)に由来している。しかしその中でもっとも重要なのはウィトゲンシュタインの、生のかたち(*20)を言語ゲームとする概念と、ホイジンハの、文化を遊びとしてみる見解(*21)と、フォン・ノイマンとモルゲンシュテルンの、『ゲームの理論と経済行動』なる新戦略(*22)である。ウィトゲンシュタインからは「ルールに従う」ものとしての意志行動、ホイジンハからは集合的生のパラダイム的形態としての遊び、フォン・ノイマンとモルゲンシュテルンからは利益の分配へ向けた相互的操作《マヌーバー》としての社会行動という考え方がもたらされた。これらを総じて見れば、神経細やかであるが神経をかき乱す解釈様式の社会科学へとわれわれは導かれ、そこでは事物の形式的整合性への強力な感覚と、そのような整合性の根元的恣意性への同じく強力な感覚とが混在することになる。チェスにおいてみられるような、そうならなければならなかったとは限らない種類の必然性である。

例えばアーヴィン・ゴフマン――おそらく現代の米国でもっとも著名な、そして間違いなくもっとも巧みな議論を操る社会学者である――の著作は、ほとんど完全にゲームの類比のみによっている。(ゴフマンは劇場の言語も極めて頻繁に用いているが、その演劇観は妙に作法じみた相互作用ゲーム――仮面同士のピンポン――的なものであるから、彼の著作はその基礎においてはそれほど演劇的ではない。)

ゴフマンは所有権など意に介しないから、彼が手あたり次第あらゆるものに適用するゲームのイメージはおびただしい数に上る。スパイの世界を形作るだまし合い、壮大な嘘、信じ難い真実、威嚇、拷問、賄賂、ゆすりは、「表現ゲーム」として理解される。これは、生一般とも似たところなしとしない欺きの饗宴である、なぜなら、コンラッドの、あるいはル・カレの言葉としてもふさわしいような一句を引けば、「スパイはわれわれ皆に似たところ[があり]、われわれは皆スパイに似たところが[ある]から」(＊23)というのである。礼儀作法、外交、犯罪、金融、広告、法律、誘惑、そして日常の「冗談作法の分野」が、「情報のゲーム」とみなされる——参加者、チーム、作戦、位置関係、シグナル、情報分布、賭け、勝敗が織りなす迷路的構造であり、そこでは「ゲームに値する」者——すなわち「あらゆることについて装う」気があり、装うことができる者——だけが栄えるというのである。

　ゴフマンの著作によれば、精神病院で起こること、あるいはどのような病院や刑務所、また学寮で起こることさえ、絵札のほとんどと切り札のすべてが勤務職員の手の内にあるような、「自己を得るための儀礼ゲーム」である。差し向かいの密談、陪審の討議、また「互いに肉体的距離の近い人々が共同でする仕事」、つまり二人でのダンスやセックスやボクシング——事実、あらゆる対面交渉——がゲームなのであり、そこでは「精神異常者や喜劇人なら誰でも知っているように、ねらいすまして不適当なことをすれば、直接的現実の薄膜が貫き通されるのである」。社会紛争、逸脱行為、企業者《アントルプルヌール》的行動、男女の役割、宗教儀礼、地位の序列、そして人は社会に受け容れられる必要があるというただそれだけのことが、同様の扱いを受ける。生はまさに戦略のるつぼなのである。

あるいは、デイモン・ラニアン(＊24)がかつて言ったことがあるように、生は三対二の賭け率で不利である、としたほうがよいかもしれない。なぜならゴフマンの著作、そしてゴフマンに何らかのかたちで従う、ないしは依存する研究者の大群の著作から現れる社会のイメージは、個人や互いに手を組んだ個人が、時には巧みに大抵は喜劇的に、構造は明らかであっても何をしようとしているのかが明らかでないような謎めいたゲームで奮闘し、その際、先手、戦術、策略、はったり、偽装、結託、そしてあからさまなぺてんが絶え間なく繰り返されていく、といったものだからである。ゴフマンの洞察は根本的にロマンチックさを欠き、辛辣に冷たくものを見すえ、伝統的な人文主義的信念とはおよそ相容れないものである。しかしそれによって洞察の力が弱まるわけではない。また、ただひたすら自然体、あるがままに賭けるだけというその倫理が、それほど非人間的であるわけでもない。

そうは言っても、社会生活のゲーム的観念化がすべてそのように冷徹なわけではなく、むしろふざけ半分的なものもある。そうしたものすべてを結びつけているのは、人間というものは力によって駆り立てられるよりはルールに従うものだという見方であり、ルールは戦略を示唆し戦略は行為を鼓舞し行為はそれ自体——遊びという——報酬をもたらすという見方である。文字どおりのゲーム——野球やポーカーやインドすごろく——は小さな意味の宇宙を作り出し、そこではあることができてあることはできないが(ドミノでチェスの城固めはやりようがない)、このことは儀礼や統治や求愛など、類比としてのゲームでも同じことである(銀行で船員暴動は起こしようがない)。社会というものをゲームの集合として見ることは、受容された習慣としかるべき手続きとの一大複合体として社会を見ることを意味する――手を打っては反撃される堅苦しく息詰まる世界、規定どおり《アン・レグル》の生である。舞踏会で側近からロシア皇帝《ツァーリ》が死んだと耳打ちされた宰相メッテルニヒが、「いったい彼はどんなつもりでそんなことを」と言ったという話がある。

ルールを守りながら有利な立場を得ようとする人間観より、自由な行動により自らの能力の実現を図る人間観を好む人文主義者にとって、ゲームによる類比はあまり好かれそうな見方ではない。しかしそのような見方が、現代生活の非常に多くの側面について非常に多くのことを説明し、多くの意味でその色調を捉えていると思われることを否定するのは難しい。（最近の『ニューヨーカー』誌の漫画は、「マキアベリズムがいやなら陰謀をやめたら？」と言っている。）したがってゲームの類比に反撃するとすれば、単にさげすむこと、つまり望遠鏡を覗くのを拒むことによるのではありえないし、崇める真理に情熱的に固執すること、つまり時流に抗して聖典を引くことによるのでもありえない。ことの細部にまで立ち入ること、そうした研究を検討し、そうした解釈を批判することが緊要である――それがゴフマンによる、性格をギャンブル対象とする犯罪であれ、ハロルド・ガーフィンケルによる、アイデンティティーのゲームとしての性転換であれ(*25)、グレゴリー・ベイトソンによる、ルールの混乱としての精神分裂であれ(*26)、あるいは私自身による、情報収集コンテストとしての中東バザールにおける複雑な規則性であれ(*27)、それらを検討し批判することが必要である。社会理論が推進の類比（ピストンの言語）を離れて遊びの類比（娯楽の言語）に向かうのであれば、そのようなイメージの源である人文科学は、懐疑的な傍観者としてではなく、誇りを受けるべき共犯者として関わるのである。

III

社会生活に対する演劇からの類比は、——世界とはつまりは舞台なのであり、われわれは気取って歩くみじめな役者にすぎず、云々といった——気軽なかたちでなら、言うまでもなく随分昔から使われてきた。そして舞台からの用語、とりわけ「役割」という語は、少なくとも一九三〇年代以来、社会学的議論における主役であった。新しいのは——新しい、ということであって先例がない、ということではない——二つの点である。まず第一に、演劇からの類比が——言及少々、比喩少々といった風に——断片的に利用されるのではなく、十分な重みをもって、広く体系的に使われるようになったという点である。そして第二に、従来この種の類比は侮蔑的な「ただの見せ物」、仮面と茶番といった具合に使われていたものが、真に構築的、演劇的なかたちで——人類学者ヴィクター・ターナーの言葉では、〈つくろう《フェイキング》〉のではなく〈つくる《メイキング》〉ものとして——使われるようになったという点である。

この二点は、無論連関している。演劇とは何かについて、構築主義的な——すなわち演劇とは創出《ポイエシス》であるとする——見解をとるならば、誰でも出番が来たり退場したりする、とか、誰でも何らかの役割を演じる、誰でも次場への合図を見落とすことがある、誰でも何かの〈ふり〉をすることを好む、等々を指摘する以上のものが、社会科学における演劇論にはあるということになる。この世界はバーナム・アンド・ベイリーの世界なのかどうか[＊28]、われわれは歩く影なのかどうか、それはわからない。しかし演劇の類比を真正面から受けとめるということは、このようなどこにでもある斜めに構えた表現の次元を越えて、集合的生というものをともかくも成り立たせている表現的仕掛けに探りを入れるということである。ただ類比について困ることは——それはその栄えある点でもある——、比較されるものをその両端につなぎ止めるという点である。演劇の用語をもて遊んだのち社会科学者の一部は、複雑にもつれる演劇の美学の内へと絡め取られることになった。

社会理論においてドラマからの類比を——たまたま使われた比喩としてではなく、類比として——このように徹底して利用することは、人文研究における公約数的なところに発しているのではない。一方では、ジェーン・ハリソン、フランシス・ファーガソン、T・S・エリオット、アントナン・アルトーといったさまざまな名前と結びついた、いわゆる演劇の儀礼理論がある。(*29) 他方では、アメリカの文学理論家で哲学者であるケネス・バークの象徴行為論——彼の言う「ドラマティズム」——があり、その影響は、ともかく米国では巨大でありながら——〈減算〉〈比率〉など彼の怪異な用語を実際に用いる人はほとんどないから——一方でまことに捉え難い。具合が悪いことにこれら二種のアプローチは、ほぼ反対方向に引っ張り合っている。儀礼理論のほうは演劇と宗教の類い——心の交わりとしてのドラマ、舞台としての寺院——の方向へ、象徴行為のほうは演劇と修辞の類い——理解させるものとしてのドラマ、舞台としての演壇——の方向へと引っ張っているのである。(*30) そしてそのために類比の基礎——実際のところテアトロンの何がアゴラの何に似ているのか——に焦点を合わせることが難しい。礼拝とイデオロギーがともに芝居がかっていることは明らかであろうし、礼儀作法や広告についても明らかである。しかしそれが実際何を意味するかは、さほど明らかでない。

現時点における社会科学で儀礼理論の提唱者として第一にあげるべきは、おそらくヴィクター・ターナーであろう。英国でつくられ米国でつくり直された人類学者ターナーは、アフリカ中央部の部族の儀礼生活を通じて鍛えあげた一連の際立った業績において、再生の過程としての「社会劇」という概念を展開したが、この概念はゴフマンの戦略的相互作用としての「社会ゲーム」の場合とも似て数多くの有能な研究者を集め、明瞭で強力な解釈学派を形成することになった。

ターナーにとって、社会劇は「国家から家庭まで、社会組織のあらゆる次元で」みられるものである。社会劇なるものは紛争状況――村が派閥に分裂する、夫が妻を殴る、ある地域が国家に抗して立ち上がる――において開始し、慣習化された行動が公に演じられるというかたちでの筋書き説明へと進む。紛争が危機的状況へと膨れあがり、感情高揚の流動的興奮状態へと至って、人々が共有する情調《ムード》に取り込まれるとともに、社会的につなぎ止めるものから解き放たれたと感じるようになると、儀礼化されたかたちの権威――訴訟、内紛、生贄、祈り――が呼び起こされて、そうした流動性を包み込みそこに秩序を与えようとする。もしそれが成功すれば、崩壊したものは癒されて静的状態、ないしはそれに類したものが回復され、もし成功しなければ崩壊したまま修復不能としてそのまま受け容れられ、事物はちりぢりとなりさまざまな不幸な結末へと至る――移住や離婚や、〈大聖堂の殺人〉である。(*31) 厳密さや細かさには違いがあるが、ターナーとそれに従う人々はこの図式を、部族の通過儀礼や治療儀礼や司法過程、メキシコの反乱やアイスランドの伝説《サガ》やトマス・ベケットのヘンリー二世との争い、ピカレスク小説や千年王国運動やカリブのカーニバルやインディオのペヨーテ儀礼、さらに一九六〇年代の政治運動に対し適用してきた。全天候型、常時着用の形態である。

このようにどんな事例でも造作なく扱えることが、ドラマからの類比の儀礼理論版の、最大の利点であるとともにもっとも際立った欠点でもある。それは社会過程においてもっとも深いところにある特徴を見えるようにするかもしれないが、その際、生き生きと異なる事柄を味気なく単一的に見せるのである。

儀礼理論は社会的行為の、反復的に演じられたもの《パフォーマンス》の次元——つまり、既に知られた形態を再演することにより再経験すること——に根ざすものであるから、この理論は社会的行為の時間的また集合的次元を、またそうした行為に内在する公的性格をとりわけ鋭くえぐり出すと同時に、そのような行為がただ意見を変質させるばかりでなく、イギリスの批評家チャールズ・モーガンがドラマ自体について言ったように、そうした意見を抱く人々をも変質させる力を持つことを明らかにしている。「［演劇が与える］大きな影響力によって、」とモーガンは書いている、「知性が説得されるのではないし、感性が紛らされるのでもない。……ドラマ全体が、人の魂を包み込むような動きをするのである。われわれは降伏し、変質せしめられるのである。」少なくともドラマの魔術が効果を発揮する場合は、そういうことになる。モーガンが別のやはり巧みな一句で、「中途の形態……すでに知られた完全さの不完全さ」と呼ぶものこそ「包み込む動き」の力の源泉であって、そのような動きが、女性のイニシエーション儀礼や農民の革命や民族の叙事詩や星室裁判所《スター・チェインバー》などどこに現れるにしても、この力はいつも同じくらい強力で（同じくらい超日常的なものとみなされる傾向に）あることは、儀礼理論が示すとおりである。(*32)

とはいえ、これらかたちの上では類似する過程には、異なった内容がある。それらはかなり異なったことを言っており、社会生活にとってかなり異なった意味を持つと言ってよい。そして儀礼理論の人々はそのことに気づかないわけではないのであるが、彼らはものごとの大きな動きに関心を持つというまさにその理由のために、この問題に対処するにふさわしい備えを欠く。ドラマティックな大リズム、逆らい難い演劇的形式は、あらゆる種類、あらゆる形態、あらゆる意味の社会過程に認められる（が、実際には儀礼理論は、直線的に消耗して結末では成就に至らず期待外れに終わりがちな悲劇的進行よりも、循環的に回復を繰り返す喜劇的周期について、はるかによい成果をおさめている）。しかし個々の詳細、つまり『冬物語』を『尺には尺を』から、『マクベス』を『ハムレット』から分け隔てるものは、百科事典的な経験主義――すなわち単一命題についての膨大な証拠立て、〈変化すればするほど同じように変わる〉(＊33)――の内に放置されるのである。もし、スザンヌ・ランガーの一句のように、ドラマとは行為のかたちをとった詩であるとすれば、儀礼理論では何かが失われている――その詩が、正確には、社会的には、何を言っているのかが失われているのである。

そのような演じられた意味の解明こそ、象徴行為論が達成しようとすることである。ここでは引用すべき単一の名はなく、ただ、ときにケネス・バークに依存し、ときにエルンスト・カッシーラーやノースロップ・フライやミシェル・フーコーやエミール・デュルケームに依存して、〈行為の語り〉――戴冠式、説教、反乱、処刑――が語ることを語ろうとする、個別研究のカタログが殖えていくだけである。もし経験を見すえる儀礼論者に、「はりねずみ」的傾向があるとすれば、表現を見すえる象徴行為論者は「狐」になりがちである。

ものごとは弁証法的である以上、われわれはみな対立者を必要とするから、二つのアプローチはともに本質的に重要である。われわれにとって緊要なのは、それら二つを何らかのかたちで統合することである。バリ島におけるインド的政体を「劇場国家」として捉える私自身の分析(*34)――ここで引用するのはそれが模範的であるからではなく、私のものだからである――において、私はこの問題を取り上げようとした。この分析において、一方の(バーク的な)側では私は、親族集団組織や通商や慣習法や水利から、神話や建築や図像学や火葬に至るまでありとあらゆることが結合して、一つの際立ったかたちを持つ政治理論についての、すなわち、地位や権力や権威や統治が何であり何であるべきかの固有の観念――それらが、同時に人間の世界のモデルでもあるような神々の世界の複製であるという観念――についての、演劇化された言述をなしていることを示そうとした。国家は、社会を秩序づける秩序のイメージ――それを眺める者にとっては、そのイメージ自体がそのままモデルである――を演じるのである。もう一方の(ターナー的な)側では、民衆一般は国家の表現を観衆としてただ呆然と眺めるのではなく、その表現の内に、とりわけその核心をなすものとしての一大集団儀式――ブルゴーニュにも似た大がかりな政治歌劇(*35)――の内にまるごと取り込まれているのであるから、「われわれが降伏し変容せしめられる」類いの、経験をかたちづくるドラマの力は、この政体を強力にまとめあげるのである。観衆自身によって舞台を作られ演じられる反復的形態が、理論を(一定程度まで、なぜなら演劇は完璧な効果は発揮しないものであるから)事実とするのである。

しかし私が言いたいのは、この種の研究について判断を下すに適した人々は、演劇が何であり、模倣《ミメシス》が、修辞が何であるかについて何らかを知るべき人文学者のはずだということであり、これは私の研究についてばかりでなく、何らかのかたちでドラマからの類比が支配するような社会分析の流れがいよいよ水量を増していく、その全体についてもあてはまるはずである。社会科学者が役者や場面や筋書きや演技やペルソナについて声高に語り合い、人文学者が動機や権威や説得や交換や位階について声を潜めてひとりごつとき、一方では排他的清教徒、他方では高踏的紳士にとって両者間の境界がいかに心地よいものであろうとも、そのような境界線は、まことに不明瞭なものとなってきているように思われる。

IV

社会科学者が現在問題としているテクストからの類比は、近年における社会理論の再成形のなかで、ある意味ではもっとも広汎にわたり、もっとも大胆かつ発展が遅れているものでもある。「ゲーム」や「ドラマ」にも増して、「テクスト」は焦点の定まらない危ない言葉であり、社会的行為、すなわち他の人々に対する人々の行動にこの語を適用する際には、徹底して概念をねじ曲げ、とりわけ風変わりな〈として見る〉をすることになる。人間の行動を、選手と相手、ないし役者と観衆という類比で描くことにどんな落とし穴が潜むにしても、書き手と読み手という類比で描くよりはかなり自然である。スパイや恋人たちや呪医や国王や精神病者の活動が〈次の一手〉や〈演技〉であるという示唆のほうが、〈文章〉であるという捉え方よりは、一見《プライムフェイシー》したところはるかによさそうに思えるのは確かなところであろう。

しかし類比に関する限り、〈一見したところ〉は信頼するに足りない導きである。さもなくばわれわれは、いまだに心臓はかまどであり肺はふいごであると考えているはずである。テクストからの類比には、いまだ十分には生かされていない隠れた利点があり、ここで何をしそれからどうなって、といった社会的相互作用と、ページの上に確固として記された文字列という構成物との間の表面上の相違こそ、そのような類比に解釈の力を与える――ないしは、不一致がしかるべく是正されたとき力を与えうる――ものなのである。

テクストからテクストの類比物への、言説《ディスコース》としての文章から言説としての行為への移行において鍵となるのは、ポール・リクールが指摘したように「書きつける《インスクリプション》」、つまり意味を固定するという概念である。われわれがしゃべるとき、われわれの言葉は他の行動と同じく出来事として飛び去っていく。われわれの〈言う〉ことは、それが文章(ないしはそのほか使われる記録装置)に書きつけられない限り、われわれが〈する〉事と同じく、はかなく消えていく。もしそのように書きつけられたとしても、『ドリアン・グレイの肖像』の〈若さ〉と同じく、やはりそれは過ぎ去っていく。しかし少なくともその意味は――言っていること(the saying)ではなく、言われたこと(the said)は――一定程度まで、そしてしばらくの間は、そこにとどまることになる。これは行為一般についても異なるところはない。行為の現実性は持続しえなくとも、その意味は持続しうるのである。

テクストの概念を、紙に書かれたり石に刻まれたりするものを越えて広く適用することの大きな利点は、まさにこうした現象に注意を集中できるところにある――どうすれば行為を書きつけることができるのか、〈書きつけ〉を媒介するものは何で、どのようにして書きつけることになるのか、出来事の流れのなかに意味を——生起するもののなかに歴史を、思考のなかに思想を、行動のなかに文化を——固定させることが、社会学的解釈にとってどのような意義を持つのか、という点に集中できるのである。社会制度や社会慣習や社会変化を、ある意味で「読みとることができる」ものとみなすことは、そうした解釈とは何かについてのわれわれの感覚全体を変容させ、測定検査や因子分析や世論調査をする人々よりは、翻訳や批評や図像分析をする人々がよく知るような思考様式へと近づけることになる。

こうしたことすべては、比較言語学者アルトン・ベッカーによるジャワの影絵劇、すなわちワヤン(*wayang*)と呼ばれるものの研究に、生き生きとした例証のかたちで現れている。〈ワヤンすること〉(他に適当な動詞がない)は、テクストの一つの作り方であり、象徴をまとめあげ、ある表現を構築するしかたである、とベッカーは言う。そしてそれを読みとる、つまり、それが何を意味するかばかりでなくそれがどのように意味するかをも理解するためには、新しい文献学《フィロロジー》が必要である、と彼は言う。

発話を中心に言語を研究する言語学と対比して、テクストを中心に言語を研究する文献学は、伝統的には言うまでもなく古代の、あるいは異邦の、あるいは秘儀の文書を、それらを古代、異邦、秘儀の文書とみなす人々にも読むことができるようにすることに関心を持ってきた。語義を注解し、註釈を付加し、論評を書き、必要とあれば書き写し翻訳する——これらはみな、文献学者として可能な限り、読みやすい註釈版を作るためである。意味はメタレベルで固定される。一種の二次的著者として文献学者がすることは本質において、書きつけ直すことである——テクストをもってテクストを解釈することである。

　このようなものとしてだけならば、実行上の実際的困難は別にして、問題はかなり明快である。しかし文献学の関心が、型どおりの技術的手続き(文書の真偽の判定、構成のし直し、註釈づくり)を越えて、テクスト自体の性格についての概念的問題――すなわち、構成原理についての問題――を取り扱うとき、単純と見える様相は一変する。その結果、既にその名はほとんど時代遅れとなった文献学は、ベッカーが言うように互いに競合する別々の専門分野に分解することになり、とりわけ、個々のテクストを研究する人々(歴史家、編集者、批評家――自らを人文主義者と呼ぶことを好む人々)と、テクスト創造の活動一般を研究する人々(言語学者、心理学者、民族誌学者――自らを科学者と呼ぶことを好む人々)との分断が進むことになった。書きつけられたことの研究は書きつけることの研究から切り離され、固定された意味の研究は意味を固定する社会過程の研究から切り離される。その結果もたらされるのは二重の狭量さである。テクスト分析を書かれたものではない資料へ広げることが妨げられるばかりでなく、社会学的分析を書かれた資料へ適用することもまた妨げられるのである。

　この断絶を修復し、テクストがいかに構築されるか、〈言われたこと〉がいかに〈言うこと〉から救い出されるかについての研究を、社会現象の研究――ベッカーによるもの以外の最近の試みをいくつかあげれば、アパッチ族の冗談、英国の食事、アフリカの儀式での説教、米国の高校、インドのカースト、バリの妻女殉死など――のなかへと統合することこそ、結局はどのような呼び名に落ち着くにしても「新文献学」なるものの要点である。「多文化的となった世界においては」とベッカーは書いている、「すなわちいくつもの認識論が存在する世界においては、テクスト構築を……中心的活動とするようなあらゆる知的領域において、新しい文献学者つまり文脈関係の専門家が必要とされている——文学、歴史、法律、音楽、政治、心理学、通商、さらに戦争と平和においても。」

ベッカーは、彼が言う新文献学者が探究すべき対象として、社会的テクストにおける記号論的関係の四つの主要次元を考えている。ある社会的テクスト内の部分同士の相互関係、そのテクストと文化的また歴史的につながるテクストとの関係、そのテクストを何らかの意味で構築する人々との関係、そのテクストの外部に存在すると考えられる現実との関係、この四つである。この他にも次元があることは確かである——一つには、そのテクストと素材《マテリア》との間の関係である。さらに確実なのは、これらの次元を取り上げるだけでも、今までためらいがちにしか問われてこなかった深遠な方法論上の問題が提起されるということである。「一貫性(coherence)」「テクスト間関係(inter-textuality)」「意図(intention)」「言及(reference)」——これらがおよそ、ベッカーの言う四つの関係がそれぞれ指し示すものであるが、これらはみな、段落や頁を離れて行為や制度に向けられたとき極めて捉え難い概念となる。事実、ネルソン・グッドマン(*36)が示したように、これら四つは絵画や旋律や立像や舞踊については言うに及ばず、段落や頁についてさえそれほどはっきりしたものではないのである。たとえこのような、文化現象の複数の文脈化という概念が示唆する意味理論(ある種の象徴的構築主義)が存在しうるとしても、それはあいまいに揺らめくほのめかしと、部分的にのみつながり合う諸観念のカタログとなることであろう。

この種の分析が、影絵劇のようにとりわけて表現的な材料をどれほどまで越えて進むことができるか、そしてその際どのような調整が必要になるかは、言うまでもなく皆目不明である。「生はゲームなり」論者が、彼らの種類の分析が成果を生むような土壌として対面的相互作用、つまり求愛やカクテル・パーティーに引き寄せられる傾向にあり、「生は舞台なり」論者が、同じ理由で集合的な激越さ、つまりカーニバルや蜂起に魅かれるのと同じような意味で、「生はテクストなり」論者は、想像力のつくる形態——冗談や、格言や、大衆芸能——の検討に傾きがちである。これはなにも驚くことでも責めるべきことでもない。一番うまく行きそうなところで類比が試みられるのは当然のことである。しかし長期的に見たとき、容易に達せられる種類の最初の成功を越えて、より困難で予期しにくい成功へと到達する能力にそれら類比の運命がかかっていることは間違いない——ゲーム観念が崇拝を理解し、ドラマ観念がユーモアを説明し、テクスト観念が戦争を解明する、といった種類の成功である。そのような勝利がいつかは可能であるにしても、とりわけテクスト観念の場合、いまだほとんどもたらされていない。もたらされるのを待たざるをえない擁護論者がさしあたってできることは、私が本稿で試みたことくらいであろう——適用の実例をいくつか提供し、困難の兆候をいくつか示し、何らかの助けを求めることである。

V

ともかく実例としては、こんなところであろう。もちろん以上三種の類比は、個々の研究者が〈遊び〉と〈演劇〉と〈テクスト〉の用語の間を縫って航行する波にあおられて相互に溢れ込むばかりでなく、社会科学の現場にはこの他にも、少なくとも同じくらいよく知られた人文科学的類比がある——オースティンとサールに従う言語行為論、ハーバマスの「コミュニケーション能力」からフーコーの「知の考古学」に至るまでさまざまに異なる言説《ディスコース》モデル、カッシーラーやランガーやゴンブリッチやグッドマンの認識美学に導かれる表象主義的アプローチ、そして言うまでもなくレヴィ＝ストロースの高等なる暗号解読などである。現在のところ、それぞれの類比が内側で安定し均質であるわけでもない。私がゲームによるアプローチに関して示唆したような遊び志向と戦略志向の分離や、ドラマによるアプローチに関しての儀礼論者と修辞論者の分断にも増して目立つのは、テクストによるアプローチにおける、解釈反対を唱える中国官僚《マンダリン》、デコンストラクショニストと、象徴支配を論ずるローマ護民官《トリビューン》、ネオ・マルクシストとの衝突である。[*37] こうした情況には安定も合意もないし、近い将来に情況変化が起こる兆しもない。興味深いのは、このように混淆した土壌がどれほど見事なまとまりを見せていくかではなく、そこで起こっている醸成が何を意味するかである。

それが意味することの一つは、たとえどれほどおぼつかない風ではあっても、社会科学の主流における中心的想定のいくつかに対する挑戦がなされているということである。理論とデータの厳密な分離、すなわち「なまの事実(brute fact)」という観念。あらゆる主観的意味あいを取り払った形式的な分析用語を創造しようとする試み、すなわち「理想的言語」という観念。道徳的に中立なオリンパス山からであるかのような見方をしようという主張、すなわち「絶対真理(God's truth)」という観念。こうした観念のいずれも、行動をその決定要因に結びつけるよりは、行為をその意味に結びつけることこそ説明であるという考えのもとでは、有力なものとしてとどまりえない。社会理論の再成形とは、知とは何か、についてより、知るべきは何か、についてのわれわれの概念が変貌するということ、もしくは、もし再成形が継続したとすれば変貌を遂げるであろうということである。確かに社会的出来事には原因があり、社会的制度には効果がある。しかしこの事実を確認するわれわれはその際いったい何を確認しているのかを見出すための道は、何らかの力を想定してそれを測定することより、表現を取り上げてそれを精査することにあるのかもしれないのである。

社会科学者の主要部分が、物理的過程の類比から象徴的形態の類比へと方向転換したことは、社会科学共同体に、その方法ばかりでなく目的についても関わるような根本的論争をもたらした。これは日々激しさを増すような論争である。理論的立場や経験的主張にたとえどれほどの相違があっても、その企ての基本目標——集合的生活のダイナミックスを見出し望ましい方向に向けること——については普遍的合意があった社会科学の黄金時代(ただの真鋳だったか)が、過ぎ去ってしまったことは明白である。行動の操作ではなく思想の解剖を期待されて研究にいそしむ社会科学者が、今日ではあまりに数多い。

しかし、われわれがいかに思考するかについてわれわれがいかに思考するかが変容し、均衡を崩すほどに重い意味を持ってきているのは社会科学に限らない。社会学者や人類学者や心理学者や政治学者、またときにはさすらいの経済学者が、象徴体系の分析に大きな関心を持つようになってきていることは、そのような象徴体系がこの世で起こることにいかに関わるかという問題を——ともかく暗默裏に、ときには明白に——提起している。そしてこの問題提起のされ方は、人文学者が慣れ親しんでいるものとはかなり異なっているし、彼らの多くが望むよりもはぐらかしにくいかたちを――つまり、精神の価値や生というものについての教えを含むようなかたちを――とっていると思われる。

このような意味や象徴に対する関心によって、社会科学者が何であるかについての〈社会技術者〉的な考え方が疑問にさらされているとすれば、人文学者が何であるかについての〈文化の番犬〉的な考え方はさらに強い疑問に付されている。精神性を欠く専門家が政策の秘薬を処方することもあるが、講壇の哲人が処方の承認を安売りすることもある。社会生活における思想とは、行為に対して専門知識として関わるものではないが、智恵として関わるわけでもない。このような思想と行為の関係をいかに考えるべきか、つまり、われわれが創り出したり目にしたりするものとしてばかりでなく、われわれ自身がそれを生きるものとしてのゲームやドラマやテクストが、いかにしてあのような結果をもたらすことになるのかが明らかになる日はほど遠い。それを明らかにしていくためには、〈用心深い〉(*38)上にも用心深い思考が、分け隔てる峰々のあらゆる側において必要とされている。

訳註

(＊1) 二〇世紀初頭のアメリカで一世を風靡した〈脱出奇術王〉フーディーニ Harry Houdini (1874-1926) の生涯と死については、ウォーターゲートについてさまざまに書かれるニクソンと同様、いくつもの異説がある。

(＊2) 一八世紀後半から一九世紀初めのイギリスで栄えた、怪奇小説ないし恐怖小説。

(＊3) ハーバード大の哲学教授カヴェル Stanley Cavell (1926-　) には『観られた世界』(一九八〇)など、映画や演劇に関する著作が多い。サルトルがフローベールを論じたのは『家の馬鹿息子』(一九七一―七二)においてである。

(＊4) トマス Lewis Thomas (1913-　) はニューヨーク大、コーネル大などで医学部教授を勤め、『細胞の生命――

生物学を見るものの手記』(一九七四)などを著す。イーズレー Loren Eiseley は元ペンシルヴェニア大の人類学者、科学史家で、『時の大空』(一九六〇)、『ダーウィンの世紀——進化とその発見者』(一九六一)など数多くの著作がある。

(＊5) ボルヘス Jorge Luis Bórges(1899-1986)の幻想的短編集『伝奇集』(一九四四)など。アメリカの雑誌編集者、小説家のバーセルミ Donald Barthelme(1931-)は、主に『ニューヨーカー』誌にコラージュ的手法による実験小説を寄稿する。

(＊6) 経済史家フォーゲル Robert William Fogel とエンガーマン Stanley L. Engerman による *Time on the Cross: The Economics of American Negro Slavery*, 1974.

(＊7) アナール派の歴史家ル＝ロワ＝ラデュリ Emmanuel Le Roy Ladurie(1929-)の『モンタイユー』(一九七五)への言及。

(＊8) 一人称単数の話者を使う小説家メイラー Norman Mailer(1923-)の『裸者と死者』(一九四八)、『死刑執行人の歌』(一九七九)など。

(＊9) 人類学者カスタネダ Carlos Castaneda(1931-)の『ドン・フアンの教え』(一九六八)など、ヤキの呪術師ドン・フアンを通じて得た神秘体験についての一連の著作は広く知られている。

(＊10) レヴィ＝ストロースの『悲しき熱帯』(一九五五)を指す。

(＊11) 『オリエンタリズム』(一九七八)の著者サイード Edward W. Said(1935-)とPLOとの結びつきへの言及。

(＊12) 相対主義的科学論を展開するウィーン生まれのアメリカの科学哲学者ファイヤアーベント Paul Karl Feyerabend(1924-)の『方法への挑戦』(一九七五)や『自由人のための知』(一九七八)の戦闘性を指す。

(＊13) 第三章の訳註(＊1)を見よ。

(＊14) 貴族の子として世紀末のロシアに生まれ、のちアメリカに亡命し晩年は主にスイスに住んだナボコフ Vladimir Vladimirovich Nabokov(1899-1977)の実験的小説 *Pale Fire*, 1962.

(＊15) オーストリア系ユダヤ人、アメリカ国籍のイギリスの「言語理論家」ないし「批評家」スタイナー George Steiner(1929-)の、*After Babel: Aspects of Language and Translation*, 1975.

(＊16)　アメリカの小説家、批評家、哲学者のギャス William Gass(1924-　)による実験的作品 *On Being Blue : A Philosophical Inquiry*, 1976。

(＊17)　イギリスの小説家で物理学者のスノー Charles Percy Snow(1905-80)は、その『二つの文化と科学革命』(一九五九)で、科学と文学という「二つの文化」の不幸な分裂と対立を批判して大論争を惹き起こした。

(＊18)　クラックホーン Clyde Kluckhohn(1905-60)は、二〇世紀半ばのアメリカで強い影響力を持った人類学者。『ナヴァホ族の妖術』(一九四四)ほか。

(＊19)　Michael Ruse, *Sociobiology : Sense or Nonsense?* 1979 の表題のもじり。

(＊20)　ないしは「生活の形式」(form of life)。

(＊21)　ホイジンハ Johan Huizinga(1872-1945)の『ホモ・ルーデンス』(一九三八)。

(＊22)　ハンガリー生まれのアメリカの数学者で、ノイマン型コンピューター開発の先駆者でもあるフォン・ノイマン Johann Ludwig von Neumann(1903-57)が、ドイツ生まれのアメリカの経済学者モルゲンシュテルン Oskar Morgenstern(1902-77)とともに著した、*Thoery of Games and Economic Behavior*, 1944(銀林浩他訳『ゲームの理論と経済行動』東京図書、一九七二―七三)。

(＊23)　コンラッド Joseph Conrad(1857-1924)への言及は、その『密偵』(一九〇七)に対してである。ル・カレ John Le Carré(1931-　)は『寒い国から帰ってきたスパイ』(一九六四)など、スパイ小説で知られるイギリスの推理作家。

(＊24)　アメリカのジャーナリスト、小説家でブロードウェイの生活を口語体で描くラニアン(ラニョン) Alfred Damon Runyon(1884-1946)である。

(＊25)　ゴフマン(ゴッフマン)Erving Goffman(1922-83)の『儀礼としての相互行為』(一九六七)終章と、ガーフィンケル Harold Garfinkel(1917-　)の『エスノメソドロジー研究』(一九六七)第五章を指す。

(＊26)　言及はイギリス生まれのアメリカの人類学者ベイトソン Gregory Bateson(1904-80)の〈ダブル・バインド〉理論に対してである。

(＊27)　著者の論文 "Suq : The Bazaar Economy in Sefrou,"(In C. Geertz, H. Geertz and L. Rosen, *Meaning and*

Order in Moroccan Society, 1979)を指す。

(＊28) 虚構の見せ物により大成功を収めた天才的興業師フィニース・バーナムは、一八七六年に〈バーナム・アンド・ベイリー〉を組織し、〈地上最大のショー〉によりアメリカ・サーカスの黄金時代を築いている。

(＊29) ハリソン Jane Ellen Harrison(1850-1928)、イギリスの古典学者、『ギリシア宗教研究序論』(一九〇三)、『古代の芸術と儀礼』(一九一三)ほか。

ファーガソン Francis Fergusson(1904-　)、アメリカの演劇評論家。『演劇の理念――十の戯曲の研究』(一九四九)ほか。

エリオット Thomas Stearns Eliot, 1888-1965、『荒地』(一九二二)ほかで広く知られるアメリカ生まれのイギリスの詩人、批評家、劇作家。

アルトー Antonin Artaud(1896-1948)、呪術的祭儀的演劇を求めたフランスの詩人、演出家、俳優。『演劇とその分身』(一九三八)ほか。

(＊30) テアトロンは古代ギリシャの劇場(ないし観客席)、アゴラは市民集会のための中心広場で政治経済活動の中心であった。

(＊31) 『大聖堂の殺人』は、このすぐ後で触れるイギリスの大司教トマス・ベケットの殉教を描く、T・S・エリオットの詩劇(一九三五)である。

(＊32) モーガン Charles Langbridge Morgan(1894-1958)。『泉』(一九三二)、『鏡に映る影』(一九四四―四六)ほかで知られるイギリスの小説家、演劇評論家。

(＊33) カッシーラーを受けて『シンボルの哲学』(一九四二)など象徴論や芸術意味論を展開したランガー Susanne Knauth Langer(1895-　)は、ギアーツに大きな影響を与えている。

(＊34) *Negara : The Theatre State in Nineteenth-Century Bali,* 1980(小泉潤二訳『ヌガラ――一九世紀バリの劇場国家』みすず書房　一九九〇)。

(＊35) 「ブルゴーニュ」への言及は、バリ国家の演劇性が、ホイジンハの『中世の秋』に描かれる(ブルゴーニュ宮廷文化の)荘重な形式主義と比較しうることを示唆する。

(＊36) さまざまな記号体系による世界の描写と解釈を研究するグッドマン Nelson Goodman(1906-)の『世界制作の方法』(一九七八)。

(＊37) 「中国官僚」(mandarin)と「ローマ護民官」(tribune)はともに古代の役人であるが、前者は帝国の執行官として人民に無制限的な力をふるい、後者は平民の選挙で選ばれ帝国支配に抗して平民の救援にあたった役職である。テクストの意味を突き崩すデコンストラクショニストと、象徴による支配を問うネオマルクシストを、東西の対照的な古代官僚に擬した皮肉である。

(＊38) 本論文の第II節で引用されたロックの言葉(wary)である。

第二章　翻訳に見出す——道徳的想像力の社会史について

一般の聴衆に向って話をする場合、人類学者にはいくつかの利点がある。その一つは、聴衆のなかに、話されている事実(と思われていること)についてじかに見聞したことのある人がほとんどいないということである。このためにたっぷりと言いたいことを言っておいて後はおさらばとゆくことができる。しかしこのことは、こうしたことがいつもそうであるように、ある意味では不利な点でもある。文芸批評家が『リヤ王』について、哲学者がカントについて、あるいは歴史家がギボンについて話をする場合には、多かれ少なかれ単刀直入に自説の提出から始めることができ、論点を強調するためにところどころに引用を挿入するだけでよい。議論のコンテクストは彼と聴衆との間で共有されていると想定できるからである。彼は聴衆にグロースターとは誰か、認識論とはどのような理論か、ローマ帝国はいつどこに存在したのかといったことを説明する必要はない。しかし、人類学者の場合は普通こうはゆかない。彼は聴き手を多くの耳なれない情報でうんざりさせるか、それとも誰一人として体験を共有する人のいないなかで孤軍奮闘して自説を展開するかというあの気の進まない選択を迫られるのである。

私はできるかぎりこの選択を避けたいと思うが、そのためにバリのおそらく最も有名なというか、あるいは悪名高いというかそうした習慣について一九世紀の西洋人が書いた報告を引用することから始めよう。それはかなり長いものだが、私には実に生き生きとした報告だと思われるのだ。これが私のテクスト、つまりさまざまな主張を行うための一種の跳躍台という役割を果たすことになろう。これを基点としまた背景としながら、そうした主張が私は幾分か知っているが読者の大部分はたぶんご存知ないある特異な社会事実とある確かな方法で関連していることを理解していただければ思う。

私がバリにいたとき、こうしたショッキングな人身供犠の一つが行われた。一八四七年一二月二〇日、隣の州のラジャ(王)が死んだ。彼の遺体は麗々しく荼毘に付され、彼の三人の愛妾が炎のなかに身を投じた。それはバリの人々にとって偉大な日であった。彼らが以前にこのような恐ろしい光景、彼らにとっては聖なる悪臭をただよわせた祭日を意味する光景を目にしてから数年がたっていた。バリのおもだったラジャたちはこぞって参列し、おおぜいの従者がそれに従った。

美しく晴れた日だった。果てしなく続く水田地帯の、芝生のような田んぼのあぜに沿った柔らかく滑りやすい小道を、祭の衣装を身にまとったいくつものバリ人の集団が火葬の行われる場所に向っているのが見えた。彼らの美しい着物は彼らの踏み進む大地の新緑に映えた。彼らはほとんど野蛮人とは見えず、なにか楽しい遠出に心を奪われている心やさしい祭の群衆のようであった。あたり全体が豊かさと平和と幸福、そして幾分文明的な印象を帯びていた。そのような場面のわずか二~三マイル先で、何一つ罪のない三人の女たちが、愛のために、そして宗教の名のもとに何千という同国人の見守るなかで死のうちでももっとも恐るべき死を迎えようとしているなどとはとても信じることができなかった。

しかし、もうギアニャールの王の宮殿を囲む塀がみえてきた。まっすぐな太い道が何本か棚田の連なる丘の斜面をのぼって宮殿に通じている。そして木の柵に囲まれた空き地の中央にある、屋根に金箔がほどこされ、真紅の柱でたかだかと支え上げられたきらびやかな建造物が注意をひく。それは死者の遺体が火葬されようとしている場所である。もっと近づいて観察すると、その建物は高さ四フィートのれんがづくりの台座の上にしつらえられ、その上が二階になっていて、台座は砂でおおわれているのが見て取れる。その中心に紫と金とで豪華に飾りつけられた木製のライオンの像が置かれている。ライオンの背中は開くようになっており、王の遺体はそこに入れて火葬に付される。建物全体が鏡や陶器の皿や金箔でけばけばしく飾りたてられている。

この建物のすぐ隣には高さ四フィートの塀にかこまれた四角形の広場があり、その空間全体が燃えさかる明るい火、犠牲者たちを焼き尽くす運命の火で満たされていた。高さ二〇フィートのところに簡単な竹製の足場があり、それがこの場所とつながっていて、青々としたバナナの幹のおおいがそれを炎から守っている。足場の中心には死の跳躍を待つあいだ犠牲者たちが入っておく小屋がしつらえられている。

その数およそ四万から五万にのぼる見物人[ちなみにこれは当時の島民全体の約五パーセントに当たる]はこれらの建造物と外壁との間の空間に陣取り、壁の内側には女たちの使用に供するための小屋がいくつか建てられていた。この空間はいま急速に人々に埋め尽くされつつあり、すべての目は葬列が出てくるはずの宮殿のほうに向けられていた。驚いたことに、王の遺体は普通のやり方で彼の宮殿に最後の別れを告げたのではなかった。死体は不浄とされ、不浄なものは門をくぐることができないのだ。それで遺体は塀から塀へ渡された橋のようなものの上に運び上げられた。この橋はパゴダの形をした巨大な櫓の最上階に通じており、ここに遺体が安置された。

この櫓は、……五〇〇人の男たちによってかつがれた。それは三段になった台座の上にさらに一層が積み上げられたもので、その全体は豪華に飾りたてられていた。白布におおわれた遺体はその上層部に置かれ、扇を持った男たちに護衛されていた。

櫓の前を行く行列の先頭は槍を持った力強い男たちの一団で、ときおり［ガムラン・オーケストラの］音楽が加わった。ついで武器、衣類、装飾品、聖水をいれた金銀の器、［ビンロウジをいれた］箱、果物、肉料理、さまざまな色の米飯などの供物をたずさえたおおぜいの男女、そして最後に死者の馬が美しく装われてこれに続き、その後に先程の一団より数の多い槍持ちと数人の楽士が従った。こうした者たちの後から若い［新しくたてられた］王であるデワ・パハンが王子たちや貴族たちの大きな一団とともに進んだ。その後には天蓋のない椅子に腰かけた高位の司祭が続いた。その椅子には白と金と黒に塗り分けられた、大蛇をあらわす巻き布の一端が巻きつけられ、その怪物の巨大な頭は［その司祭の］椅子の下に置かれ、尾はそのすぐ後に続く櫓にゆわえつけられていた。これは死者がその蛇にひかれて火葬の場所におもむくことを意味していた。

王の大きな櫓に続いて、三つの小さな、いささか地味な櫓が犠牲となろうとしている若い女たちを乗せてやってきた。この残酷な迷信の犠牲者たちは今すぐそこまで迫っている恐ろしい運命に対してどんな恐怖の色も示してはいなかった。白い着物を着、長い黒髪に身体を半ば隠され、一方の手に鏡、もう一方の手に櫛をたずさえて、あたかも心浮き立つ祭りのためでもあるかのように、ひたすら身を飾ることに夢中であるといった風情であった。これほど恐ろしい状況のなかで彼女たちを支えている勇気は実際並たいていのものではなかったが、それは来世の幸福への希望から来るものだった。この世での婢の身分を脱け出して、あの世では亡き王の寵妃になることができるのだと彼女たちは信じていた。華やかさときらびやかさのただなかで王に従って進んで来世におもむくことが目に見えない神々を喜ばせ、そのために大いなるシヴァがすみやかにスウェルガ・スルヤ、すなわちインドラのつかさどる天に迎え入れてくれるものと彼女たちは確信していたのだ。

妄信に従う女たちを親類や友人たちが取り巻いていた。この人々もまたその身の毛のよだつ決意を見て取り乱しているわけでもなければ、不幸な娘たちや姉妹たちを彼らを待ち受けている恐ろしい死から救おうとするわけでもなかった。彼らの務めは彼女らを救い出すことではなく、死刑執行人としてふるまうことであった。なぜなら恐ろしい覚悟の最後の部分は彼らにゆだねられ、犠牲者たちを最後にその運命へと送り出す者こそ彼らだったからである。

この間行列はゆっくりと進み続けたが、目的地に到着する前にこの偉大なドラマの奇妙な一幕が演じられなければならなかった。蛇は殺され、死体とともに焼かれなければならないのだった。司祭は椅子から降りて弓をとり、東西南北の四方向から蛇の頭めがけて四本の木の矢を放った。蛇に当ったのはしかし、矢ではなくて花、チャンパカの花だった。花は羽のついた矢元に差し込まれていたもので、矢が飛んでいるあいだに抜け落ちるのだが、司祭が不思議議な仕掛けをして矢が放たれると的つまり蛇の頭に花が当るように仕組まれていたのである。そうして蛇は殺されたものとされ、これまで男たちに抱えられていた布製の蛇は今度は司祭の椅子に巻きつけられ、最終的には火葬の時死体が入れられる木でできたライオンの像に巻きつけられた。

行列が火葬の場所近くに到着すると、[王の櫓は]司祭に先導されながらその場を三周し、最終的には櫓の一一階と連結してそれを火葬の場所とつないでいる橋にもたせかけられた。遺体は次にライオンの像のなかに入れられ、遺体の口には呪文の刻まれた金、銀、銅、鉄、鉛の五枚の小片が挿入された。司祭は聖典を読み上げ、遺体に壺から聖水を注いだ。これが終ると、金と黒と白の縞模様のはいった棒状の薪の束がライオンの下に置かれ、ライオンはほどなく炎に包まれた。ここまでがこの奇妙な出来事の第一部であり、以下はさらに恐ろしい場面である。

女たちは行列とともにその場所を櫓に乗せられて三周し、それから運命の橋にかかえ上げられた。橋の上の、前述の小屋のなかで彼女たちは炎が木像とそのなかに納められたものを燃やし尽くすのを待った。この期に及んでも彼女たちはまだ何の恐怖も見せず、あたかも死ではなくて生にそなえるように、身を飾ることに専念しているようだった。その間に付添の友人たちは恐ろしいクライマックスに備えた。橋の突き当たりの柵が開かれ一枚の厚い板が炎の上に押し出された。下の付添人たちはぎらぎらと燃えさかる炎を高いところまでとどかせるために大量の油を火に注いだ。最後の時が訪れた。しっかりと歩調を整えながら、犠牲者たちは運命の板に歩を進めた。彼女たちは一羽ずつ鳩が乗せられた頭の上で三度合掌した。そしてそれから彼女たちは体をまっすぐに伸ばしたまま、下に広がる炎の海に跳び込んだのだ。それと同時に、肉体を離れる魂を象徴するように鳩が舞い上がった。

三人のうち二人は最後の時に臨んでもどんな恐怖の色も見せなかった。彼女たちは覚悟のほどを確かめ合うように互いに見つめ合い、立ち止まることもなく跳び降りた。三番目の女はためらったのか他の二人ほど決然とは跳びこまなかったように見えた。彼女は一瞬よろめき、それから二人の後を追った。三人とも声一つたてずに消えていった。

この恐ろしい見世物は巨大な群衆にどんな衝撃も与えたようには見えず、この場は野蛮な音楽と銃の発砲音で幕となった。それは一度見た者には二度と忘れることのできない光景であり、人の心に、欠点はあるとしても、徐々に女たちを偽りや残酷さから解放する方向に向っている情け深い文明に属していることへの奇妙な感謝の念を抱かせるものであった。「サティ」と呼ばれるこのいまわしい妻の殉死の風習がインドでは絶えて見られないのはイギリスの統治のおかげであるし、同様にオランダもこれまでバリに対してあきらかに力を尽くしてきた。このような仕事こそ西洋文明が野蛮人たちを征服し、教化し、太古からの文明にとって代わる権利を正当化する資格証明書なのである。

バリについての興味ある話はほぼこれに尽きる……(〔　〕は原著者の挿入)。

力強く、美しい、そして(科学の一種とされている私自身の専門分野を意識して付け加えるなら)見事な観察力を示すこの文章はデンマーク人ヘルムスによって一八八〇年代に書かれたものである。[1] ヘルムスは若いときにマス・ランゲという人物の下で徒弟奉公をしていた。この人物は『闇の奥』[コンラッドの小説]を地で行くような白人ラジャ型の冒険者的商人で、バイオリンを弾き、荒々しく馬を駆って敵をなぎ倒し、さまざまな現地妻を持っていたが、毒を盛られたのであろうか、四〇代の終りに急死している。マス・ランゲは一八三九年から一八五六年の間バリ南部で治外法権的な貿易港を経営していたが、当時のバリ島にはヨーロッパ人は彼と彼の部下だけしかいなかった。私がこれまで長々とヘルムスを引用したのは、ここでバリの民族誌、なかでもとくに火葬儀礼に立ち入ろうと意図してのことではない。そうではなくて、文芸批評家としての(これほど多才な人物をこれほど狭いカテゴリーに閉じ込めることができるとすればの話だが)ライオネル・トリリングの中心的関心と思われるものに迫る一つのステップとしてこの報告を解明したい、あるいはより適切に言えば、(ヘルムスの報告が幾分秘教的であるのに対して、私の興味は幾分拡散的であるから)この報告の周辺を彷徨してみたいと考えるからである。これこそ、幾分異った視角からではあるが、人類学者という同様に狭いカテゴリーのなかでの私が彼と共有する関心である。

もしトリリングがなにかに対して強迫観念を抱いていたとすれば、それは文化と道徳的想像力との関係に対してである。そして私もそうなのだ。彼は文学の側からそれにつきあたり、私は慣習の側からそれにつきあたった。しかし芸術作品として捉えられたときの美と、実人生として捉えられたときの恐怖と、道徳的な洞察として捉えられたときの力とのあの神秘的な結合——現代文学のきわめて大きな部分にみられ、そのためにトリリングが例の抑揚のきいた書きぶりであれほど良心の苛責に苦しんだ結合——を有する一つの慣習を描き出しているヘルムスの文章のなかで、われわれ二人は出会うことができるように思われる。結局のところ、関心をジョーゼフ・コンラッドに向けるか、サティに向けるかはそれほど重要ではない。道徳的想像力の社会史こそがわれわれに共通するただ一つの課題なのだ。

一つとは言っても、それはもちろん大きい課題である。個々の文学作品は集団的幻想がどのように集団的生を彩るかという一般的な問題のある側面しか明らかにしないのと同様に、個々の儀礼もある問題を際立たせ、他の問題を沈黙させる。これは実は何年か前の遠い島での地位の高い死者と残された忠実な妻たちの壮麗な火葬という非常にエキゾチックな材料に目を向けることの特殊な効能なのだ。こうした材料から容易に気づくことと、トリリングがかつて冗舌でもったいぶった現在のひどく個人的な文学と呼んだものに目を向けることで容易に気づくこととはあまりにも異っているので、その二つの経験を結びつけるための深い知覚力は、それがどのようなものであれ、特異な力を持っている。

こまかな議論をするために、問題の焦点を十分に絞ろう。私の課題にとってトリリング教授の最後に出版された論文——一九七〇年代にコロンビア大学の学生にジェーン・オースティンを教えるという明らかに英雄的な企ての諸問題に関する論文(2)——がまさにここでの中心的問題に向けられていたという事実はたいへん有益である。彼によれば、われわれ自身と場所や時代を隔てた他者との類似性は両者を切り離す表面上の差異よりもはるかに大きいので、必要な学識と歴史的配慮さえあれば彼らの想像力の産物をわれわれの道徳的生活に役立たせることができるということが常に「ヒューマニズム的文学教育の基本的前提」であった。私自身の最近の議論に言及しながら、彼はこの基本的前提が実際はどこまで有効なのかを問うている(私の議論というのはとくにバリ人の自己意識——ヘルムスの文章からも察することができるように、それはきわめて独特なものである——に関するものである)。そこでは一方で、文化的にかけ離れたものが容易に利用できるという彼の信念は揺らいでいるようで、ある田舎者が熊をある王に贈り、それを別の王が欲しがるというアイスランドのサガを自分は結局のところ利用できるどころか、その田舎者の立場に立つというおきまりのやり方によって理解することすら本当にできていたのかと疑った。しかし他方で、他の人々の思考様式や感じ方がどんなに異質であっても、現在のわれわれの生き方と何らかの方法で結びつけることができるという彼の信念も頑ななまでに強いようであった。そしてコロンビア大学の学生たちを少なくともいくぶんかはジェーン・オースティンに近づけることができる、あるいはたぶんもっと正確には、少なくともいくつかのことがらにおいては彼らがすでにどんなに近いところにいるかを彼らにわからせてやることができるという彼の信念は変ることがなかった。

これは、もっとも満足のゆく立場というわけではないし、首尾一貫したものでもないのだが、思うに事実上取りうる唯一の立場であろう。差異は安易な「人はみな同じ」的ヒューマニズムが想定するよりはるかに根が深いし、また類似のほうも安易な「所変れば品変る」的相対主義によって解消されるにはあまりにも実体がある。文芸批評家と人類学者——少なくとも生そのものといったものが存在するという素朴な信仰をまだ持ち続けていると自認するトリリングのような文芸批評家と、社会とは行動以上のものだと考える私のような人類学者――はともに、基本的であるゆえに解きがたい一つの謎にとりつかれた職業に携わっているのだと言える。すなわち人間の想像力の重要な作品(アイスランドのサガやオースティンの小説やバリの火葬)が、われわれはみな互いに似ているという慰めをもたらす信念と、似ていないという不安をもたらす疑念との双方に等しい力で語りかけるという謎である。

もしわれわれがヘルムズの文章、そこに幾分か屈折した形で映し出されている「生そのもの」の諸相――対象となっている土着の生、対象を見ている侵入者の生、われわれに提示されている切り取られた生――に立ち戻るならば、この根深い二律背反が文字通り行ごとにあらわれてくる。読み進んで行くと、視点や意味や判断の不安定さが次から次へと姿をあらわすので、われわれはついには自分の足場がどこにあるのか、語られていることがらに対して自分がどのような立場を取りたいのかわからなくなり、語られた内容に関してさえまったく不確かになってくるのだ。

こうした不安定さのあるものは、いわば「バリ文化に内在する」ものである。それらはそうした儀礼の構造に本来的にそなわっていて、そのテーマを形づくり、その意味を構成している。一方における感覚のドラマの極度な強調、華麗なシンボルと秘教的イメージの炸裂、他方における人格の抹殺という静かな美への惜しみない賞賛、滅びへの清らかな賛歌。この二つの結合は(これにはすでに触れたが、ヘルムスはこれに仰天し眩惑しながら記述を続けている)、もちろんかずかずの不安定さのうちのもっとも顕著なものであるにすぎない。一方に一一層から成る金箔で飾られた櫓、布製の蛇に撃ちこまれた花の矢、ライオンをかたどった紫と金の棺、香の煙、金属楽器の音、香料、炎があり、他方に黒焦げの骨、忘我状態の司祭たち、夢遊病者のような女たち、無感情な付添人たち、不気味なピクニックでもしているかのような平静さに包まれた無関心な観衆がいる。ベケットの美学と結び合わされたコクトーの美学。しかし、儀礼自体が含んでいる(とは言っても狭い意味においてである。ヘルムスの文章は葬儀のコミカルな側面などはむしろ伝えていないのだから、実際には含んでいるものの一部である)不安定さの他にも、並はずれて包容力があるがけっして自らの文化から自由であるとは言えない一九世紀のデンマーク人貿易商の思い込みや偏見がこの儀礼全体と衝突するなかで産み出される不安定さがある。彼はのちのバリの仮面劇的世界への無数の侵入者たちと同様、目にするもののやわらかな美に絶望的なまでに魅せられている。あの青々とした棚田、ぬるぬるとすべるあぜ道、派手な衣装、奔流のような長い黒髪——すべてが今なおもっとも冷静な人々を迷わせ、空想的な人々を完全に混乱させてしまう。しかし、この華やかな祭りの名のもとに現実世界、少なくとも一人のユトランド半島出身の薬屋の息子が捉えた現実世界に実際に起こっていること、つまり「何の罪もない三人の女」が「愛のため、そして宗教の名のもとに」、「死のうちでもっとも恐るべき死」を甘受しているという事態に対する彼の憤りはたんに抑え難いばかりか、彼の反応全体を混乱させてもいる。

彼がこうして直面している高い芸術性とひどい残酷さの融合、ボードレールが好みそうな、のちにはアルトーが実際に愛好したこの融合は彼にはあまりにも衝撃的であった。そのために華やかに着飾ってドラを打ち鳴らし旗を波打たせながら練り歩くこれらの「火の愛好家たち」がどのような種類の人々であるのか彼にはわからなくなってしまう。「彼らはほとんど野蛮人には見えなかった」、「あたり全体は豊かさと平和と幸福、そしていくぶんか文明的な印象を帯びていた」のだ。彼の美的感受性、その恐ろしく強い感受性は一つの方向に向かい、それに劣らぬ力を持った道徳的感受性は別の方向に向かうので、彼はどう感じればよいのかを決めるのに大いに難儀している。女たちは妄信にとりつかれているが、彼女らの勇気は偉大である。その覚悟は恐ろしいが、無言の投身は息を呑むほど感動的である。儀礼は残酷な迷信であるが、その光景は忘れられない。群衆は心やさしく、陽気で、優雅で、礼儀正しいが、三人の乙女がじりじりと焼かれるのを見ても平然としている、等々。おなじみの述語がすべて互いに行く手をふさぎ合っているようにみえる。この人身供儀の煙雲のなかで美と真実と善が互いに結びあうどのような関係も、たしかにナポレオンの北欧遠征以後の近代スカンジナビアには見られないものである。

それらはまた第二次世界大戦後のアメリカの、少なくともそのなかの健全な思考力をそなえた人々の捉え方とも異なっている。自らの深さ以上に引き込まれてしまった近代の真摯さを真に見分けられる者ならかならず気づくはずの急旋回で、ヘルムスは(その美しさを長々と記述することによってわれわれを儀礼に引きつけると同時に、その恐ろしさを述べたてることでわれわれをそこから追い立てたのちに)女性の抑圧に対して抗議することによって、これを帝国主義擁護論にすり変えてしまう。西洋が東洋を征服し変形させるための信任状を手に入れるのは、こうした邪悪な——邪悪だが、素晴らしい——慣習の根絶という大義名分においてである。イギリス人がインドで、オランダ人がインドネシアで、そしておそらくベルギー人やフランス人やその他の人々がそれぞれの場所で古来の文明に自らの文明を置き換えるのは正当な行為である。というのも、そうした人々は欺瞞と残酷さに反対し、慈悲と解放の側にくみするからである。わずか数段落ほどで、自由主義的想像力(私自身も多少なりともこの一端を担っていると告白しておかなければなるまい)のもっとも確乎とした修辞表現のいくつか(たとえば「より単純な」人々の文化的完全性、人間生活の神聖さ、男女の平等、帝国主義的支配の強圧的性格といったもの)が互いに打ち消し合わされ、われわれをただ落ち着かない気分にするばかりである。夢見る東洋の魔法の庭から白人にとってのやっかいものという位置への、ゴーギャンの世界からキップリングの世界へのこれほど急激でこれほど巧妙な論理を用いた移行は、ヘルムスの文章のなかの均衡を失わせる最後の一撃となっている。われわれがこの非凡な報告を読み終えるとき、道徳的に曖昧にみえるのはたんにバリ人とヘルムスだけではない。つまり、もしわれわれが「食人は悪である」といった手軽な処世訓で満足する気がないならば、われわれもまた同様なのである。

この事例は特異なものではなく、一般的である。ここに見られるあらゆる特異性にもかかわらず、バリの火葬があらゆる方向から来てあらゆる方向へ向う第一、第二、第三、そして第n番目の解釈を経るときに生じる知覚の遠心運動は、その直接の観衆のかなたのいかなる人間たちにも興味を抱かせる力をそなえたすべての想像的構築物を特徴づけるものである(そして実際それだけの力がなければ直接の観衆をも得られないであろう)。そのような構築物は一つの経歴、それ自体想像力に満ちた経歴を持っている。というのは、その経歴とは他のそのような構築物との、あるいはむしろそれらによって伝えられる意識との幾多の出会いから成り立っているからである。想像的構築物がそれを産み出した社会的母胎から時空を隔てた個人や集団の生活において果たすことになるどのような役割もそうした経歴の所産なのである。文化の（あるいは歴史の、と言ってもよいが）相対主義の正しさは、われわれがけっして他の民族や他の時代の想像力をあたかもわれわれ自身のものであるかのようにきちんと理解することはできないとするところにある。他方その誤りは、それゆえわれわれはけっして真にそれを理解することなどできないとするところである。われわれは他の民族や他の時代の想像力を十分に、少なくともわれわれ自身のものではない他のすべてのことを理解するのと同じくらいには理解することができるのだ。ただし、われわれとそれとの間に介在するおせっかいな解説の背後から見るのではなく、それをとおして見ることによってそれは可能になる。伝統的ヒューマニズムの認識論的な自己満足についてのトリリング教授の苛立ちは場違いなものではない。それに対するもっとも正確な回答は、人生とは翻訳であり、われわれはみなそのなかに失われてしまっているのだというジェームズ・メリルのうがった観察である。

II

他の人々（先人、祖先、あるいは遠いイトコ）の想像力の産物がわれわれの道徳的生活に何らかの形で利用できるとしても、そのために事態が単純化されるわけではない。治療法つまり損なわれた精神生活の補綴矯正法のよりどころとしての過去（あるいは未開なもの、古典的なもの、異国的なもの）のイメージすなわち多くのヒューマニズム的な思想と教育を支配してきたイメージは有害である。というのは、われわれ自身の世界のかわりに一定の指針にそって構築された思考世界に接近することによってわれわれの不安が実際には増大するはずなのに減少するという期待を抱かせるからである。ヘルムスがバリから学び、われわれがヘルムスから学ぶのは、ある強い感受性がもう一つの同等かそれ以上に強い感受性と出会うことによって得られる理解力の広がりは内面の平安を犠牲にしてはじめて成就されるということである。

私が「道徳的想像力の社会史」と呼び、トリリングのような批評家と私のような人類学者の共通の企てと述べたものはわれわれ二人の専門分野のいずれかに属するある人々が今日考えているほど簡単ではないということがいまや明らかになる。文学的意図の回復(オースティンは何を伝えようとしたのか)も、文学的反応の抽出(コロンビア大学の学生が彼女のなかに何を見ようとするのか)も、また文化のなかでの意味の再構成(カーストとしてのバリの火葬儀礼)も通文化的な単一性の立証(葬儀における火を神の顕現の象徴とみなすことなど)もそれだけでは正しい焦点を提供することはできない。女性の名誉に関するオースティンのピューリタン的見解、あるいは自己投入的な小説作法に対する近代人的な喜び、世界の平等化が強力に推進されつつあるなかでのバリのヒエラルキー不滅の観念、あるいは王の死の本源的重要性、これらは道徳的想像力の社会史の素材にすぎない。その主題とはそれらのうちのあるものに魅了される精神性が他のものに魅了される精神性をどのように理解するか、ということである。

道徳的想像力の社会史について書いたり教えたりすることとは、バリの側に立つにせよ欧米の側に立つにせよ、また批評家としてであれ民族誌家としてであれ、この入り組んだ解釈の絡み合いに少しでも分け入ろうとすることであり、それによって産み出される思考と感情の不安定状態をある程度明確に位置づけ、一つの社会的枠組みのなかに置こうとすることである。そのような努力はほとんどその絡み合いをほぐすことも不安定さを取り除くこともしない。すでに示唆したように、実際にはむしろそれを目立たせていっそう混乱を招きさえする。しかしそうすることよって少なくともそれらはまぎれもなく理解可能なコンテクストに置かれる(あるいは置かれうる)のであって、傾斜測定者か社会生物学者かあるいは深層言語学者が本当にこのスフィンクスの謎をなんとか解き明かすまではこれで満足しなければなるまい。

この種の分析が具体的にどのようなものになるのかということについて、私が展開してきた人類学的な事例に平行させ関連させるための、また(扱われるのが自分自身の文化であれ他の誰かのであれ、書かれたテクストであれ事件であれ、詩であれ儀礼であれ、個人の記憶であれ集団の夢であれ)それが要求する知的運動の類似性を十分に納得していただくための文学的事例としてポール・フッセルの近作『第一次大戦と現代の記憶』(3)をしばらくの間見てみるのも悪くはないだろう。他にももっと適切な例がないわけではない。たとえばスティーブン・マーカスのヴィクトリア朝の性的想像力の複雑なあり方についての考察やクウェンティン・アンダーソンのエマーソン以降のアメリカ文学における自己の絶対視についての議論などがそうである。しかしながら、正当にも絶賛を博した(とりわけこの本の意図するところと自らのそれとの間に類似性を感じとったにちがいないトリリングによって賞賛された)フッセルの著作は、ここでも印象的な死の周りに雲のようにたちこめているかずかずのイメージを中心としているためだけでなく、バリの事例と一種の構造上の対として並べてみるとき、われわれが何らかの研究可能な方法を見出そうと格闘している問い、つまり時空を隔てた感覚器官がわれわれの感覚器官にどのように働きかけるのかという問いにいっそう近づけてくれるためにとくに有益なのである。

フッセルの著作は、西部戦線におけるイギリスの経験がまず知覚され、次に不安のなかで回想され、最後に別のところで組織的な社会暴力と出会った人々によって現代的な存在の全体像へと拡大されるという文学的枠組みに関するものである。この著作における人身供犠の場面とはフランダースやピカルディの塹壕である。この著作における平衡感覚を失った記録係とは、そうした経験をアイロニーの迷宮に変えたサッスーン、グレーブズ、ブランデン、オーエンなどの回想記作家や詩人たちである。そしてこの著作における新しい時代の後継者とは、果てしない戦争の悪夢に取りつかれた狂詩曲作家、ヘラー、メイラー、ヒューズ、ヴォネガット、ピンチョンなどである。「現代の理解力の一つの支配的な形態」が存在するようだとフッセルは述べている。「それは本質的にアイロニックなもので……多くの場合思いや記憶をあの偉大な戦争〔第一次世界大戦〕の諸事件に向けることから生まれてくる」(フッセル、前掲書、三五ページ)。

あまりにも簡明なこの論点(人身供犠以外にもバリについての面白い話があるのとまったく同様に、マスタードガスや戦死した運動選手以外の多くのものが不条理演劇派まで含めた同時代の想像力の形成にあずかったはずであるから)を容認したいかどうかは別にして、その論理はいったん理解されればつまらないほどわかりきったものに見えてくる種類のものである。

フッセルは塹壕での戦いの事実に基づく図像——泥、ねずみ、有刺鉄線、砲撃による穴、〔対峙した両軍のざんごう線の間の〕無人地帯、一本のマッチでつける三本のタバコ、朝方の召集、敵への接近、胸壁越しの攻撃——を、アスキスの描くイギリスの多分に文学的な図像——遊戯広場、夕陽、ナイチンゲール、田園生活、「甘美な愛国心」、「シュロップシャーの若者」的エロティシズム——を背景として提示することから始める。こうして戦争は種類も調子も、抱かせる感想もかなり異るものの、バリの火葬にひけをとらない一つの象徴構造となる。あるいはより正確に言えば、そうした構造を持つようになる。戦争もまた衝突しあう想像力と当惑した感受性、すなわちそれに現在の姿——われわれにとっては少なくともその意味——を与えている解釈の経歴とでもいうものを経由してわれわれのもとに達するのだ。そしてその経歴の諸相をそれぞれの社会的枠組みのなかに置いてみること、それらを取り巻くさまざまな人生で縁取ってみることは社会学的説明や歴史学的説明の練習問題ではない。それはものごと自体のなかに入りこむやり方なのである。もし「文学性」というものがあらゆる形の集団的幻想を包括する地点にまで拡大されるならば、フッセルが「実人生の奇妙な文学性」と呼ぶものはパサンダールやソムの戦いにまでも適用できる一般的な現象なのである。

一九一四年の「黄金の夏」に続く「鉄の秋」にフランスに赴いた男たちの実人生の文学性は多分に後期ロマン派的で、田園趣味、挽歌、熱意、冒険、高尚な言葉使いなどの寄せ集めである。フッセルはホーソーンの捉えたアメリカについてのジェームズの有名な一節をもじりながら(たぶん意図的に)こう書いている。「ドブネズミの裏道とよどんだ掘割りと骨を失った死者たちの『荒れ地』は存在しなかった。……『ユリシーズ』も『モーバリィ』も『カントーズ』も、カフカもプルーストもウォーもハクスレーもカミングスも、『恋する女たち』も『チャタレイ夫人の恋人』もなく、『偉大なるギャツビー』の灰の谷もない。人はただハーディーとキップリングとコンラッドを読み、昔ながらの道徳的な言語で書かれた昔ながらの道徳的な行為の世界にひたっていた」(フッセル、前掲書、二三ページ)。

そうした想像力を塹壕や火を吹く待避穴に用いることのちぐはぐさ(ハーディの苦悩やハウスマンの悲嘆が少々助けてはいるものの)は喜劇的なまでなので、それは千々に砕けて苦いアイロニーのかけら、地獄絵と笑いに姿を変えた洗練された感性の断片に分解した。そしてこれらの断片——小滴に分解した世界観——こそ戦争回想録作家たちが既成のジャンルのどれかを転倒させることによってかつてのより把握可能な姿にまとめようとしたものであった。黒い田園詩におけるブランデン、黒いロマンスにおけるサッスーン、黒い笑劇におけるグレーブズはその例である。今度はそうした全体は(まだできあがっておらず、依然として伝統的形式、伝統的言辞、伝統的イメージにとらわれていた)、より新しい時代の、より反乱を好む、骨を失った死者の礼賛者たちの拠りどころとなり、『裸者と死者』『キャッチ22』『スローターハウス5』『重力の虹』の頃までには、それは定着し、形が整い、強迫観念的に繰り返されたためにフッセルが正当にも「軍隊の思い出という儀礼」と呼んでいるもののために用いられた。

何らかの想像力の産物はわれわれの心のなかでこのように成長し、変形される。どこかに存在するあるいは存在したことを知っているだけのものからわれわれ自身のものへ、つまりわれわれの共通意識に働きかける力へと社会的に変形されるのだ。バリの事例は(少なくともわれわれにとっては)捉え直された過去ではなく、解き明かされた奇習の問題である。しかしこれは細かいジャンル上の区別——歴史ではなく民族誌として構成されたフィクション——にすぎず、事情は複雑にはなるが決定的ではない。文化の主要な進路が再解釈という作業のなかで詳しく考察されるとき、異なった発見の感覚が生れる。つまり、あるものを思い出したというよりあるものに出会ったという感覚、継承というより獲得の感覚である。しかし、(一九一五年のフランダース、一八四七年のギアニャールといった)独自な経験のある場面が、そこで起こったことの再現法を捜し求めるという作業をとおして集団的生の形象化へと高められるという展開は同じである。その出発点となる場面がいわゆる「現実の」ものではなく『エマ』や『マンスフィールド・パーク』といった文学作品のように人工的なものであっても、事態はたいして変らない。あるいはその点ではサティの慣習でも同じことだ。用語が変るだけである。道はいつもある形の生の直接性から別の形の生の隠喩へと通じている。

この経路を具体的に示そうとする場合、想定される学問的領域を厳密に区分しようとする学問的純潔主義者のドグマは障害以上のものであり、むしろ道を誤らせるだけである。文学における自己解釈テクストという観念や社会科学における物質が意識を決定するという観念は有用であるともそうでないとも言える。しかし、他の人々の想像力が築きあげたものがわれわれ自身の想像力の産物とどのように関係するかという問題についての理解に関するかぎり、それらはわれわれを間違いなく誤った方向、つまり題材の意味形態としての側面をそれに生命を与えている実際的なコンテクストから分離することに向かわせる。批評のカテゴリーを社会的事件に適用すること、社会学のカテゴリーを象徴構造に適用することは、初歩的な哲学的誤謬でもなければたんに芸術と人生の混同でもない。文化的歴史的特異性という重みのある事実が文化や歴史を越えた理解の可能性という同等に重みのある事実とどのように調和してゆくのか――あるいは、どうすればきわめて異なっているものが差異の度合を少しも減らすことなく深く理解されうるのか、どうすれば途方もなく遠くにあるものがその距離を少しも縮めることなくきわめて身近なものになりうるのか――を解明することに捧げられた研究にとってはそれは正当な方法なのである。

一部の秘教的な文学批評にみられるあらゆる理解に先行する小賢しさや、一部の鼻のきかない社会科学にみられるリアリズムと呼ばれる意図的な近視眼といった厄介な荷物こそ負っていないが、事態はきわめて困難である。フォークナーの全作品はある意味でこの問題、すなわち個々の想像力がなぜ文化的時間的に隔たった他者の影を帯びるのか、出来事、出来事の叙述、さらに出来事の叙述の一般的洞察への隠喩的変換が次々と積み重なることによって、より知識はふえるが、同時により不安定で、より平衡を欠いた精神状態が生みだされるのはなぜかという問題をめぐるものであった。そして彼は書くことに携わったことのある誰よりも正確にそれがどんなに難問であるかを感じ取っていた。『アブサロム、アブサロム！』――あのサトペン一族、コールドフィールド一族、コンプソン一族にまつわる一世紀以上にわたるさまざまな狂気じみた物語によって織りなされるとてつもない作品――のなかで、彼はこの種の意味探究に携わる人間ならけっして完全に振り払うことのできないある種の絶望感をこめてこの問題を提出している。クウェンティン・コンプソンの父親がクウェンティンに(彼はたった今ローザ・コールドフィールドからサトペン一族の黒人との結婚、近親相姦、兄弟殺し、殺人の歴史についての物語を聞いてきたばかりであるが)、その父親つまりクウェンティンの祖父が、彼つまりクウェンティンの父親にサトペン老人が半世紀ほど前に彼つまりクェンティンの祖父にその一部始終を話したことを話すのだが、彼はフラストレーションにおちいって話を中断する。

そうだ、旅なれた父サトペンはともかく、世間のことをあまり知らぬヘンリーにとっては、八分の一ほど黒人の血がまじった情婦と、一六分の一ほど黒人の血がまじった子供との存在が、たとえ貴賤相婚の儀式——それは当時の富裕なニュー・オールリンズの青年たちのあいだで、社会的なアクセサリーの一つとして、ダンス靴とおなじように流行していた風潮だった——が行われたとしても、そのじゅうぶんな理由になったのだ——南部に生まれ、一八六〇年前後に成人した、われわれの先祖である、あのぼんやりした影のような典型どもは、そのことによって現在でも、少々光栄に浴しているのだ。それはまったく信じられないことだ。説明できることではない。あるいはもしかしたら、説明できなくてもいいことかもしれない——なんら説明は行なわれないし、われわれも知らないことになっているのかも知れない。われわれには口から口へと語り伝えられている二、三の昔話がある。古いトランクや箱の引き出しのなかから、挨拶の言葉も署名もなにもしてない手紙が出てくることがよくある。そのような手紙の中では、かつては生きて呼吸していた男女が、今のわれわれにとってはサンスクリットかチョクトー・インディアン語のようにわけのわからぬ、頭文字かニックネームになってしまっている。今のわれわれにはなんのことやら理解できぬ愛情が、そのような頭文字やニックネームを生みだしたのだ。そしてわれわれの眼には、時間がぼんやりと稀薄になって、単純な情熱と単純な激情の行為を、時間とは無関係に、不可解に、演じている、英雄のように巨大な姿をもった人々(その人々の血が現在なお生きていて、われわれはその血の中で酔生し待望しているのだ)の姿がぼんやりと見えてくるのだ——そうだ、ジューディスとボンとヘンリーとサトペンと、その四人の姿もそうだ。しかしなにかが欠けている。かれらはちょうど手紙といっしょに、忘れられた箱の中から注意深く引き出されてきた化学式のようなもので、その紙は古く色あせて、いまにも崩れそうで、その文字も色あせ、ほとんど読解できぬが、それでいてなにか意味がいっぱいに含まれているようで、形も感じも見知らぬものではなく、稀薄な有情物の存在が示唆されているのだ。そしてわれわれはそれらを指示された通りに寄せ集めてみるが、それでも何事かわけがわからない。そこでわれわれは計算ちがいもしていなければ、なにも見のがしたところはないことを確かめながら、熱心に、穴のあくほど、長々と、それをまた読んでみるのだ。そのようにしてなんどもなんども読みなおしてみても、結局なにもわからないということになって、ただ言葉だけが、符号だけが、幻影だけが、あの誇張された、恐ろしく血なまぐさい不幸な人間関係を背景として、ぼんやりと、わけのわからぬままに、おちつきはらっているのだ。[4](大橋吉之輔訳)

しかし事態はそれほど絶望的なわけでもない。フォークナーはそのきまぐれだが鋭い知覚力を幾度も結集して、こまをつなぎ合わせ、この小説の残りの約二〇〇ページだけでなく、彼の作品全体をとおしてこれらの物語を補充してゆき、この特殊な(彼の、オクスフォードの、戦間期の南部の)道徳的想像力の歴史を、明らかではないとしても少なくともより明らかなものに、完全に解釈可能とはいかなくとも少なくとも完全に不可解とは言えないものにし続ける。人はこの種の努力にこれ以上のものを期待することはできないが、ここまでは期待しうるのだ。あるいは先程私が故意に端折って紹介したジェームズ・メリルの詩(彼の作品もまた時間、記憶、パズル、文化の断絶にかかわっている)を直接引用しておくのもよかろう。

失われてしまったのか、それは、埋れてしまったのか。もう一つの足りないこまは。
しかし何も失われてなどいない。それとも、すべては翻訳で
われわれはすっぽりとそのなかに失われてしまっているのだ
(それとも見出されたのか——私はときどきS字形の廃虚をさまよい歩き
そのおだやかさに驚嘆する)[5]。

III

翻訳のなかに見出す。第一次世界大戦や南北戦争以前の南部やあの物議をかもしたアイスランドの態や意味のあいまいなドンウェル僧院でのピクニックなどと同様、バリの儀礼の壮大さはわれわれの心に

さまざまな動揺を引き起こし続ける。ヘルムスはその謎を解こうとした西洋人のうちもっとも古い者の一人にすぎず、私はそのもっとも新しい者の一人にすぎない。われわれ二人の間にはオランダ植民地主義を体現する兵士、行政官、技官、さまざまな国からきた流浪の画家、音楽家、舞踊家、小説家、詩人、写真家、V・E・コルン、ルロフ・ホリスからグレゴリー・ベイトソン、マーガレット・ミードにいたる著名な言語学者や民族誌家たち、多くが優秀な学者でもあり全員が確乎とした意見の持主であったさまざまな宗派の宣教師たち、そしてもちろん近年の大量の観光客の侵入の一部として『ニューヨーカー』誌の時事漫画作家ピーター・アルノによって旅行代理店のカウンターに身を乗り出し息を切らしながら「あの……バリは……まだバリでしょうか」とたずねている男の絵できわめて適切に捉えられている熱烈な経験志向者たちがいる。

もちろんバリはバリのままである。それ以外の何でありえよう。そして一八四七年以来生じたすべての変化(第一に人口が三倍になり、第二に自動車が登場し、第三に殿方の熱望の的であった乳房は覆われた)にもかかわらず、当時ヘルムスが捉えた自制心をうばう感覚的な美しさとドラマチックな残酷さと道徳的な無神経さの混在は今なおバリの生活の際立った特徴であり続けている。オランダ人たちはヘルムスの期待どおり妻の殉死を禁止したものの(秘密に行われた例は一九三〇年代まであったようだが)、彼らは、少なくとも社会全体を変えてしまうことなしには、殉死が表現する感受性、すなわちその表現があまりに華麗であるためにそれについて考えることすら禁じてしまう感受性を抑圧することはできなかった。バリの楽園的イメージ――「神々の島」「千の寺の国」「最後の楽園」「世界の暁」等々――と、感傷的な島の逗留者以外の誰もが遅かれ早かれその美しさのただなかでうごめいているのを聞く平然とした恐怖という通奏低音との間の緊張関係は持続している。そして親族の系図とカメラを携えたわれわれ新参者が、かつてヘルムスが好奇心に満ち身構えもせずにその他の点では普段と変わりのないある朝、ギアニャールで出くわしたときよりもはるかに平静にそれに対することができるのかどうか私にはわからない。ただそれがわれわれにとって持つようになった魅力、それが時の流れのなかでどういうわけかひどく興味をそそり、強迫観念的なまでになってきたことをわれわれはより強く意識しているだけである。

主に今世紀になってからの現象であるが、バリの想像力に満ちた生活が西洋のそれと真剣にかかわりあうようになって以来、われわれの側からすればバリとのかかわりは芸術的才能を道徳的にどのように位置づけるかという奇妙な(同じ関心を持つ他の人々を私は知らないという意味で奇妙な)関心をとおしてであった。つまり、すなわちそれは何に由来するのか、われわれはそれにどう対処すればよいのか、それはわれわれにどんな影響を与えるのかという関心である(バリ人の側からすれば事情は異っている。彼らの守護神は創造力ではなく地位なのだからその点でわれわれは彼らをずいぶん混乱させている)。われわれの時代の一つの比喩としてバリは美的衝動に真の自由を許し、その内的性質の何物にもとらわれない表出が可能な社会を体現するイメージとして機能してきた。厄介なのはそのイメージがドイツの観念主義に結びついた人格の完成としての芸術という見方や、フランスの象徴主義と結びついた「悪の華」的芸術観にも等しく奉仕するようにみえることである。そしてわれわれを不安にしまた魅了するのはヨーロッパにおいて対立するものがアジアにおいては共存するということであり、学問の進歩によってこのことがますます無視しがたくなってくるようにみえるということである。

観念主義の立場からの見方は明らかである。バリ島がわれわれの想像力にとって果たしてきた主要な役割は美の理想郷すなわちそれらしい風景の上にそれらしい外観をまとって現実に存在する天成の芸術家たちと自発的芸術の自然のままの社会という理想郷として仕えることであった。ダンス、音楽、仮面劇、影絵芝居、彫刻、感嘆をさそうほどの姿態や言葉や動作の優雅さ、さらに儀礼、神話、建築物、礼儀作法などの息を呑むほどの複雑さ、さらに一九二〇年代、三〇年代に入ってからのきわめて独創的なイーゼル画の驚異的な出現は、バリでは少なくとも場所によっては生活と芸術がまさに一つに融けあった真に創造的な民衆文化が存在するというイメージをわれわれの間に生じさせた。長い伝統をもつフランスの『美しいイメージ全集』の最新版には次のように書かれている。「すべてのバリ人は芸術家である。もっとも彼らはその創造的才能が共同体自体の創造力に吸収され、自らの創造的力についてほんのかすかな意識しか持たない無名の芸術家である。」(6) イギリスの人類学者ジョフリー・ゴラーはより教師らしい口調で一九三六年にこう書いている。「バリ人は芸術家からなる民族であると言える。……バリの芸術は生き、たえず発展し続けている。」(7) そしてさらにそれ以前、一九二二年にドイツの芸術史研究者カール・ヴィトがその奇跡的ありように感動してユーゲント・シュティールで次のように書いている。

バリ語には芸術をあらわす言葉も芸術家をあらわす言葉もない。にもかかわらず、この人々の生活は祭典、寺院、イメージ、宝石、装飾、すなわち造形と遊戯の贅沢な享受を証拠だてるかずかずの賜物の花咲くような豊かさであふれている。幻想の氾濫、形象の横溢、表現の力強さがこの人々の手や心や体から湧き上り、あらゆるものを充満させる。直接性に満ち、祝福された官能性にあふれ、豊穣さに浸された本物の生の熱狂がこれらの農民たちの天成の芸術性から生れ出て、たえず新たなものに変ってゆく……。

おお、わが時代の芸術家たちよ、反応も共感も見出すことのない孤高の殉教者たちよ。孤立と貧しさをその富となす人生の不能者たち。取り巻くものの冷たさのなかで自らを燃やしつくす、彼らの生の破壊的環境のなかでいまにも自らを損なおうとしている、労働を強いられ、侵害されることによって自己表現に駆り立てられ、もっぱらねじれた芸術性にのみ向わせられ、自らに溺れ、そのために力と現実を失う数々の人生の不能者たち。

彼らを幸運な名もないバリの芸術家と比べてみよ。そこでは農民たちが夕べの暇に彫像を刻む。子供たちがヤシの葉にまだら模様の飾りを描く。村の一家が不気味に入りくんだ色鮮やかな死体安置塔を建てる。神々に対する尊敬と自らの純粋な喜びから女たちは女神のように身を飾り、巨大な炎のような像に供えものをする。畑を歩いている農夫が不意に神に出くわして霊感を受け、寺に神像を彫り、神霊の面を刻む間、隣人が彼がその仕事を終え再び農夫として畑に出るまでねんごろに彼の畑と家族の世話をする。そして無私の祝祭的衝動から儀礼、ダンス、ページェント、寺院の建築をとおして忘我境的共同体が出現するのだ(8)。

こうしたイメージ――完全に芸術化された生活というシラーの夢想――はさまざまな形をし、さまざまなジャンルにわたるありとあらゆる度合の真剣さをそなえた何十もの欧米の作品からも再現することができよう。コルンが辛辣に指摘したように、バリは自らにさからう名声を得てきたのである。

この名声が完全に誤っているというわけではない(むしろそれは少なくとも職業柄高貴な未開性に対して不感症になっている私が想定する以上の真実を含んでいる)。問題はそれがバリの持っている唯一のものではないということである。それほどの創造力が産み出したもののいくつか――火葬ばかりでなく、荒れ狂う鬼婆と短剣で胸を突くトランス状態の若者たちが登場する魔女と竜の踊りや、バリに蔓延する倒錯と野蛮な残虐性のイメージに満たされた妖術、そして闘鶏という狂気じみた大衆的熱気のなかで行われる聖別された動物の闘技といったもの――への乾いた視線はものごとの冷ややかな見方を助長してきた。その創造性を産み出した社会生活――蔓延する党派主義、上位カーストの横柄さ、「貝殻追放」的集団主義、母方との断絶――への同じような視線もそうである。またバリの近代史の転換点となった事件、たとえば一九〇六年のオランダの占領に際して支配階級が行った集団自殺についても同様である(彼らは火葬の際の殉死の服装をし、視線も定まらぬ虚ろな表情で、それぞれの屋敷を出るとわきめもふらずに大砲やライフルや剣のただなかに突き進んだ)。さらに一九六五年のスカルノ失墜の後、「共産主義!」という呼び声のなかで農民同士が殺し合った集団殺戮についても同じである(ある試算ではその数は五万人にのぼるが、これはアメリカ合衆国で言えば五〇万人にも相当する数である。また私が数年前に住んでいた村の一つでは総戸数七〇戸のうち三〇戸が一夜のうちに焼き払われた)。ヘルムスの残酷な火葬の炎は華麗な塔の傍らに、身を投げる妻たちは舞い上がる鳩の傍らに、野蛮な光景は陽気なピクニックの傍らに今も存在している。そしてそれらは永久に互いに切り離すことができないもののように思われる。

このシャングリ＝ラ(楽園)とパンデモニアム(魔界)の結合が、天上的なものも悪魔的なものも含めた芸術的才能についての考え方にどのように作用するのか、そのなかにわれわれについてのどのようなことが翻訳されているのを見出すのかについて、これ以上追求することは明らかに不可能である。またここでかいま見た事例以上にそれがわれわれの想像力の歴史のなかで果たしてきた役割をあとづけることもできない。私はただそれが一つの役割、第一次世界大戦期のアイロニーや中国やインドといったアジアの重要な文化の伝えるものと比較するとたしかに小さいが、にもかかわらず現実感があり、まだ過ぎ去ってもいず、独特の手ごたえを持つある役割を果たしてきたことを主張したいだけである。そしてまたバリの民族誌を書く者はそれゆえ、オースティンを批評する者と同様、とりわけトリリング教授があの最後の回りくどい途切れ途切れのエッセイのなかで文化における人間生活の大きな謎の一つと呼んだもの、すなわち他の人々の創造したものがまったく彼ら自身のものでありながら同時に深くわれわれの一部でもあるのはなぜかという謎を解明することに心を奪われた者なのだ、ということを私は主張したいのである。

原註

(1) *Pioneering in the Far East and Journeys to California in 1848 and to the White Sea in 1848* (London, 1882), pp. 59-66.

(2) Linonel Trilling, "Why We Read Jane Austen," *Times Literary Supplement,* 5 March 1976, pp. 250-52.

(3) (New York, 1975).

(4) *Absalom, Absalom !* (New York, 1936), pp. 100-101.(大橋吉之輔訳「アブサロム、アブサロム!」『フォークナー全集12』冨山房、一九六八年、八九—九〇ページ)

(5) "Lost in Translation," *Divine Comedies* (New York), p. 10.

(6) M. Boneff, *Bali* (Paris, 1974), pp. 69, 72.

(7) *Bali and Angkor* (Boston, 1936), pp. 54-55.

(8) G. Kraus and K. With, *Bali* (Hagen i W, 1922), p. 41.(原著者による英訳を翻訳)

第三章　「住民の視点から」——人類学的理解の性質について

I

数年前、人類学で小さなスキャンダルがあった。人類学の先祖の一人が、公の場で真実を告白したのである。先祖にふさわしくそれは死後の告白であったが、彼自身ではなくその妻の意によりなされたことであったから、どこにでもあるあの実直タイプの人たちがすぐさま大挙して立ち上がり、彼女は氏族《クラン》の秘密を裏切って(彼女はもとより婚入者である)偶像を汚し、氏族を辱めたと叫んだ。世間の人々は言うに及ばず、子孫たちはどう思うだろうか、というわけである。儀式に則っていろいろ書かれはしたが、混乱はさして静まることはなかった。とんでもないことが、とにかくもう活字になってしまったのである。ジェームズ・ワトソンの『二重らせん《ダブル・ヘリックス》』(＊1)が生物物理学の研究の実状を白日のもとにさらしたのと同じように、ブロニスラフ・マリノフスキーの『厳密な意味での日記』(＊2)は、人類学者がどのようにして仕事をするかについての従来の説明を、ほとんど受け容れ難いものとしてしまった。異境の内に完璧に自己を順応させ、感情移入と臨機応変と忍耐心とコスモポリタン的態度の生ける奇跡として君臨するカメレオン的フィールド・ワーカーの神話は、それを創造するにおそらくもっとも力のあった人物自らの手によって、完膚なきまで破壊されたのである。

『日記』の公刊をめぐって起きた騒ぎは、当然ながら非本質的なことばかりをあげつらい、予期されるごとく的外れであった。この日記が驚きだったのは、ただマリノフスキーが、慎重な言い回しをすれば〈完璧な好漢ではなかった〉ことが明らかとなったから、ということのようである。マリノフスキーは、自分が住み込んだ地の住民《ネイティヴ》について失礼なことを言おうと考えたし、また実際失礼な言葉で言いもした。彼はどこか別のところに行けたなら、と思いながら時を過ごすことが多かった。そして彼は自分が、世界一無愛想な男であるかのような印象を与えているのである。(彼はまた、妙な職業に自己犠牲と言ってよいところまで身を捧げ尽くした男、という印象も与えているが、この点はさして注意を払われることがない。) 議論はつまるところ、マリノフスキーの道徳感ないしはその欠如に集約し、この本が提起した真に重大な問題は省みられることがなかった。すなわち、もしわれわれが信じ込まされてきたように、何かしら並外れた感受性、つまり住民と同じように考え感じ知覚する、ほとんど不可思議に近い能力によってでないのなら、いったいどのようにして、住民(私はこの語を「厳密な意味で」使っているのだ、と急いで付け加えなければならない)の考え方や感じ方や知覚のしかたについての人類学的な知は可能となるのだろうか、という問題である。『日記』が提起している問題がどれほど重大であるかは、民族誌をやっている者にしかなかなか本当のところはわからないかもしれないが、それは道徳感の問題ではない。(そもそもフィールドワーカーを道徳的に理想化することは、自己満足やギルド的みせかけでなければ単なる感傷にすぎない。) 問題は認識論に関わるものである。もしわれわれが、住民の視点からものを見るべしという掟に従うなら——従わなければならないと私は思う——、被調査者との独特の心の距離の近さ、すなわち文化を横切るある種の一体化を主張できなくなってしまうわれわれの立場はどうなるのであろうか。

事実この大問題は、過去一〇年から一五年の間、人類学の方法についての議論をかき立ててきたものであった。墓場から響くマリノフスキーの声はこの問題を、職業人としての人間としてのジレンマの問題としてただ際立たせただけのことである。言い方はいろいろある。「内側」と「外側」、ないし「一人称」と「三人称」の描写の対比。「現象学」的と「客観主義」的、ないし「認識論」的と「行動論」的理論の対比。あるいはもっともよく使われるのは、「エミック」と「エティック」な分析の対比であるかもしれない。この区別は、音を特定言語の内部において果たす機能によって分類する音素論《フォネミック》と、音を聴覚的属性そのものによって分類する音声学《フォネティック》とが、言語学において対比されることに由来している。しかし問題をもっとも単純に、またもっとも直接にわかりやすいかたちで表現するのは、精神分析学者ハインツ・コフートが自らの目的をもって区別した、〈近い＝経験〉と〈遠い＝経験〉という概念であるかもしれない。(＊3)

大まかに言えば、〈近い＝経験〉という概念は、ある人——患者、被調査者、われわれの場合にはインフォーマント——が、自分や自分の仲間が見たり感じたり考えたり想像したりすることを表現する際に、自然に無理なく使い、他人が同様に使った場合にもやはり容易に理解できるような概念のことである。〈遠い＝経験〉という概念は、何らかの専門家——分析医、実験者、民族誌学者、また神父やイデオロギー論者でも——が、その科学的、哲学的、また実際的目的を果たすために用いるような概念のことである。「愛」は〈近い＝経験〉であり、「カセクシス対象」(＊4)は〈遠い＝経験〉である。「社会成層」や、大抵の人にとってはおそらく「宗教」も(「宗教体系」なら間違いない)〈遠い＝経験〉である。「カースト」や「涅槃」は、少なくともヒンドゥー教徒や仏教徒にとっては〈近い＝経験〉である。

これは程度の問題であり、二極対立ではない――「恐れ」は「恐怖症《フォービア》」よりも〈近い＝経験〉であるが、「恐怖症」は「自我違和的《エゴ・ディストニック》」(＊5)よりも〈近い＝経験〉である。また、少なくとも人類学に関する限りこの違いには、一方の概念が他方より優先されるという意味での規範性がない(詩や物理学においてはそのような規範性がある)。(＊6)〈近い＝経験〉だけに自己限定すれば民族誌学者は身近なものに流されて、卑俗な言葉で足がもつれることになる。〈遠い＝経験〉だけに自己限定すれば抽象の内にさ迷い、難解な専門用語の中で窒息することになる。真の問題は、そしてマリノフスキーが「住民」の場合について、住民を知るには住民にならなくてもよいことを示すことによって提起した問題は、この二種の概念が人類学的分析においてどのような役割を果たすのかということである。あるいはもう少し正確な言い方をすれば、ある人々の知的地平にただそのまま閉じこめられた、つまり妖術師の書く妖術の民族誌ではなく、また、ある人々の存在独特の色調を断固として意に介しない、つまり幾何学者の書く妖術の民族誌でもないような解釈を生み出すためには、右の二種の概念をそれぞれの場合についてどのように利用したらよいのか、という問題である。

こうした言い方をすれば――つまり、人類学者はどのような心の持ち方をすべきか、ではなく、人類学的分析をどのように行ないその結果をどのような枠組みに入れるべきか、という見方をすれば――、「住民の視点からものを見る」とはいったい何を意味するかについての謎が解けてくる。そうはいっても、そのようにものを見るのがそれで容易になるわけではないし、現地調査者《フィールドワーカー》の感受性に対する要請が弱まるわけでもない。他の人々にとっては〈近い＝経験〉であるような概念を把握すること、そしてその概念を、社会生活の一般的特徴を理解すべく学者たちが作り上げた〈遠い＝経験〉であるような概念と相互に光を照らし合うような関係に結びつけて把握するのは、他人の身体に入り込むほど魔術的ではないにしても、少なくともそれと同じくらい微妙で困難な仕事である。インフォーマントの精神と、ある種の内的共応関係に入ればよいのではない。インフォーマントに限らず誰でもそうであるが、彼らは自分の魂を自分だけのものと考えがちであるから、そんな共応関係に入ることにさほどの関心を持つわけはない。いったい自分は何をやっていると彼らが思っているかを見出すことが必要なのである。

もちろんある意味では、これは彼らが誰よりもよく知っている。だからこそ彼らの経験の流れのなかで泳ぎたいという熱意が生まれ、なんとかそこで泳いだという幻想が抱かれることになるのである。しかし別の意味では、このまったく当たり前のことがまったく当たり前ではない。人々は〈近い＝経験〉であるような概念を、自発的、無意識的、いわば日常的に使う。そこに「概念」が含まれているなどとは、たまに頭をかすめることはあるにしても、気づかない。それが〈近い＝経験〉の意味するところなのである――つまり、概念が指し示す観念と現実とが、自然な、分離不可能なかたちで結びついているのである。カバをカバ以外何と呼ぼう？　神の力は偉大だ、だから神を恐れるんじゃないか？　民族誌学者はインフォーマントが知覚することを知覚しないし、私の意見では知覚することはまず無理である。民族誌学者が知覚するのは、それもかろうじて知覚するのは、インフォーマントが「何によって」――「何を手段として」「何を通して」……言葉はどうでもよい――知覚するかである。(＊7)　見かけほど観察力を欠くわけではない盲人ばかりの国で、片目は王様ではなく見物人になるのである。

さて、こうしたことすべてをもう少し具体的にするために、この後しばらく私自身の仕事について述べてみたい。いろいろ欠点はあるにしても、少なくとも私自身のものであるという長所があるからである——これはこの種の議論においては大きな利点である。私が詳細に研究した三つの社会、すなわち、ジャワ、バリ、モロッコにおいて私がとりわけて関心を持ってきたのは、その社会に住む人々が自分自身を人(person)としてどのように定義するかを見定める試み、すなわち、ジャワ式、バリ式、モロッコ式の自己(self)とは何であるかについて人々自身が持つ観念(ただし、持っていることをうっすらとしか気づいていないと言うべきであろう)は、どのへんに関わってくるのかを見定める試みであった。そして三つの事例それぞれについてこの極度に内密な観念に到達しようとする際、私は私自身を誰か別の人、つまり米作農民や族長《シーク》であると想像した上で自分が何を考えるかを見ようとするのではなく、それぞれの場所で人々が、自分自身というものを自分自身と仲間同士に対して現実に表現する際に用いる象徴形態——言葉、イメージ、制度、行動——を、見つけ出して分析しようとしてきたのである。

事実、どんな風にして他の人々の心の動きに探りを入れたらよいのかというこの問題を検討する上で、〈人の概念〉は大変に優れた手段となる。まず第一に、この種の概念は何らかの認めうるかたちですべての社会集団に存在すると言ってよさそうに思われる。人とは何か、についての観念には、われわれの見地からすれば少なからず奇妙に思われるものもある。人は蛍の形をして夜間ふわふわと飛び回るとされることもあるし、憎しみなど人の心の本質的部分が、検死で見つかる黒い粒状の物体として肝臓の中に潜んでいると考えられることもある。人は守護霊《ドッペルゲンガー》的な野獣と運命をともにし、その野獣の病気や死に応じて人も病いに落ちまた死ぬとされることもある。しかし、岩や動物や嵐や神に対比して、個人というものが何であるかについて少なくとも何らかの観念が存在することは、私の見る限り普遍的である。とはいえ、右に並べあげた事例が示すように、実際に関わってくる概念は集団ごとに異なり、それも極めて大きく異なっている。人とは、境界明瞭で唯一独自、多少とも統合された動機づけと認識の宇宙であり、意識と感情と判断と行為のダイナミックな中心が他とは際立った一全体をなして、その他の同様の全体に対して、またその社会的背景と自然的背景に対して対置される、というのが西洋における人の概念であるが、このような概念がわれわれにとってどれほど疑いないものに思えようとも、それは世界の諸文化という脈絡のなかで見ればかなり特異な見方である。あの名高い「感情移入《エンパシー》」の実体とは、そのような西洋概念の枠組みのなかに他の人々の経験を位置づけようとすることであるが、他の人々を理解するためにはそうした西洋概念をさておいて、自己とは何かについて人々自身が抱く観念の枠組みのなかで、人々の経験を理解することが必要である。そして少なくともジャワとバリとモロッコについては、そのような観念はわれわれ自身の観念から際立って相違するばかりでなく、それら相互もやはり劇的に異なり、そこにわれわれが学ぶところも大きいのである。

II

私が一九五〇年代に研究対象としたジャワで調査したのは、内陸にある貧しい田舎町であった。日陰もないなかに、白く塗りたくった木造の店舗と事務所が立ち並ぶ街路が二本と、その後ろにはさらにみすぼらしい竹造りの掘立て小屋が雑然とかたまり、それらすべてを巨大な半円型に密集して広がる米作農村が取り囲む。土地は不足し、雇用は乏しく、政治は不安定で、衛生状態は悪く、物価は上昇し、全般に生活向上の見込みのほとんどないこの町は、活気ある停滞とでも言うべきものの内にあり、現代から借用した断片と、この地を特徴づける伝統の残骸との奇妙な混在を指してかつて私が形容したように、未来は過去と同じくらい遠くにあるかのようであった。しかし気が滅入るようなこの情景のさなかには、存在の謎を究め尽くそうとするまさに驚くべき知的活力、文字どおりの哲学的情熱がみなぎっており、それも民衆の情熱なのである。赤貧の農民が思想の自由を語り、文盲の行商人が神の属性を論じ、一介の労働者が理性と情熱の関係、時間の性質、感覚の信頼性について一家言を持つ。そしておそらくもっとも重要なことは、〈自己〉の問題——その性質と機能と働き——が、われわれなら極めて選りすぐられた状況においてしかありえないような集中的内省によって追究されていたということである。

この内省における中心的観念、そして自己の外部境界はどのあたりに存し人とは何であるかについてのジャワ式の感覚を定める諸観念は、宗教に基礎を置く二対の概念的対比、すなわち「内」と「外」、及び「磨き上げられた」と「荒削りな」の対比としてまとめられている。このような訳語は、もちろん大まかで不正確である。そもそもこれらの語が正確には何を指すのか、その意味の陰影をえぐり出すことについて人々は論じていたのである。しかし、これら二対の概念があい伴って際立った自己の概念を形作っており、そしてそのような概念は単なる理論ではなく、ジャワの人々が実際にお互いを、そして言うまでもなく自分自身を理解する際に用いるものなのであった。

「内」と「外」にあたる語は、バティン(*batin*)とライール(*lair*)であるが(これらの語は実際はイスラム神秘主義のスーフィズムから借用したもので地方的に変形されている)、それらが意味するのは一方で人間経験の感知しうる領界、他方で人間行動の観察しうる領界である。それはわれわれのいう意味での「魂」と「肉体」の対比には何の関係もない、と急いで付け加えなければならない。そのような対比については、まったく違った意味合いのまったく違った言葉がある。バティン、すなわち「内」という語は、肉体から切り離された、ないしは切り離されうる内奥の精神性の座などではなく——そもそも境界明瞭な一単位ですらなく——、それは人間の感情生活全般を指す。バティンとは、現象学的無媒介性のうちに直接に感知されるような、主観的感情のぼんやりとした移ろいゆく流れなのであるが、少なくともその根元においてはすべての個人において同一であると考えられ、こうして個人性を消し去るものとなる。同様にライールすなわち「外」という語は、客体としての肉体には何ら関係がなく、経験される客体にさえ何ら関係しない。ライールとは人間生活のうちで、われわれの文化なら厳格な行動主義者が研究対象としてしぼり込むような部分——外的行為、動き、姿勢、会話——のことであり、その本質はやはり個人ごとに異なることはありえないと考えられている。したがってこれら二つの現象——内の感情と外の行為——は、相互に働き合うとみなされるのではなく、それぞれ独立してしかるべき秩序を与えられるような独立的領域とみなされる。

この「しかるべき秩序」のあり方との関連で、アルース(*alus*)、すなわち「純粋な」「洗練された」「磨き上げられた」「麗しい」「繊細な」「微妙な」「上品な」「なめらかな」を意味する語と、カサール

（*kasar*）、すなわち「無作法な」「粗い」「下品な」「荒削りな」「鈍感な」「粗野な」を意味する語の間の対比が役割を果たすことになる。自己というものの対立的二領域において、それぞれアルースとなることが目標なのである。この目標は、内なる領界においては宗教的鍛錬により達せられるのであり、すべてではないにしても鍛錬の多くは神秘主義的である。外なる領界においては、礼儀作法によってこの目標は達せられるのであり、そこでの諸規則は極めて事細かに定められるばかりでなく、ほとんど法の力を帯びている。上品な人は瞑想することによって、感情生活を通奏低音とでもいうべきものにまで薄める。礼儀作法によって、人は感情生活を外部の干渉から遮ると同時に外側の行為に規則性を与え、他人には彼の行為があたかも予測可能で乱れることのない、優雅な、かつうつろな振付け済みの身のこなしと一本調子の語り口であるかのように見せるのである。

こうしたことが以上の点にとどまるわけではない。それはジャワの存在論や美学とも関わってくるからである。しかしわれわれの問題に関する限り、このようにしてもたらされているのは、半ば表現を欠く感情と、半ば感情を欠く表現という、二面性を持った自己というものの概念化である。静止させられた感情の内部世界と、型にはめられた行動の外部世界とは、明瞭に異なる二領域として対峙し、そこにおいては個人というものは、そうした対峙が起こるいわば一時的な場にすぎず、二領域が恒久的に存在し恒久的に分離し恒久的にそれぞれのあり方を保持することの、うつろいゆく表現であるにすぎない。自分の妻を――事実子供の頃から自分の手で育て上げ、自分の人生の中心にあったその女性を――突然、そしてまったく説明の及ばないかたちで亡くした若い男が、無表情な笑みを浮かべて訪れる人々に型どおり妻の不在を詫び、彼自身の言葉では自らの感情の山谷をならしてなだらかな平地に変えることを神秘的手段によって試みる(「なすべきことは」と彼は私に言った、「内も外もなめらかにすることだ」)のを目にするとき、そして私はそれを目にしたのであるが、初めてわれわれは、深い感情それ自体が持つ真正さ、そして個人が真摯であることの道徳的重要性というわれわれ自身の概念化に照らして、異なった種類の自己の概念化の可能性を真正面から受けとめることができ、そうした概念化がいかにわれわれには近づき難いものであろうとも、そこにはそれ自身の力があることを知るのである。

III

バリにおいて私は、先のジャワの町ほどは方向性も活気も失っていない小地方都市で調査し、そのあとで高度の楽器制作技術を持つ高地の村でも調査したのであるが、一五世紀の文化をジャワと共有するバリは、言うまでもなくさまざまな面で類似性を示していた。しかし、ジャワが少なくとも名目上イスラム化された後もヒンドゥー教が存続したバリには、深い次元において大きな相違がある。等しくヒンドゥー的で仏教的でポリネシア的な、錯綜した強迫観念的儀礼生活はジャワではおおむね中断されることになり、そのインド的精神は内省的で現象学的、私がいましがた述べたような意味での静謐主義的なものとさえなる一方、バリではそうした儀礼生活が繁栄し世を驚かす規模と華麗さに至り、バリの人々をジャワよりはるかに演技的として、その自己をそれに見合うようなものとすることになった。ジャワでは哲学であるものが、バリでは演劇なのである。

この結果バリにおいては、個人が表現するもののあらゆる側面を様式化しようとする恒常的かつ体系的な試みがあり、個別的なもの、すなわち人がその肉体と心と人生ゆえにそうなったというただそれだけの理由でその個人の特徴として持つようなものはおしなべて、バリの生そのものとして永続し決して変わることがないとされる見せ物《ページェント》の内に、居場所を割り当てられて沈黙させられるのである。存続するのは役者ではなく演劇的ペルソナであり、事実、しかるべき意味で現実に存在するのは役者ではなく演劇的ペルソナである。物理的な意味では人は来たりまた去り行くが、それは歴史のなかの偶然的出来事の一つにすぎず、その人自身にとってさえ真に重要なことではない。しかし人がつける仮面、人がそこに立つ舞台、人が演じる役回り、そして何より重要なのは人がそこに現前させる演出は生き残り、事物の、そしてとりわけ自己というものの外面よりは内実を作るのである。死すべき運命を前にした行為の虚しさという、シェークスピアの〈老優〉イメージ——世界とはつまりは舞台なのであり、われわれは与えられたしばしの間を気取って歩くみじめな役者にすぎない、といった類い——は、バリでは意味を持たない。まやかしはここには存在しないのである。無論、演者は逝く、しかし演劇は消えない、そして後者、つまり演じるものではなく演じられたものこそ、真の問題なのである。

ここでもまたこうしたことすべては、人類学者がその精神の柔軟性によってつかまえるような、ある種の一般的雰囲気《ムード》として認識されるのではなく、容易に観察しうるような一群の象徴形態を通じて認識される。すなわち、豊かに発達した人の呼び名と称号である。バリの人々は他人を(また言うまでもなく自分自身を)自らの仲間の内に位置づける際に、少なくとも六種類の、生得的、固定的、絶対的な主要ラベルを持つ。出生順指示語、親族名称、カースト的称号、性別指示語、テクノニム等々があって[*8]、それぞれが単に便利な呼び名の集合ではなく相互に独立して境界を保ち、その内側では極めて複雑な名称体系をなしているのである。したがってこのような呼び名や称号の一つを(あるいはこちらのほうが普通であるが、いくつかを同時に)誰かに対して使うとき、その人は固定的なパターンの上の一点に位置づけられ、まったく非時間的な特定の文化的場を一時的に占める者として定義づけされることになる。こうして、バリにおいて自分や他人をある名で呼べば、社会的ドラマを必然的に構成するくだんの登場人物――「王」「祖母」「第三子」「ブラーフマナ」――としてその人を位置づけることになるのは、旅回り一座のおきまりの出し物――『チャーリーのおばさん』や『ヘンリーの春』[*9]――にも似たところがある。

このドラマはもちろん茶番ではないし、そんなところもないわけではないが女装の茶番ではない。それは位階制《ヒエラルキー》の上演であり地位の演劇である。この点は極めて重要であるが、ここで追求するわけにはいかない。さしあたっては、名称体系の構造とはたらきによって、人間一個が私的な運命をたどる独自の生き物ではなく、一類型をしかるべく代表するものとの見方がもたらされている点が肝要である。どうしてそのようなことになるのか、なぜ名称体系が個人の存在に伴う――生物的、心理的、歴史的な――物質性を見えにくくし、規格化された地位という感触を強調する傾向にあるのかを理解するためには、長大な分析が必要となろう。しかしこのパターンがどのようなものであるかを示すには、一つの実例――もっとも単純な実例をさらに単純化したもの――だけで十分であるかもしれない。

バリの人々は出生順名称とでも呼ぶべきものを持つ。それには「第一子」「第二子」「第三子」「第四子」の四種があるが、その後は同じことの繰り返しであり、第五子は再び「第一子」、第六子は「第二子」と呼ばれていくことになる。さらにこのような名称は、子供の生死に関わりなく与えられていく。死んだ子供は、たとえ死産の子供であっても計算に入るから、いまだ出生率も死亡率も高いこの社会においては、このような名称によって具体的個々人の出生順を信頼できるところまで知ることはできない。生存している兄弟姉妹の中で、「第一子」とよばれる人は実際には第一子、第五子、第九子でありえ、途中で誰かが抜けていればその中間の何番目でもありうるし、「第二子」と呼ばれる人のほうが実際には年長であるかもしれない。出生順名称体系は個人を個人として見るものではないし、そのようなものとして意図されているのでもない。それが示唆するのは、子を持つすべての夫婦にとって、出生は「第一」「第二」「第三」「第四」という循環をなすということであり、消滅することのないかたちで四段階の複製を果てしなく繰り返すということである。物理的には人は陽炎《かげろう》のように現れては消え、しかし社会的には新たな「第一子」「第二子」等が時間のない神々の世界から出現し、死にゆく人々が再びその世界に溶け込んで行くのに取って代わり、こうして〈行為する＝演ずる《アクト》〉人物は永遠に変わることがないのである。呼び名と称号の体系は、すべてこれと同じように機能していると私は論じたい。それらは人間の条件のなかでももっとも時間に満ち満ちた側面を、単に永遠の現在という舞台に包み込まれるものとして表現するのである。

常時舞台の上、というバリの人々が抱く感触が、漠然として表現し難いものであるわけではない。事実それは、彼らにとってもっとも〈近い＝経験〉である観念、すなわちレク(*lek*)なるものに正確に要約されている。レクはさまざまに翻訳ないし誤訳されてきた(大抵は「恥」と訳される)。しかしそれが真に意味するところは、われわれが〈舞台であがる《ステージ・フライト》〉と呼ぶものに近い。〈あがる〉とは言うまでもなく、演技力や自己統制力の不足で、あるいはちょっとした拍子で美学的な幻影が形を保ちえなくなり、役者の演じる役の向こうに役者自身が透けて見えるようになることを恐れることである。美学的距離感は消失し、観客(と役者)にはハムレットが見えなくなり、痛ましくもミスキャストのジョン・スミスがデンマーク王子を拙劣に演じているのに気づいて、みなが居心地悪くなるのである。バリにおいても同じことである。そこでの恐れは、人の文化的位置が要請する公の演技をやり損なうことに対してであり、個人の個人性——われわれはそう呼ぶが、そのようなものを信じないバリの人々はもちろんそのようには呼ばないであろう——が噴出して、標準化された公のアイデンティティが消え去ることに対してである。もし、時たまみられるようにその種のことが起これば、そのような瞬間の無媒介性が痛ましいほど鮮烈に感じられ、人は突然、また意に反して生き物の姿に変じ互いに狼狽して身動きがとれなくなるのは、あたかも双方とも裸だったことに、はたと気づいたかのようである。日々の生活が極端に儀礼化されているために演じ損ないの可能性は増し、そうした演じ損ないへの恐れが、社会交渉を意図的に狭められた軌道の上に限定することによって、この上なく強烈な儀式性をもってしてもなお対面交渉の場から完全には払拭することができない無媒介性と自発性に潜む破壊力から、演劇的な自己という感覚を守るのである。

IV

モロッコは、〈湿〉の東アジアではなく〈乾〉の中東にあり、外向的、流動的、活動的、男性的で過ちに対して肩肘張らず、酒場と牧場ぬきの西部劇のような場所であるが、ここにはまったく異なった自己観が秘められている。一九六〇年代半ばに開始した私の調査で中心となったのは、中部アトラス山脈の山麓、フェズ市の南三〇キロほどのところにあるかなり大きな町ないしは小さな都市であった。ここは一〇世紀、あるいはそれ以前に建てられた古くからの町である。ここには古典的なイスラム特有の壁面や門や、礼拝の広場にそびえる尖塔があって、遠くから見る限りではまことに麗しい場所である。まばゆいほどに白く輝くでこぼこの卵型の町が、深海の緑色のオリーブ樹林のオアシスにはめ込まれ、そのすぐ背後には赤銅色に冷たく光る山々がなだらかな斜面をなす。町に近づいてみればこれほど魅惑的ではなくなるが、興味深さはさらにふくらむ。その四分の三が行き止まりの路地や横町の織りなす迷宮の内に、そびえる壁のような建物と路端の店がひしめき合い、そこに詰め込まれた断固たる人間たちの多様性には、ただただ驚くばかりである。アラブ人、ベルベル人、ユダヤ人。洋服屋、牧夫、軍人。役をはずれた人々、市場からはじき出された人々、部族からはみ出た人々。金持ち、大金持ち、貧乏人、大貧乏人。地元民、移民、フランス人まがい、頑固な中世主義者、そして一九六〇年の公式統計によれば、失業したユダヤ人パイロットがどこかにいるはずである。徹底した個人主義者たちがこの町ほどみごとに集まったところに、少なくとも私は出会ったことがない。セフルー(それがこの場所の名である)と並べてみれば、マンハッタンもまた退屈である。

とはいっても、ビリヤードの球のようにぶつかりあう無名の変人だけから成り立つような社会など存在するわけはなく、モロッコ人もやはり人間互いを類別し、人であるとはどういうことかについての観念を形成する上での象徴的手段を持っている。主要な手段——一つに限られるわけではないが、もっとも重要であると私が考え、とりわけて説明したいもの——は、アラビア語でニスバ(*nisba*)と呼ばれる特異な言語学的要素である。この語の由来は三子音からなる語根n-s-bであり、それが示すのは「帰属」「属性」「転嫁」「関係」「類縁」「相関」「結合」「親族」である。ンシーブ(*nsīb*)は「義理の親族」を意味する。ンサブ(*nsab*)は「帰する、ないしは転嫁する」である。マンスーブ(*mansūb*)は「関係」「類推」「連絡」である。ムナーサバ(*munāsaba*)は「に属する」「に固有である」を意味する。といった具合に、ナッサーブ(*nassāb*)「系譜学者」からニースビーヤ(*nisbīya*)「[物理学的]相対性」まで、少なくとも一二の派生語がある。

したがってニスバ自体は、名詞をわれわれが関係形容詞と呼ぶものに変形する語形論的、文法論的、意味論的過程の組み合わさったものを指すのであるが、アラブ人にとってみれば関係形容詞というよりは、語尾にイー(*-ī*、女性形はイーヤ *-īya*)をつけることによって別種の名詞を作るだけのことである——セフルー(*Ṣefrū*)からセフルーウィー(*Ṣefrūwī* セフルー生まれの男子)、スース(*Sūs* モロッコ南西部の地域)からスーシー(*Sūsī* その地域出身の男)、ベニ・ヤズガ(*Beni Yazgā* セフルーに近い場所の部族)からヤズギー(*Yazgī* その部族の成員)、ヤフード(*Yahūd* ユダヤ民族、ユダヤ人社会)からヤフーディー(*Yahūdī* ユダヤ人)、アドゥルン

（*'Adlun* セフルーの名門の名）からアドゥルーニー（*'Adlūnī* その一族）、というように。用法が多少とも直接的な「帰属」を示すことに限られるわけではなく、関係的属性を人に帰する際にさまざまな範疇でニスバが用いられる。例えば職業や〔フラール（*hrār* 絹）からフラーリー（*hrārī* 絹商人）〕、宗教的派閥〔ダルカーワー（*Darqāwā* 神秘主義的信徒団）からダルカーウィー（*Darqāwī* その集団の達人、ないし霊的地位）〕、〔アリ（*'Alī* 預言者マホメットの義理の息子）からアラウィー（*'Alawī* 預言者の義理の息子の子孫、すなわち預言者の子孫）〕、というように。

さて、ニスバはひとたび形成されると個人名の中に取り入れられる傾向にあるから――ウマル・アル・ブハディウィーすなわちブハドゥ族のウマル、ムハンメド・アル・スーシーすなわちスース地域出身のムハンメド、というように――、この種の形容詞的帰属分類は、個人のアイデンティティの上に極めて公然たるかたちで印される。皆がある人を知っていて、ないしはその人について聞いていて、そのニスバは知らないという例を私は一つたりとも見つけることができなかった。事実セフルーの場合、ある人が金持ちかどうか、いつからそこにいるか、どんな性格の人か、正確にはどこに住んでいるのかなどを知らなくても、その人のニスバが何であるか――スーシーかセフルーウィーか、ブハディウィーかアドゥルーニーか、ハラリーかダルカーウィーか――を知っていることのほうがはるかに多い（親族関係のない女性については、彼の知るのは――正確には知ることが許されるのは――彼女のニスバのみである）。セフルーの横町にひしめきあう幾多の自己は、自己を取り巻く社会に対して持つとされるつながりにより定義づけされている。彼らは文脈化された人なのである。

しかし状況はさらに根元的である。ニスバは人を文脈に対して相対化するが、文脈それ自体が相対的であると同じくニスバも相対的であるから、すべてがいわばべき乗される。相対性の二乗である。例えばある次元ではセフルーの人は誰でも同じニスバであり、少なくとも潜在的には同じニスバである——すなわちセフルーウィーである。しかしこのニスバは、セフルーの内部においてはそれでは識別が可能とならないという理由のために、個人の呼び名の一部としては聞かれることがない。文脈に対してセフルーウィーという関係づけをすることが人を特定するのは、セフルーの外部においてである。内部では、人はアドゥルーニーやアラウィーやメグラウィーやンガディー等々である。そしてこれら範疇の内部でもまた同様である。例えばセフルーのアラウィーの場合、彼ら自身の内部での識別のために、(シャキビーやズイニーなど) 一二ものニスバがある。

こうしたことにはあまり規則性がない。どの次元、どの種類のニスバが使われ(それを使う人にとって)意味あるものと思われるかは、状況によるところが大きい。私の知る人に、セフルーに住みフェズで働くが出身は近くに定住するベニ・ヤズガ部族である男がおり——彼は部族の内部ではウラッド・ベン・イディル集団の中のタグット分集団の中のヒマ・リニジの出身であった——、彼はフェズの仕事仲間の間ではセフルーウィーとして知られ、セフルーのヤズギーではない人々にはヤズギーとして知られ、他のベニ・ヤズギーにはイディリーとして知られていたが、ウラッド・ベン・イディル集団に自分も属する人は例外で、彼をタグティーと呼んでいた。他にも何人かいたタグティーは、彼をヒミウィーと呼ぶのである。セフルーではこの程度までの例があったということであり、これが最大限ということではないのは、反対方向の可能性についても同様である。もしこのわれわれの友人がエジプトに旅するようなことがあったなら、彼はマグレビー、すなわち北アフリカを意味するアラビア語が作るニスバで呼ばれたことであろう。人の社会的文脈化は広く行きわたり、奇妙に不徹底なところがありながらも体系的に行われている。人は、背景から切り離され個別に名づけられた、境界の明確な心的実体として漂うのではない。事実、モロッコ人は個人主義的であり意志強固でさえあるが、彼らのアイデンティティは彼らが置かれた状況から借用する属性なのである。

ジャワにおける〈内／外〉〈滑らか／粗い〉という、現実の現象学的二分割の場合、また、バリにおいて絶対化をもたらしている称号体系の場合と同じく、ニスバ的な——人とはあたかも、塗りつぶされるべき輪郭であるかのような——見方は慣習の断片などではなく、社会生活の全体パターンのなかの一部分である。この全体パターンを簡潔に特徴づけることは、その他のパターンと同じく困難であるが、しかしその際立った特色の一つは、私的状況においては注意深く隔離される種々雑多な人々が、公的状況においては無原則的に混ぜ合わされるという点である——つまり、街での全面的なコスモポリタニズムと、家での厳格なコミュナリズム（よく知られた女性の幽閉はそのもっとも目につきやすい指標にすぎない）の組合せである。事実これは、中東一般についてしばしば特徴的とされるように、社会組織がいわゆるモザイク的に体系化されているということである。形も色も異なる片々が不規則に寄せ集められて錯綜した全体デザインを作り上げ、しかし個々片の違いはやはりそのままなのである。モロッコ社会は多様性以外の何ものでもないが、その多様性をカースト内に固定したり、部族の違いとして遊離させたり、民族集団へと分割したり、〈国民〉といった公分母的概念で覆い隠したり、ということも当然ながら時として試みられはしたが、そうしたかたちで多様性に対処するのではなかった。その対処は、人々がその不同性によって分け隔てられる文脈――結婚、儀式、そしてある程度は食事、法律、教育――と、いかに用心深い条件付きのかたちであれ人々がその内に結びつけられる文脈――仕事、友人関係、政治、商売――とを、極めて精密に区別することによるのである。

このような社会パターンにおいては、公的なアイデンティティが文脈的で相対主義的に印されるような自己性(selfhood)の概念、しかもより私的で安定した生活の場から立ち現れ、そのような場において深い永続的な響きを持つような、つまり部族や地縁や言語や宗教や家族との関連で印されるような自己性の概念は、とりわけてふさわしいものであろう。事実、実質的にはこの社会パターンがこの種の自己性の概念を創り出しているようにみえる。なぜなら、人が相互に関わり合う際の人の範疇化は、その意味をほぼ純粋に位置づけにより、つまりモザイク全体のなかで人が占める場所によって決定され、その範疇化の実質内容、つまりそのような範疇が、経験された生のかたちとしては主観的にどのような意味を持つのかは、私宅や寺院やテントの中に隠蔽すべきものとして触れずにおかれるような状況が作られるからである。ニスバの区別は、具体的であったりなかったりするし、それが示すモザイク内の位置はおおまかであったり精確であったりして、ほとんどどのような状況の変化にも対応が可能である。しかしニスバは、その名で呼ばれた人が通常どのような人であるかについては、極めて断片的でごく大ざっぱなところを示すのみである。ある人をセフルーウィーと呼ぶことは、彼をサンフランシスコの人と呼ぶようなものである。分類はするが、類型化はしない。描き出すことなしに、位置づけるだけである。

このようなこと——つまり、内在的とされる特徴(言葉、血、信仰、出身など)により人を定義づけうるような枠組みを創り出すこと——をニスバ体系が可能とし、同時に人々が市場や店、事務所や畑、カフェや浴場や道路上で実際に関わり合っていく上でそのような特徴が与える影響を最小限にくい止めることを可能とすることが、モロッコの自己観念においてニスバをこれほどまで中心的としているのである。ニスバ型の範疇化は、逆説的ではあるが公的関係における超個人主義をもたらす。なぜなら行為者が誰であるか——ヤズギーにせよアドゥルーニーにせよブハディーウィーにせよ誰であれ——についてのうつろな、それもうつろいゆく素描だけを提供することによって、それ以外のもの、すなわちほとんどあらゆるものが、社会的相互作用の過程自体のなかで色づけられていくことになるからである。モザイクがうまく機能するのは、人は他人との関係において、望むがままに実利を求め変わり身早く日和見主義とその場主義に徹して——狐のなかの狐、鰐のなかの鰐である——、それでもなお自分が誰であるかの感触が失われる恐れがないという確信のためである。自己性が危うくはならないのは、子を育て祈りをあげる直接界の外側には、自己と等価の断片しか確認されないからである。

V

さて、ほぼ九〇〇〇万に及ぶ人々の自己性の感覚についての息をつく間もない足早の描写において、私は何十というほころびを放置したばかりでなく、かえって大きくしてしまったことは疑いないが、それを縫い合わせることは試みず、以上のようなことがらがジャワやバリやモロッコにおける「住民の視点」についてわれわれに何を語るか、ないしは適当なやり方をすれば語るはずなのかという問題に立ち戻りたい。象徴の使用についてわれわれが描写するときには、知覚や感情や展望や経験について描写しているのであろうか。それはどのような意味においてであろうか。われわれが、この事例では人が相互に定義される際の記号論的手段を理解すると主張するとき、われわれは何を主張しているのであろうか。言葉の理解であろうか、心の理解であろうか。

この疑問に答える際に必要であると私が思うのは、まず第一に、これらの分析のそれぞれに、事実マリノフスキーを含めてこの種の分析に常にみられる知の特徴的な動き方、内なる概念のリズムに注意を払うことである——すなわち、地方《ローカル》固有の細部中の細部と、包括的な上にも包括的な構造とが、双方とも同時的に見えてくるようなかたちで継続的弁証法的に引き寄せられているという点である。ジャワやバリやモロッコの自己の感触を見出すために、最良の民族誌をも読み難くするような異邦の些事の類い(対比的語彙、図式的範疇化、語形的＝音素的変形)と、ごく当たり前のことでもない限りどこか受け容れ難いところのある荒っぽい特徴づけの類い(「静謐主義」、「演劇主義」、「文脈主義」)との間を、休みなく揺れ動くのである。全体を実現する部分を通じて概念化された全体と、部分を動かす全体を通じて概念化された部分との間を行きつ戻りつすることによって、われわれは部分と全体を、一種の知の永続的運動により互いを明らかとするものに転じようとするのである。

こうしたことすべては、言うまでもなく今ではよく知られているように、ディルタイが解釈学的循環と呼んだものの軌跡をたどることであり、私のここでの議論とはそのような循環が、文学、歴史、文献学、精神分析、聖書における解釈の場合と同じように、あるいはまたわれわれが〈常識〉と呼ぶような、日常経験に対するインフォーマルな註釈の場合と同じように、民族誌における解釈の場合にも、つまり他の人々の思考様式に入り込もうとする場合にも、やはり中心的であるということにすぎない。野球の試合を理解するためには、バット、ヒット、イニング、レフト、スクイズ、落ちるカーブ、内野の前進守備が何であり、これらの「もの」がその要素であるようなゲームとはいったいどんなものであるかがわかっていなければならない。レオ・スピッツァーのような〈テクスト解明〉を試みる批評家がキーツの「ギリシャ古瓶」を解釈しようとするとき、(*10) スピッツァーは「この詩はいったい何についてなのか」という問いと、「描写する古瓶に描かれているとキーツが見た(ないしはわれわれに見せることにした)ものは何か」という両極の問いを自らに繰り返し、一般化された観察と特定事項への言及との間の旋回を進めた最後に、歴史的知覚様式に対する美学的知覚様式の勝利を確認するもの、というこの詩の読解が現れるのである。同様に、私のような意味と象徴を追い求める民族誌学者が、ある住民集団が人をどのようなものとして概念化するかを見出そうとするとき、「彼らの生の一般的かたちはどのようなものか」という自問と、「そのようなかたちを具現している運び手(vehicle)は正確には何なのか」という自問との間を行きつ戻りつし、右と同種の旋回の最後に、人々は自己を、混成物や演劇的ペルソナやパターン中の点として見るという認識が現れるのである。もしバリの演劇主義が何であるかがわからなければレクとは何であるかがわからないのは、もし野球が何であるかがわからなければキャッチャー・ミットが何であるかがわからないのと同じことである。もしニスバが何であるかがわからなければモザイク的社会組織が何であるかがわからないのは、スピッツァー自身の言いまわしで「アテネ風の形」「静かな形態」「静寂の花嫁」「冷たい牧歌」「静けさとゆるやかな時」「平和な城塞」「音色のない歌」などの断片的語句に捉えられた「思考における知の糸」をつかむことができなければ、キーツのプラトニズムが何であるかがわからないのと同じことである。

要するに、他の人々の主観性についての説明は、自己を滅却し他人に仲間意識を抱くことについての並はずれた能力を持つことを装わなくても可能であるということである。こうしたことについて並程度の能力を持つことはもちろん本質的に重要であるし、もし人々の生活へ侵入することをそもそも許容され、話をするに値する人物として受容されることをわれわれが期待するなら、そうした能力を伸ばすことも重要である。言うまでもなく私は、他人への感受性が鈍くてよいと言っているのではないし、そうした鈍さをここで私が示さなかったことを望みたい。しかしわれわれのインフォーマントが、よく使われる言い方では〈本当のところどんな〉人々なのかについて、どれほどまで正確な、ないし半ば正確な感触を得るにしても、そのような感触はわれわれが受容されること自体から来るのではない。受容されたことは、彼らの伝記ではなくわれわれの伝記に記すべき事柄である。そのような感触は、彼らの表現様式を読みとる能力、私が象徴体系と呼ぼうとするものを読みとる能力から来るのであり、この能力を伸ばすことは、そうした受容があってはじめて可能となるのである。いま一度だけあの危ない言葉を使えば、〈住民の内面生活〉におけるかたちや力を理解するとは、心を交えることよりは、諺を解したり、ほのめかしに気づいたり、冗談がわかったり——あるいはここで示唆してきたように、詩を読んだり——することに近いということである。

訳註

（＊1）アメリカの遺伝学者・生化学者で、遺伝現象の分子生物学的解明によりノーベル賞を受賞したワトソン James Dewey Watson（1928-　）による、*The Double Helix : A Personal Account of the Discovery of the Structure of DNA*, 1968（江上不二夫・中村桂子訳『二重らせん』タイム・ライフ・インターナショナル社　一九六八）。

（＊2）序文の訳註（＊10）を見よ。

（＊3）原語は Experience-near と Experience-distant。

（＊4）カセクシス（cathexis）はフロイトに始まる心理学用語で、愛する、嫌う、注意するなどの精神エネルギーが、何らかの対象に振り向けられ充当されることを意味する。

（＊5）自我違和的ないし自我非同調的 ego-dystonic は心理学用語であり、神経症におけるように、自我あるいは自分自身の生活態度と対立し抗争を起こすことを指す。

（＊6）無論、詩においては〈近い＝経験〉が、物理学においては〈遠い＝経験〉が優先される。

（＊7）諺（「盲人の国では片目は王様」）のもじり。

（＊8）テクノニム（teknonym）は「子供本位の呼称法」を意味し、親が誰であるかによってではなく、子や孫の個人名に基づいて決定される呼称である。

（＊9）『チャーリーのおばさん』は、イギリスの俳優で劇作家のブランドン・トマス Brandon Thomas（1856-1914）の笑劇 *Charley's Aunt*, 1892 で、女装した学生が「おばさん」になりすます。『ヘンリーの春』は、イギリスの演出家で劇作家のベン・レヴィ Benn W. Levy（1900-　）の笑劇 *Springtime for Henry*, 1931 である。

（＊10）スピッツアー Leo Spitzer（1887-1960）は、『歴史意味論集』（一九四八）、『英米文学論集』（一九六二）ほかで知られるオーストリア出身のアメリカの批評家、文体論学者。「ギリシャ古瓶」は、イギリスの後期ロマン派を代表する詩人キーツ John Keats(1795-1821)の Ode on a Grecian urn, 1819 である。

II

第四章　文化システムとしての常識

非常に早い時期に、『哲学探究』と名づけられたあの概念のゲームと唐突な比喩の収集帳において、ウィトゲンシュタインは言語を都市にたとえている。

I

それが［自説の展開のために彼が考案したばかりのいくつかの下位言語が］命令法だけで成り立っているという事実に困惑してはならない。もし君がそれらがそれゆえ不完全であると言いたいのなら、われわれの言語が完全なものであるかどうか——それが化学記号の体系や微積分学の記数法が付け加えられる前はどうであったか自問してみるがいい。というのもこれらはわれわれの言語の郊外なのであるから（そして町が町でありはじめる前にどれほどの家々や街路が取り込まれるのであろうか）。われわれの言語は古い都市に見立てることができる。小さな街路や広場、古い家や新しい家、そしてさまざまな時代からの付加部分を持つ家々からなる一つの迷路。そしてこれはまっすぐな規則正しい街路や画一的な家々を持つ新しい区域に取り囲まれているのである。(1)

もしわれわれがこのイメージを拡大して文化にあてはめるなら、人類学者は伝統的に古い都市を自らの領域として取り上げ、何らかのおおざっぱな地図を作り上げようとしてその曲がりくねった路地をさまよい歩いていたが、最近になってようやく、こちらへどんどん押し寄せて来ているようにみえる郊外がどのようにして築かれたのか、それは古い都市とどのような関係を持っているのか（それらは都市から生じたのか、それらが生じたことによって都市は変ったのか、それらは最終的には都市をすっかり呑み込んでしまうのか）ということや、そのように整然とした場所での生活とは一体どのようなものなのかと問い始めたばかりだと言える。人類学者が伝統的に研究してきたような社会つまり伝統社会と、彼らが通常居住している社会つまり近代社会との相違は一般に未開性という観点から説明されてきた。しかしむしろ受容された慣習や容認された信仰、さらに習慣的判断や教育を施されていない情操が古来のままに混然一体として存在しているまわりに、われわれ自身の風景のあまりにも著しい特徴であるためにそれらあるいはそれらに類似した何かが存在しない世界など想像できないほど整形され整理された思想や行為のシステム——物理学、対位法、実存主義、キリスト教、工学、法学、マルキシズム——がどの程度生じてきたかという観点からそれは説明されるべきなのである。

われわれはもちろん、ティコピアやティンバクトーには化学もなければ、まして微積学などはとうてい存在しないだろうということ、またボルシェヴィズム、消点透視法、三位一体説、および精神‐肉体問題をめぐる言説などが必ずしも世界各地に普遍的に見出される現象ではないということを知っている。とはいえわれわれは、とくに人類学者は、そうした事実から科学、イデオロギー、芸術、宗教、哲学、あるいは少なくともそれらに向う衝動が全人類の共有財産ではないという結論を出したがらないのだ。

そのために、「より単純な」人々もまぎれもなく神聖なるものに対する意識、知識に対する冷静な興味、法的形式に対する理解力、自己目的的な美そのものに対する鑑賞力を、たとえそれらが整然として細分化されたわれわれにはおなじみの文化の諸領域に閉じ込められてはいなくとも、持っているのだということを証明しようとする議論の伝統が生れたわけである。こうしてデュルケームはオーストラリア先住民の間に宗教生活の原初的形態を、ボアズは北米北西海岸に内発的な造形感覚を、レヴィ＝ストロースはアマゾンに「具体性の」科学を、グリオールは西アフリカの一部族に象徴的存在論を、グラックマンは東アフリカの一部族に暗黙的な「慣習法」を見出した。郊外にあるものはみな古い都市に端を発しているというわけだ。

しかしながら、そもそも「未開人」という用語が使われるかぎりでのことだが、今では未開人を迷信という霧のなかで物質的幸福を手探りしている素朴なプラグマティストとして思い描く人はほとんどいないという点でこうした議論は一定の成功をおさめはしたものの、研究の対象とされた文化の手をかけられた形と日常的な文化の荒削りな形との間の相違――すべての民族にはそれなりの深さというものがあるという説のもっとも熱心な支持者(私もその一人であるが)でさえ、違いがあることは認めている――はどこにあるのかという本質的な疑問は解決されてない。

こうした議論の全体が概して誤った方向でなされてきたこと、また問題はトロブリアンド諸島民に原初的形態の科学が、バロツェ人の間に原初的形態の法律が見られるとか、トーテミズムが「本当に」宗教であり、カルゴ崇拝が「本当に」イデオロギーなのかといったこと(私には定義に固執しすぎてもっぱら知的術策や修辞上の好みの問題に堕してしまうと思われる問い)ではなく、そのような場所では文化の諸相が一体どの程度まで体系化されているか、つまり一体どの程度まで郊外といったものが存在するのかということがここでの私の議論の一部となろう。そしてこの問題に挑戦するにあたり、芸術や科学や宗教や法律の本質論的定義を詮索したあとでブッシュマンがそのようなものを持っているかどうかを判定しようとするやり方よりももっと成算のありそうな努力を、こうしたおなじみの精神の区画のようには整然とした領域をなしていないと普通考えられている文化の一次元、つまり「常識」という次元に向けたいと思うのである。

常識をたんに物質的にこと足り精神的に正常な状態にある誰もが知っていることとしてではなく、比較的組織立った一つの熟考された思想として扱うことが有益な結論をもたらすとする理由はいくつかある。しかしなかでももっとも重要なものは、まさしくこのことを否定し、その信条は経験についての慎重な省察ではなく経験の即座の伝達であると断言することこそ、常識的思考の本来的な特徴だということである。(さしあたってわれわれ自身の文化に固執するなら)雨にあうと濡れる、だから雨を避けて家に入るべきだとか、火にさわるとやけどする、だから火で遊んではならないといった知識は、所与の、また否定できないことという一つの大きな包括的な領域、つまりあまりにも確乎としているためにすべての明晰な精神はこれを受け入れざるをえない「自然のなかに組み込まれた」真理の目録にまとめられる。しかし、そうとばかりも言えないのだ。誰も、普通の機能を備えた者は誰も雨にあえば濡れることを疑いはしない。しかし、自然の威力に立ち向かうことはよき人格のしるし——無帽は敬神に次ぐ——と考えることから、雨を避けて家に入るべきだという主張に異議を唱える人々もいるであろう。また火遊びの魅力はしばしば、ある人々にとっては常に、その結果として生じる苦痛を十分に認識していてもそれにまさるものなのである。宗教は啓示を、科学は方法を、イデオロギーは道徳的情熱をその拠りどころとする。しかし、常識はそれがけっして一つの例などではなく、凝縮された人生そのものなのだという主張を拠りどころとする。世界がその典拠なのだ。

常識の行使に対立するものとしての常識の分析は、それゆえたんなる事実としての現実の把握――あるいは何と呼ぼうとかまわないが、われわれがたんに事実として把握するもの――とそれについての実際的、通俗的な知識、判断あるいは評価との間にいったん消し去られたこの区分線を再び引き直すことから始めねばならない。われわれがある人は常識があると言うとき、われわれは彼がたんに目や耳を使っているという以上のこと、つまり言ってみれば目や耳を閉ざさず判断力、知性、感受性、思慮をもってそれらを使っている、あるいは使おうとしているということ、そして彼は日常の問題に日常のやり方である程度有効に対処する能力があるということを言おうとしている。他方、常識に欠けると言うとき、われわれはその人が知恵遅れであるとか、雨にあうと濡れるとか火にさわるとやけどするといった事実を理解できないということではなく、人生において起こってくる日常の問題に対して手際が悪い、つまり彼は曇った日に傘を持たずに家を出るということを言おうとしているのだ。こうした人の人生はそれを避けるための知恵がなかったため火傷の連続である。それになによりもまずそれほど火を掻き立てるべきではなかったという知恵がなかったのだ。経験というものの明らかな現実性を理解できる人の対極にくるのが、先に示唆したように常識のない人であり、経験に基づいて分別ある結論に到達することのできる人の対極が愚者である。そして、この愚者はわれわれが一般に想像する以上に狭義の知性と関係がない。ある種の政府顧問とある種の急進的作家を念頭に置きながらソール・ベローが言ったように、世の中にはＩＱの高い低能者がごまんといるというわけだ。

常識がその権威の拠りどころとする語られざる前提――常識は真実をこぎれいに提示するという前提――をこうして分析的に解体するのは、その権威を浸食するためではなく、それを位置づけ直そうとするためである。もし常識が神話や絵画や認識論などと同じように経験の直接性についての一つの解釈、一つの説明であるならば、それはそれらと同じように歴史的構築物であり、それらと同じように歴史的に定義された判断の基準に従うはずである。それは疑問に付され、議論され、肯定され、発展させられ、様式化され、考察の対象となり、教えられさえするし、ある人々と他の人々では著しく異なりもしよう。それは必ずしもしっかりと統合されてはいないが、要するに一つの文化システムなのだ。そしてそれは他のそのようなシステムすべてが依拠しているのと同じ基盤、すなわちその価値と有効性がそれを担っている人々によって確信されるという基盤に依拠している。他所と同様、ここでも事物はあなたの捉え方によって決るのである。

哲学にとってこのことの重要性は、当然のことであるが常識あるいはそれと同種の概念が広範にわたる近代哲学の体系の一つの中心的範疇、しかももっとも中心的と言える範疇になってきているということである。常識はプラトンによって書き伝えられたソクラテス（そこではその機能は自らの無能さを示すことであった）以降、常にそうした哲学の体系において重要な範疇であった。デカルト的伝統もロック的伝統も別々の仕方で――まさに文化的に異なった仕方で――厳密にその土地生まれの精神ではないとしても、少なくとも厄介な荷物を背負っていない精神にとって何が自明で何が自明でないかについての教養に依存していた。しかし、今世紀においては「教えられたのではない」(と表現されがちな)常識——素朴な人間が学校人の空虚な教養に毒されていないときどう考えるか——という概念は、他の非常に多くのものが科学や詩のなかに姿を消しつつあるなかで哲学のほとんど最重要の主題となってきた。ウィトゲンシュタイン、オースティン、ライルにおける日常言語への注目、フッサール、シュッツ、メルロー＝ポンティによるいわゆる日常生活の現象学の展開、ヨーロッパ大陸の実存主義における個人的な生活のただなかでの決断の賛美、アメリカ・プラグマティズムにおけるありふれた問題解決を理性のパラダイムとして捉える態度——こうしたすべては存在のより深い神秘への手がかりを求めて、現実的な、月並みな、「単純直截型の」思考の構造に目を向けるという傾向を反映している。片手を上げてこれは一つの物体であると言い、もう一方の手を上げてこれはもう一つの物体であると言って外的世界の実在性を証明するG・E・ムーアは、教養の細かい点は別にすれば西洋における近年の哲学のきわめて大きな部分を要約するイメージである。

しかし、このようにきわめて強い関心の的として現われてきてはいるものの、常識は分析されるというよりむしろ前提とされる現象にとどまっている。フッサール、続いてシュッツが「日常的」経験の概念的基礎、われわれが履歴書に記されるように住んでいる世界をわれわれはどのように解釈するのかという問題を取り扱ってきたが、その問題とジョンソン博士がバークレーをやりこめようとして石を蹴ったとき何をしていたかということやシャーロック・ホームズが暗闇のなかで沈黙している犬について考えを巡らしたとき何をしていたかということの間の区別はそれほど認識されていなかった。ちなみにライルは少なくとも次のように述べている。人は「ナイフとフォークの使い方で常識のあるなしを披露するのではない。[人は]口先のうまい乞食に対処したり、適当な道具がないときに機械の故障に対処するときそれを披露するのだ。」しかし、一般には常識という概念は常識のある人ならわかるものというかなり常識的なものである。

ここで人類学はいつものやり方とほぼ似たやり方で有用性を発揮できる。すなわち遠くの事例を提供しながら近くの事例を変更されたコンテクストのなかに置くのである。たんにその人生を生きることでわれわれとは異なった結論を引き出し、試練という学校で異なった教訓を学ぶ人々の見解にわれわれが目を向けるなら、常識とはパリのカフェやオクスフォード大学の休憩室の眺めからみえてくる以上に問題的でまた根深いことがらなのだということにすぐに気づくようになろう。常識は人間の文化のもっとも古い郊外の一つ——それほど規則正しくもなく、それほど統一されてもいないが、それでも迷路のような小さな通りや広場の向こうに何かより確かな形を取ろうとして進展している郊外——としてそうした発展の基礎となっている衝動、すなわち世界を明確に描きたいという欲望をとくにあからさまなやり方で示しているのである。

II

通常考察されるような視点(呪術の性質と機能)からではなく、これまで述べてきたような視点からエヴァンズ＝プリチャードのアザンデ族の妖術についての有名な議論を考察してみよう。彼自身はっきりとそう言っているのに誰もたいして注目しなかったようなのだが、エヴァンズ＝プリチャードは妖術の概念が展開される一般的な背景としての常識的思考——ザンデ族の常識的思考——に関心を向けている。実際のところ唯物論的と言ってもよいような妖術の概念(妖術は人間の体内にある黒っぽい物質と関係しているなどといったこと)に要約されている常識的思想とは別の種類の因果関係——エヴァンズ＝プリチャードはそれを「神秘的」因果関係と呼んでいるのだが——が働いていることを示唆するのは、自然の因果関係すなわちたんなる世俗的な経験のなかでの因果論をザンデ族が軽蔑しているという事実である。

木の切り株に足をぶつけて傷が化膿したザンデの少年を例にとろう、とエヴァンズ＝プリチャードは言う。少年は妖術のせいだと言う。ばかなとエヴァンズ＝プリチャードは彼自身の常識的習慣から言う。君はただひどく不注意だっただけだ。君は前をよく見て歩くべきだったのだ。よく見て歩いたとも。こんなに切り株だらけのところではそれが当然だ、と少年は言う。それにもし妖術のせいでないのならそれが見えたはずだ。それだけではない。どんな切り傷も何日もかからずに治るし、むしろすぐ口を閉じるものだ。それが切り傷というものだ。だけどこの傷は化膿した。これはきっと妖術のせいにちがいない。

あるいはザンデの壺作り、非常に熟練した壺作りを例にとってみよう。彼は仕事の途中で壺にひびが入るたびに繰り返し「妖術だ！」と叫ぶ。ばかな、とエヴァンズ＝プリチャードは言う。すべての優秀な民族誌家と同様、彼はけっして学ぶということがないようである。作る途中でときどき壺が割れるのは当然のことだ。それが自然の理というものだ。しかし、と壺作りは言う。私は注意深く土を選び、苦労して小石やゴミを取り除き、ゆっくりと注意しながら土を捏ね、前の晩は性交をつつしんだ。それなのに割れた。妖術以外の何だろう。そしてまたあるとき、彼が病気だった――彼は「しっくりしない」という言い方をした――とき、エヴァンズ゠プリチャードが何人かのザンデ人に彼はバナナを食べすぎたのではないかとたずねると彼らは答えた。ばかな！ バナナで病気になるものか。あれは妖術だったにちがいない。

このように、ザンデの妖術信仰の内容がどれほど「神秘的」であるかにかかわらず(それが私に神秘的にみえるのは私自身がそれを信じないからにすぎないということはすでに示唆した)、彼らの妖術信仰は実際にはけっして神秘的とは言えないやり方で――通俗的な理屈の真実性の主張を洗練させ弁護するものとして――用いられている。ぶつけた足や出来損ないの壺や胸のむかつきについてのこれらすべての見解の背後にはザンデの人々が表面では明らかに真実であるとみなしている一連の常識的見解がある。ちょっとした傷はふつうすぐ治る、石がまじっていると焼き物は割れやすい、性交をつつしむことは壺作りの成功の要件である、ザンデの土地を歩き回るときぼんやりしているのは愚かである、切り株だらけなのだから、などといった見解である。そして妖術の概念が意味を帯び力を持つのは何らかの素朴な形而上学の一部としてではなく、この一連の常識的仮定の一部としてなのである。蛍のように闇のなかを飛び回ると言われているにもかかわらず、妖術は目に見えない秩序を賞揚するのではなく目に見える秩序を証明するものなのだ。

妖術という叫び声があがるのは通常の期待が無効となるとき、つまりごく普通のザンデ人が異常や矛盾に直面するときである。少なくともこの点ではそれは常識的思考の体系における一種の偽変数である。それは常識的思考を超越するのではなく、むしろザンデの人々に彼らの常識のたくわえが瞬間的にはそうでなくみえたとしても、信頼できる適切なものなのだと再確認させるように働く万能の概念を付加することによって常識を強化するのである。こうしてもし人が癩病になったなら、家族のなかに近親相姦がないときはじめて妖術のせいにされる。なぜなら「誰もが知っているように」近親相姦が癩病を起すのであるから。姦通もまた不幸を引き起す。妻の不貞のために男は戦いや狩りで死ぬであろう。疑いを抱いた男はしばしば戦いや狩りに出かける前に妻に相手の名前を打ち明けさせようとする。もし妻が情夫はいないと答え、それが真実でしかも男が死んだ場合、それは妖術のせいとされる。もちろん彼が他に何か明らかに愚かなことをしていなければの話であるが。同様に、文化的に規定された無知、愚かさ、無能もザンデの目から見れば失敗の十分な理由である。もし壺作りがこわれた壺を点検している際に実際に小石を見つけたりするなら、彼は妖術のことを言うのをやめて自分自身の怠慢をかこちはじめる——つまり石がそこにあったのは妖術のせいだと単純に決めてかかるようなことはしない。そして未熟な壺作りの壺がこわれたときは、まったく理屈にかなっていると思われるが、現実における何か存在論的なよじれといったものではなく彼の未熟さのせいとされるのである。

少なくともこうしたコンテクストにおいては、妖術と叫ぶことはアザンデ族にとっては一部のイスラム教徒にとっての「インシャ・アッラー」の叫びや一部のキリスト教徒にとっての十字を切る行為と同じような機能を果たしており、より厄介な疑問——世界はどのように構築されているのかとか、人生とは結局何なのかといった宗教的、哲学的、科学的、道徳的問い——に向うのではなく、むしろそのような疑問をさえぎってしまう。つまり、常識的世界観——ジョーゼフ・バトラーが言うような「すべてのものはそれ自体であり、別のものではない」といった見方——をその避け難い不完全さゆえに必然的に出てくる疑問に対して封印してしまうのである。

エヴァンズ＝プリチャードは書いている。「代々アザンデ族は彼らの経済的活動を伝統的な知識にしたがって農業や狩猟の仕事だけでなく建築や工芸にも及ぶものと規定する。彼らはこと彼らの幸福に関するかぎり自然についての健全な実用的知識を持っている。……彼らの知識は経験に基づくものであり、不完全で、体系的な教育によって伝授されず、子供時代から青年期にかけてゆっくりとその場その場で世代から世代へと伝えられる。しかし、彼らの日々のなりわいや季節の仕事にはそれで十分である。」そもそも素朴な人間に行為を可能にさせるのは、たんに経済的なことがらだけでなくすべてのものごとの頂上に居るのだという確信であり、そしてそれゆえそれは——アザンデでは失敗をぼかすために妖術に訴えることをとおして、われわれにおいては成功をたたえるためにクラッカー＝バレル的論議〔米口語でいういなかの店に集まった連中が知ったかぶりにやるような議論〕という長い伝統に訴えることによって——あらゆる犠牲を払っても守られなければならないものである。もちろん、どのような社会においても宗教的信念を維持することは一つの懸案であるということはしばしば指摘されてきた。そして未開人の宗教的衝動が自発的だとする見解はさておき、このことは正しいと思われる。しかし、常識の公理や論点の信頼性に対する信念を維持することも同様に問題視されるべきだということも少なくとも同じように正しいのだが、こちらのほうはそれほど言及されてこなかった。まさしくその件にとりかかろうとするとき、ジョンソン博士が常識に対する疑問を静めるために考案した「この件はそこまで!」という有名な言葉は、テルトゥリアヌスが宗教上の疑問に対してそのでばなをくじくために言った「不可能ゆえにわれ信ず」という言葉に劣らず捨てばちであり、「妖術!」と叫ぶのもこれらのせりふと同じことなのだ。人は自分がもっとも必要とする信念の堤防の穴を見つけられるかぎりの泥でふさぐものなのだ。

こうしたことのすべては一つの文化に限定してその文化を全体的に観察するのではなく、一つの問題を焦点にしていくつかの文化を同時に眺めるとき、より劇的な形で現われてくる。そのような研究の卓越した例は数年前の『アメリカン・アンソロポロジスト』〔アメリカ人類学会の機関誌〕のなかのロバート・エジャートンの論文で、現在では「インターセクシュアリティ(性的中間性)」と呼ばれているが、一般的には「両性具有性」として知られていることに関するものである。

もしすべての人が世界の整理法の一つとして認めるものがあるとすれば、それは人間が残らず二つの生物学的性に分けられるということである。もちろん一部の人々——同性愛者や衣装倒錯者など——が彼らの生物学的な性に基いて期待される役割どおりにはふるまわないということはどこででも認められているし、さらに近年われわれの社会においてはこのように区別された役割自体がそもそもふり当てられるべきではないと示唆する人々さえいる。しかし「差異万歳!」と言おうが、「差異粉砕!」と言おうが、差異が厳然として存在することについては大して議論の余地はない。あの伝説の少女の見解——人は地味な人と華やかな人の二種類に分かれる——は悲しいかな解放された見解ではなかったかもしれない。しかし、彼女が何らかの解剖学的事実を認めたということは明らかである。

しかし、実際のところ彼女は十分に多くの事例を調べたわけではあるまい。人間の性別は純粋に二分法的な変数ではないのだ。かといってもちろん均質的に連続したものでもない。そうであれば、われわれの愛情生活は現在そうである以上に複雑なものとなるだろう。しかし、かなりの数の人間が明らかに性的に中間であり、なかには二種類の外性器がみられるとか、一人の人間に男性器と発達した乳房がともにあらわれるなどというはなはだしい事例まである。この事実は生物科学にとっていくつかの問題を引き起こし、それについては現在急速に研究が進展しつつある。しかしそれはまた常識、すなわち男性であることと女性であることという根源的真実の最たるものとされることがらの周りに張り巡らされている実際的道徳的概念のネットワークとしての常識にとってもいくつかの問題を引き起こす。性的中間性は経験上の驚き以上のものである。それは文化への一つの挑戦なのだ。

それはさまざまに受け取られる挑戦である。エジャートンの報告によれば、ローマ人は性的中間性をもった子供を超自然物によって呪われた存在とみなし、殺害した。ギリシャ人は彼らの習慣としてより寛大な見解をとり、そのような人間を特異だとはしたが特異なもののうちの一つにすぎないとみなし——結局、ニンフと一体化したヘルムアフロディートゥス(ヘルメスとアフロディーテの息子)が十分な先例となった——、彼らに不当な汚名を着せることなく人生を全うさせた。エジャートンの論文はまさしく性的中間性という現象に対する三つのまったく異った反応——アメリカ人とナヴァホ族とポコット族(ケニヤの一部族)の反応——の間の興味深い対比を、人間の性と自然におけるその一般的な位置に関するこれら三つの民族の常識的見解という点から展開している。彼が言うように、性的に異常な身体をもった人に出会ったときの人々の反応はさまざまであるが、そのことが無視されるということはほとんどない。もし「正常で自然な人々」についての従来の概念が手つかずのまま保持されるべきであるならば、彼らとのこうしたかなり目立つ相違点についてなんらかの釈明が必要である。

アメリカ人は性的中間性を恐怖としか呼びようのない感情でみる。性的中間性を示す性器を目にする、あるいはそのことを話題にするだけで彼らは吐き気をもよおすことがあるとエジャートンは述べている。また「道徳的、法律的難問として比類がない」と彼は続ける。「そんな人は結婚できるのか。軍務につけるのか。出生証明書では性はどのように記されるのか。それは(どちらかの性に)完全に変えることができるのか。少女として育てられた者にとって突然少年になることは心理学的にみて望ましいことなのか。またそもそも可能なのか。……性的に中間の人は学校のシャワー室で、公衆便所で、デートでどのようにふるまえばいいのか。」常識の力では太刀打ちできないのは明らかだ。

それに対する反応は、たいていの場合強い情熱をもって、時にはそれ以上のものをもって、性的に中間の人に女性か男性かどちらかの役を採用することを勧めることである。多くの性的に中間な人々は現にこうして生涯「正常な」男や女として「通用する」が、これにはかなり細心な技術を要する。ある者はその状態をともかくも美容上「矯正」するために自ら進んで、あるいは強制されて手術を受け、「正式の」男や女になる。フリーク・ショー以外の場では、性的中間性というディレンマの解決法、すなわちそうした状態にある人がわれわれの感受性を逆撫でしないために取るべき解決法はただ一つしかない。エジャートンは書いている。「両親から医師にいたるすべての関係者に要求されるのは、性的中間者が二つの自然な性のうちのどちらであるのがふさわしいかを発見し、ついでそのあいまいで不調和で人を狼狽させる『それ』が少なくとも部分的には容認できる『彼』や『彼女』になるように力を貸すことである。要するにもし事実がこちらの期待にそわないなら、事実のほうを変える、そしてもしそれがだめなら事実を偽るというわけだ。」

野蛮な人々の例はこれまでとしよう。次に一九三五年という早い時期に両性具有についての体系的な研究がW・W・ヒルによって行われたナヴァホ族に目を移すと、状況はまったく異ってくる。性的中間性はもちろん彼らにとって異常ではあるが、恐怖や嫌悪感を引き起こすというよりむしろ驚嘆や畏敬の念を引き起こす。性的中間者は神によって祝福された存在で、その祝福を他の人々に伝える者と考えられる。性的中間者は尊敬されるばかりでなく崇拝されることさえある。ヒルのインフォーマントの一人は言う。「彼らは何でも知っている。彼らは男と女の両方の仕事が出来る。[性的中間者が]皆いなくなってしまったら、ナヴァホ族は終わりだ。」また別のインフォーマントは言う。「性的中間者がいなければ国は変るだろう。彼らは国の富のすべてを引き受けているのだから。もし彼らが一人もいなくなれば、馬も羊もナヴァホ人もみんな失われることになろう。彼らはちょうどルーズベルト大統領と同じような指導者なのだから。」さらに別の一人は言う。「小屋のまわりに性的中間者がいると幸運と富に恵まれる。

性的中間者がいるとその国のためになる。」こういった具合である。

ナヴァホ族の常識はこうして性的中間性という異常——言っておくが、それは実際に異常であることに変わりはないので、われわれと同様彼らにも異常にみえる——をわれわれの場合とはまったく異った光のもとに置く。それを恐怖ではなく祝福であるとする説明は、さらに密通が狩猟中の事故の、近親相姦が癩病の原因になるといったわれわれには奇妙にみえるがナヴァホ族にとっては正気の人間なら誰しも考えることとみえる観念へと進んでゆく。たとえば性的中間性をもつ動物(これもまた高い価値を与えられている)の性器を雌の羊や山羊の尾、雄の羊や山羊の鼻にこすりつけるとその家畜が繁殖し、より多くの乳がとれるようになるという観念、さらに性的中間者は一族の長とされ一族の財産の完全な支配権を与えられるべきである、なぜならそうすれば財産も増えるであろうからという観念へと進んでゆくのだ。奇妙な事実に対する解釈を若干変えると、心のありよう全体が変ってしまう。ともかくここではそうだ。標準に合せることによって解決するのではなく、驚嘆して尊敬しようというわけである。

最後にあげる東アフリカの部族、ポコット族はさらに第三の観点をとっている。アメリカ人と同じく彼らは性的中間者を高く評価しない。しかしナヴァホ族と同様、彼らによって胸を悪くさせられたり恐怖の念に駆られたりすることもない。彼らは性的中間者をまったく事務的にたんなる出来損ないとみなす。アフリカの大衆的なイメージで言えば、彼らは作り損いの壺のようなものである。「神々はすばらしい贈り物を作った」とか「得体の知れぬ怪物に出会った」とは言わずに、「神は失敗した」と彼らは言うのである。

ポコット族は性的中間者を役立たずとみなしている。「それ」はちゃんとした男性のように父系を再生産したり拡張したりすることもできないし、ちゃんとした女性のように婚資をもたらすこともできない。また「それ」はポコット族の言うところの「あらゆることのなかでもっとも楽しい」こと、つまり性交にふけることもできない。性的に中間の子供はしばしば出来損ないの壺を捨てるような無造作さで殺されるが(小頭症の子供、手足のない子供なども同様だし、またひどい奇形の動物もそうである)、同様な無造作さで生存が許されることもしばしばある。彼らの人生はかなりみじめなものであるが、彼らは社会ののけ者ではない――ただ無視され、孤独で、ただのモノ、おまけに出来損ないのモノであるかのように冷淡に扱われるだけである。経済的には彼らは平均的なポコット族よりも豊かになることが多い。というのは、富を吸い上げる親族もなければ、富の蓄積をはばむ家庭生活といううるさい代物もないからである。この明らかに典型的な分節リネージと婚資が重要な役割を果すタイプの社会システムのなかで彼らは居場所がないのだ。誰が彼らを必要とするであろうか。

エジャートンが挙げている事例の一つは大きな不幸を伝えている。「私はただ眠り、食べ、働くだけ。他に何ができるだろう。神が過ちを犯されたのだから。」また別の事例では「神が私をこのように作られた。私には為すすべがない。他の者たちはみなポコット族として生きることができるのに、私だけがほんとうのポコット族ではないのだ。」尋常な身体を持っていても子供のない男が常識によって寂しい人間というレッテルを貼られ、子供のない女は「人間でさえない」と言われる社会では、性的中間者の生活は究極的な不毛のイメージとなる。「家畜を肥やし、女を手に入れ、子孫を増やす」といった観点から捉えられた「有用性」に非常に高い価値を置く社会では、彼は「有用でない」のである。

要するに、同じものが与えられても結果がすべて同じというわけではないのだ。常識とは偏向のない精神が自発的に理解する何かではない。それは幾つかの偏見——性は混乱をまねく力であるとか、性は新たな生命を産み出すために神から与えられた贈り物であるといった偏見——に満ちた精神が結論を下す何かである。性的中間者を作ったのは神かもしれないが、それ以外のことは人間の仕業なのである。

III

しかし、ここにはそれ以上の問題がある。人は常識を一つの権威ある物語として作り上げてきた。『リア王』や新約聖書や量子力学と同様に、常識もまたわれこそは真実を言いあてているのだと主張する物事の説明法の一つである。事実、常識は、より洗練された物語が現存するときはその、そうでない場合には夢や神話という幻想的な物語の当然のライバルのようなものである。思考に与えられるべき枠組み、そしてまた思考の一種として、常識は他の何にもまして総合的である。どんな宗教もこれほど独断的ではないし、どんな科学もこれほど野心的ではない。またどんな哲学もこれほど広範にわたってはいない。その調子は異っているし、それが訴える論点も異ってはいるが、宗教、科学、哲学と同様——そして芸術やイデオロギーと同様——それは幻想の向うにある真実、われわれの言葉で言えばあるがままの事物に到達しているふりをする。現代の偉大な常識の礼賛者G・E・ムーアを再び引用すれば、「哲学者が何ものかが『本当に真実である』と言うときはいつも彼の言う『本当に真実な』ものとは本当は真実でないのだと本当に確信することができる。」ところがムーアやジョンソン博士やザンデ族の壺作りやポコット族の性的中間者のような人々が何かが真実である言うとき、彼らは心底そう思っているのである。

そしておまけにそれはあなたがたのよくご承知のことなのだ。常識の特異性が求められてしかるべき部分はまさしくその「色調」——その観察が伝える気分、その結論が映しだす精神の傾向——である。そのようなものとしての常識の概念、つまり一つの固定されラベルを貼られたカテゴリー、一つの明示的に束ねられた意味領域としての常識の概念はもちろん普遍的なものとは言えないが、宗教、芸術、その他と同様文化的表現のジャンルのわれわれ自身の多少なりとも常識的な識別法の一部分ではある。そしてこれまで見てきたように、その実際的な内容は宗教、芸術、その他の場合と同様、場所によってははなはだしく異っているので常識のなかにそれを定義づける定数、常に語られる原型といったものを見出せる望みはあまりない。常識(あるいは事実上それに類似したジャンルのあらゆるもの)を通文化的に性格づけるとすれば、その様式的特徴とでも呼ぶべきもの、それに特異な刻印を与えている態度の特徴を取り出すということによってのみそれは可能になる。正気の声は敬神の声と同様その内容にかかわらずみな同じように聞こえるものなのだ。単純な知恵というものがあらゆる場所で共通してそなえているのは、それが口にされるときの苛立たしいほどの「単純な知恵でしかありません」といった態度である。

そうした様式的特徴、態度上の特徴、色調の明暗をどのように定式化するかというのもそれだけでかなり骨の折れる問題である。なぜなら、定式化するためのてっとりばやい用語がないからである。要はなじみ深いものを性格づけることにあるのであって、未知のものを説明することではないわけだから、たんに新しい言葉を発明するというだけでは自滅を意味することになろう。それを避けるとすれば、証明が「深い《ディープ》」と言うときの数学者や、絵が「純潔だ《チェイスト》」と言うときの評論家や、ボルドー産のワインが「いける《アサーティブ》」と言うときのワイン鑑定家にならって、古くからの言葉を拡大して用いる他はない。このやり方で私が常識に関して用いたい言葉は、「natural(自然な)、practical(実際的な)、thin(薄い)、immethodical(系統立っていない)、accessible(近づきやすい)」に名詞化するための -ness をつけた形である。すなわち、naturalness(自然さ)、practicalness(実際性)、thinness(浅薄さ)、immethodicalness(系統立っていないこと)、accessibleness(近づきやすさ)といったことがどこにでも見出される文化形式としての常識一般に帰属させたいと私が考えている性質――幾分標準性を欠いた準特質――である。

これらの準特質の最初のもの、「自然さ」はおそらくもっとも基本的なものである。常識は懸案となることがら――すなわち他のことがらではないあることがら――が単純に言えばどういうことであるかという形で説明する。「当然である」といった雰囲気、「思ったとおり」という感覚がものごと――繰り返すが、選択され強調されたものごと――の上に漂っている。それらはその状況に本来的に備わったもの、現実の本来的側面、物事の進んで行き方として描かれる。このことは性的中間性のような例外についてさえ当てはまる。アメリカ人の態度を他の二つの民族の態度と分かつのは、両性の性器をもつ人々がアメリカ人にはより一層奇妙に見えるということではなく、その奇妙さが不自然、つまり存在の落ち着いたあり方という点からは矛盾と見えるということである。ナヴァホ族やポコット族はそれぞれ異ったやり方で性的中間者はたとえ幾分かは変った者だとしても物事の正常ななりゆきの産物――天の恵みを受けた非凡な存在、または出来損ないの壺――だという観点を取るのに対して、アメリカ人は彼らの見解が不当に反映されているのでなければ、女性であるか男性であるかということのみが人間のありようとして想定しうる自然なカテゴリーだと考えているようである。両者の中間に生ずるものは暗闇、つまり道理にそむくものなのだ。

しかし、われわれが常識と呼ぶ真実についての物語の特質としての「自然さ」は、より一般的な例においてはっきりと見ることができる。幾分無作為的な選択ではあるが、オーストラリア・アボリジニにおいては、地形の特徴のすべてはトーテム的祖先――たいていの場合カンガルー、エミュー、ある種の虫といったもの――が通常英語で「ドリーミング」という言葉で呼ばれる例の「時間の枠を超えた時」において行なわれた行為の結果だとされている。ナンシー・マンの指摘によれば、こうした祖先たちの自然の地形への変身は少なくとも三つの方法で生じたと考えられている。祖先の身体が何らかのモノに変じるという実際の変身によるもの、祖先の身体や使う道具の押し型が残るという刻印によるもの、そして祖先の身体から何らかの物体が取り出され、それが捨てられるというマンの言う「外化」によるものの三つである。こうして一つの岩山、一つの石ころにいたるまで祖先の結晶した姿とみなされることになる（インフォーマントの言葉では、彼は死んだのではなく動きまわるのをやめて「国になった」のだ）。水をたたえた窪地あるいは野営地全体が放浪の途中で休むために腰を下した祖先の尻の跡だとされることもあろう。また事物によっては――たとえば紐状のものでできた十字形や楕円形の板など――

太古のカンガルーやヘビによって祖先の体内から引き出されたものが、移動の途中で「置きざりにされた」と考えられるものもある。こうした細部(それはひどく込み入っているが)は別として、オーストラリア・アボリジニたちが直面している外界とは何の書き込みもない白紙の現実でもなければ、何か複雑な形而上的なものでもなく、超自然的な出来事の自然な結末なのだ。

ここでかなり省略した形で紹介したこの特定の例が示しているのは、常識を特徴づける典型的属性の一つである「自然さ」は哲学的自然主義とでも呼ぶべきもの——天地には一時的な存在である人間の心によって思いつかれないことは何もないのだとする見解——には依拠していない、あるいは少なくとも全面的には依拠していないということである。事実ナヴァホ族にとってそうであったようにオーストラリア・アボリジニにとっても日常世界の自然さとは互いにまったく異なった準特質——「壮大さ」、「真剣さ」、「神秘性」、「他者性」など——を併せもった存在領域の直接的表現であり、その産物なのである。彼らの自然世界の自然な現象が神聖なカンガルーや呪術的なヘビの行ったことの名残りであるという事実によってオーストラリア・アボリジニたちの目にそれらが不自然なものに映るということはまったくない。ある小川はポッサム(フクロネズミ)がちょうどそこで地面に尻尾を引きずったために出来たという事実によってそれが小川でなくなることはない。もちろん、そのことによって小川はわれわれにとっての小川以上のもの、あるいは少なくともそれとは別の何かになりはする。しかし、どちらの場合にも水が上から下に流れることに変わりはないのだ。

問題は一般的である。近代科学の発達は西洋の常識的見解に深遠な——おそらく時折想像されるほどには深遠ではないだろうが——影響を与えた。普通の人間がコペルニクスの真の信奉者になった——とは私には思えないが——かどうかは別として(私には依然として太陽のほうが昇って、地球を照らすのだとみえる)、彼はきっとごく最近病気が細菌によって引き起こされるという理論に転向させられたはずである。テレビのコマーシャルを見ればそれが十分に証明されよう。しかし、テレビのコマーシャルがまた十分に証明しているように、彼がそれを信じるのはほんの常識としてであって、筋道立った科学的理論としてではない。彼は「風邪には栄養、熱には断食」という段階以上には進んだかもしれないが、せいぜい「一日二回の歯磨きで、歯医者通いは年に二回」といった段階までである。同じ議論は芸術についても当てはまる——たとえば「ホイッスラーがそれを絵にするまでロンドンには霧がなかった」などといったことである。常識的な考え方が与える自然さ、つまりどんなことであれ——流れの遅い川より流れの速い川の水を飲むとか、インフルエンザの流行期に人ごみへ出ないなどといった——常識的な考え方の自然さは物事のありようについての別の種類の、まったく普通とは異なった物語に依拠しているのかもしれない(あるいはもちろんそうでないかもしれない)。「火の粉が上にあがるのと同じように、人も生れつき苦労するようにできている」という言葉の説得力はたんにそれがきわめて正しいと思い知るまで長生きすることにかかっているだけである)。

第二の特質である「実用性」は、おそらく私の挙げた他のものよりもはっきりと注釈抜きでもおわかりいただけるであろう。というのは、われわれがある個人や行為や計画が常識を欠いていると言うとき、われわれが意図しているのはたいていそれが実際的でないということだからだ。その個人はなんらかの手痛い幻滅を味わい、その行為は自滅に向って進み、その計画は着手されないだろう。しかし、あまりにも自明に見えるために、それはかえって誤解を生じやすい。というのは、そこで言われているのは役に立つものという狭い実用主義的な意味における「実用性」ではなく、利口さというより広い民衆哲学的な意味における「実用性」なのだからだ。誰かに「分別を持て」というのは功利主義に徹しろと言っているのではなく、いわゆる「利口であれ《ワイズ・アップ》」、つまり、思慮を持て、冷静であれ、ぬかるな、ニセものをつかまされるな、足の遅い馬と足の速い女には近づくな、死人のことは死人にまかせよ、と言っているのである。

「未開人」が当面の物質的興味にかかわりのない、いや直接的にはかかわりのない経験的事実に関することがらにそもそも興味を持つのかという点については、実際ある程度の論争が――前に述べた「より単純な」人々の文化目録についてのより大きな議論の一部として――あった。一方にマリノフスキーがおおいに支持し、私が先程わざと省略しておいた箇所でエヴァンズ＝プリチャードがザンデ族に関して肯定している見解――つまり興味を持たないという見解――がある。「彼らはそれが彼らの幸福に関係するかぎり自然についての健全な実用的知識を持っている。この点を越えると彼らは自然に何の科学的興味も情緒的魅力も感じない。」これに対して、他の人類学者たち――そのなかで最初の人ではないとしても、少なくとももっとも力をこめて論じたのはレヴィ＝ストロースであるが――は「未開人」、「野蛮人」、あるいは何と呼んでもよいのだが、そうした人々はそれほど実用性を持たない経験的知識の集合体をこつこつと作り上げ、体系づけてさえいると論じた。フィリピンのある部族は六〇〇種類以上の植物を名前によって区別しているが、これらの植物の大部分は利用されなかったり、利用できなかったり、実際目にすることさえないものだという。アメリカ合衆国北東部からカナダにかけて居住するアメリカ・インディアンたちは食べもしないしその他の面でもそれほどかかわりのない爬虫類についての精巧な分類法を持っている。南西部のあるインディアン――プエブロ族――は彼らの居住地域内の球果植物のすべての種類に名前を与えているが、それらの大部分は互いにほとんど区別がつかず、たしかに彼らにとってまったく物質的興味をひくものではない。東南アジアのピグミーは一五種類以上のコウモリの葉食習慣を区別することができる。知って役に立つことだけを知りあとは妖術にゆだねるというエヴァンズ＝プリチャードの未開の功利主義といった見方に対して、頭脳が知りたがるすべてのものを知り、それを分類整理するというレヴィ＝ストロースの未開の主知主義といった見解がある。レヴィ＝ストロースは次のように書いている。「この種の科学［すなわち植物の分類、爬虫類の観察等々］はそれほど実際的効用を持ちえないという反論があるだろう。それに対する答えはその主たる目的が実際的なものではないということである。それは［物質的］必要を満たすというよりむしろ知的要求に、あるいは［物質的］必要に取ってかわる知的要求に見合うものなのである。」

この分野での現在の一致した見解では、エヴァンズ＝プリチャード的な見解よりもレヴィ＝ストロース的な見解――「未開人」は彼らのもくろみにも胃袋にも役にたたないあらゆる種類の事物に興味を持っているというもの――が支持されていることにはほとんど疑いがない。しかし、かと言ってそれでその問題のすべてが尽くされているわけではけっしてない。なぜなら、彼らは精神の奥底の先天的な構造からわき上ってくる旺盛な認識への情熱のようなものからすべての植物を分類したり、すべてのヘビを識別したり、すべてのコウモリを選り分けたりしているわけでもないからである。球果植物やヘビや葉食性のコウモリが多い環境においては、それらに関する知識がいかなる厳密な意味において有用であろうとなかろうと、球果植物やヘビやコウモリについて多くを知ることは実用的である。なぜなら、「実用性」というものをそこにおいて構成しているのはそうした知識だからである。常識の「自然さ」と同様その「実用性」も常識が事物に与える一つの性質であって、事物のほうが常識に与えるというものではない。走法のフォームを研究することは実用的であるが、蝶々を追いかけることはそうでないとみえるのは、一方が有用で他方がそうでないからではない。それは一方がどんなに役にたたずとも物事の道理を知ろうとする努力とみなされるのに対して、他方はどんなに魅力的でもそのようにはみなされないからである。

常識が現実に帰属させる準特質の第三のもの、「薄さ」は、チーズの〔味を表現するときの〕「おとなしさ《モデスティ》」と同様、それ以上明確な言葉では定義しにくい。「単純さ」とか「誇張のなさ」と言ってもよいし、そちらのほうがより適切かもしれない。というのは、そこで言われているのはあれやこれやのことがらについて常識的見解がそれらを正確に目に見えるとおりにそれ以上でもそれ以下でもなく描き出す傾向のことだからである。さきに引用したバトラーの言葉――「すべてはあるがままであり、それ以外ではない」――はこの性質を完璧に言い表わしている。世界は抜け目がないが複雑でもない人間が考えるとおりのものである。鋭敏さではなく冷静さ、想像力ではなく現実主義が知恵にいたるかぎなのだ。つまり、人生の真に重要な事実はその表層に公然とまき散らされているのであって、奥深いところに巧妙に隠匿されているわけではないのだ。詩人や知識人や聖職者などといった世界の複雑化に貢献する人々がしばしばするように、明白なことの明白さを否定することは不必要であるばかりか、実に致命的な誤りでもある。オランダのことわざにもあるように、真実は「水の上の槍の柄」のように明白この上ないものなのだから。

ムーアのように実在するものについて思慮深げに語る過度に巧妙な哲学者たちと同様、ここでもまた人類学者は往々にして彼らのインフォーマントが言っていることの多くが教育のある者の耳にどんなに奇妙に聞こえようとも、それが文字通り彼らの言おうとすることであるという事実を理解できず、複雑な概念をこしらえてそれを文化的事実として報告してしまう。世界のもっとも重要な属性のいくつかは欺瞞的な外見の仮面の下に隠されているとか、漠然としたほのめかしから類推され曖昧な記号から解読されるものとは考えられていないのだ。それらはただ利口な者に見えないだけで、石や手や悪党や三角関係の存在するまさしくその場所にあると思われている。あるジャワの少年が木から落ちて足を折ったのは亡くなった祖父の霊に対する儀礼上の勤めが不注意にもおろそかにされたために彼を突き落としたからだと告げるとき、その少年の家族があずかり知る限りそれがことの顚末のすべてなのだという事実を呑み込むには時間がかかる(ともかく私の場合はそうだった)。それはまさしく彼らが起こったと考えることであり、そのすべてなのであって、彼らが困惑しないことに私が困惑しているのを見て彼らは困惑するだけなのである。また年老いた、字の読めない、冗談の通じないジャワの百姓女——もしそのようなものがあるとしてジャワの百姓女の「典型的タイプ」——から旅立ち、祭宴の挙行、婚約などの日の選定における「その日のヘビ」の役割についての長い複雑な話(その大部分はその役割が無視されたときに起こる恐ろしい出来事——乗物の転覆、潰瘍の発生、財産の喪失——についての実に魅力あふれる話であった)を聞かせてもらったあと、私がこの「その日のヘビ」はどんな姿をしているのかとたずねたとき、「バカをお言いでない。火曜日が目に見えるものかね」という答えが返ってきたのだ。このとき私は明白さというものも見る人によって異るのだということを理解し始めたのである。「世界は事実の寄せ集まったものである」というのは哲学の標語や科学の教義としては欠陥があろう。しかし、常識が経験の上に押す刻印としての「薄さ」——「単純さ」、「誇張のなさ」——を要約するものとしてはそれは事態をありのままに伝えて正確なのである。

常識的思考が世界に備わっているものとして描き出す、あまりうまく名づけられているとは言えないもう一つの特質、「系統立っていないこと」について言えば、それはただちにとりわけ学者ぶった人を除くすべての人にはあまりにも真実である矛盾の喜びを提供するものである(エマーソンは「愚かな首尾一貫性は小心者の心に棲む妖怪である」と言い、ホイットマンは「私は私自身を否定する、そうだ、私は私自身に矛盾する。私は自らのうちに多様性を秘めているのだ」と言った)。また同じようにそれはひどい強迫観念の持主を除くすべての人に感得される手に負えないほどの経験の多様性という喜びをも提供する(「世界は数々のことがらで満たされている」、「人生は次から次へとひどいことだらけ」、「もし君が状況を理解していると考えるなら、それは君の考えが間違っていることを示しているにすぎない」)。常識的知恵は恥知らずにまた弁解もせずに状況に追随する。それは形式ばった教義や公理化した理論や体系化を目指す教理のなかにではなく、警句やことわざや付言や冗談や逸話や格言的言辞に満ちた道徳劇《コント・モラール》のなかなどに現われる。シローネがあるところで述べているのだが、南イタリアの農民たちはことわざを数多くの貴重な贈り物のように互いに交換しあって暮しているという。別の場所ではその形式はワイルド流の洗練された警句であったり、ポープ流の教訓詩であったり、ラフォンテーヌ流の動物寓話であったりするだろう。古代中国では古典からの引用がそうであったようである。それらがどんな形であれ、それらを好ましいと思わせるのは互いに矛盾しないということではなくて、実のところまさにその反対である。「跳ぶ前に見よ」、しかし「ためらうものは敗者である」、「今日の一針、明日の十針」、しかし「今日という日をつかめ」というわけだ。常識の系統立っていない性格がもっともはっきりと現われるのはまさに格言的言辞——ある意味ではその土地特有の知恵の範例的形式——においてである。それを実証するためにポール・ラディン(彼はスミスとデイルから引用している)から抜粋した次のいくつかのバ゠イラ族のことわざを見てみよう。

大きくなれば世の中のことがわかるようになる。
医者に行くのをいやがると病気が笑ってやってくる。
淫乱な雌牛は自分の尻尾まで手放した。
長生きするのは賢いハイエナだ。

はっきりものを言う神が肉を手に入れる。

体を洗い清めてもそれで奴隷でなくなったと言えるわけではない。

首長の妻が盗みをすると奴隷が責めを負う。

うそつきと一緒に家を建てるくらいなら魔女と一緒にせよ、うそつきは村を壊してしまう。

腹をすかした人より喧嘩好きな人を助けよ、腹をすかした人は感謝することがない。


常識の体系を全体として特徴づけるだけでなく、世界の生活の非常な多様性を捉えることのできるものとして常識を好ましいと思わせるのは、こうした異質な見解——繰り返すが、それは必ずしも常にあるいは通常格言的表現をとるわけではない——の寄せ集めという性質である。バ＝イラ族にはこのことを言い表わす「知恵は蟻塚から生れる」ということわざまである。

最後の準特質としての——ここでは最後に挙げるが、実際にはきっと最後のものではないだろう——「近づきやすさ」は、多かれ少なかれいったん他の諸性質が認められるなら論理的帰結として出てくるものである。「近づきやすさ」とは普通程度にまっとうな能力をそなえた人間なら誰でも常識的結論が理解できる、そしてとくにそれが十分明確に述べられさえすればただちに理解されるだけでなく受け入れられもするだろうという仮定であり、実のところそれを主張するものでもある。もちろんある人々——たいていの場合老人、時として苦労人、場合によってはただもったいぶっているだけの人——が、「私は苦労をしてきたのだから」といった流儀で他の人々より幾分賢いとみなされる傾向があるし、他方、子供たち、しばしば女たち、社会によって異るがさまざまな従属階層は「彼らは感情の動物だ」といった流儀で他の者より賢くないとみなされる傾向にある。しかし、そうした事実にもかかわらず、常識には本当のところ公認された専門家がいない。すべての人が自分こそ達人だと考えている。手近にあるがゆえに常識はすべての人に開かれており、こう言ってよければ少なくともすべての分別ある市民の共有財産なのだ。

事実、その口調は反知性的ではないにしても反専門家的ですらある。この点でわれわれは、そして私の知るかぎり他の人々も特別な能力に対するどのような明白な権利の要求も拒絶するのである。常識には秘伝的な知識や特別な技術や特殊な才能はまったく関与していないし、専門的な訓練もほとんどあるいはまったく必要ない。ただわれわれが幾分冗長に経験と呼び、幾分神秘的に成熟と呼ぶものがあるだけである。別の言い方をするなら、常識は世界を親しみ深いもの、あらゆる人が認識でき、また認識すべきもの、そしてそのなかではすべての人が自分の足で立ち、また立つべきものとして描き出す。物理学、イスラム教、法律、音楽、社会主義などという名の郊外に住むためには人はある特別な要件を満たさなければならないし、そこにある家々の風格もそれぞれで異なっている。常識という名の半郊外(そこではすべての家には門がない)に住むためには、人は古い言い方にあるように「精神が健全で良心が実際的」でありさえすればよい。そうした価値ある性質がその人の住む特定の思想と言語の都市においてどのように定義されようとも。

われわれはウィトゲンシュタインから引用した都市の街路という絵解き的記述で始めたのだから、同じ絵解き的記述でこの章を終えるのはきわめて適切なことである。今度のものはなお一層圧縮されたもので、「実際に表現を用いるとき、われわれは廻り道をし、脇道を通る。われわれの眼前にはまっすぐな高速道路が見えているのだが、もちろんそれを使うことなどできない。それは永久に閉ざされているからである」(2)という箇所である。

常識とは一つの文化システムであること、それは経験的に明らかにされ概念として定式化されうる内在的な秩序をもっていることを実証したい、あるいは示唆してみたい(私にできたのはこれだけであるが)と思うならば、その内容を列挙するだけではこと足りない。それは社会間で異なるだけでなく、社会内においてもひどく異なっている蟻塚的知識だからである。またそれが常にとる何らかの論理的構造を描き出そうとしても、そのようなものは存在しないからそれも不可能である。またそれが常に引き出す実質的結論を要約することによってもそれは不可能である。なぜなら、そのようなものもまたないのであるから。人はそのかわりにその一般に認められた調子や気分を喚起するという特殊な迂回路、比喩的な属性――「薄さ」のような近接的な概念――を考案することによって人々のすでに知っている事実を思い起こさせるという前人未踏の脇道を通って進まなければならない。(別のイメージで言えば)常識には例の〔エドガー・アラン・ポーの小説〕「盗まれた手紙」の効果と似たところがある。それはあまりにも無造作にわれわれの眼前に置かれているのでほとんど目に入らないわけだ。

科学、芸術、イデオロギー、宗教、技術、数学、今日ではさらに倫理学や認識論にいたるまでのすべてはわれわれには文化的表現の十分に真正なジャンルと見えるので、われわれは他の人々がどの程度までそれを所有しているか、彼らがそれを本当に所有している度合に応じてそれらはどのような形を取るのか、そしてその形が決ったならそれはそれについてのわれわれ自身の解釈にどんな光を投げかけるのかという問い(問いに次ぐ問い)を発したくなる。しかし、これは常識に関しては当てはまらない。常識はこれらのすべてのより明確に定義された象徴システムがその任務を終えたときに取り残されているもの、理性からそのより洗練された達成物がすべて除外されたとき理性に残っているもののようにわれわれにはみえる。しかしそうでなくとも、チョークとチーズ、鷹と片手のこぎり、あるいは尻と肘(常識のもう一つの準特質として「卑俗さ」が挙げられてもよかったかもしれない)を区別することが、おそらくそれほど高尚ではないにしても、経文歌を鑑賞したり、論理的証拠を追い求めたり、誓約を守ったり、資本主義を廃止したりすることと同じ程度に一つの確かな達成物であるならば――それらと同様に発達した思考と感受性の伝統に依拠しているならば――、「われわれ自身がひどい矛盾やあからさまな不調和や正々堂々と行なわれる詐欺行為に見舞われるのを防ぐための普通の能力」(一七二六年の『オックスフォード大学秘史』は常識をこう定義している)はもっと慎重に養われるべきであろう。

もしこのことがなされるならば、それは人類学にとっていくつかの古い問題、とりわけ文化はいかにして結合され統合されるかという問題への新しい視点へ、そして社会を成り立たせている諸装置に関しては機能主義的説明から決別してさまざまな社会のさまざまな生活についての解釈的説明に向かう動きへと連なるはずである(この企ては実際すでに首尾よく始められている)。しかし、その影響は哲学にとって一層深刻なものであろう。なぜならそれは哲学のほぼ中心に存在する半分しか検証されていない概念を覆すことになるからである。学問のなかでもっともキツネ的な人類学にとっては何度も起こってきた関心の変化のなかの一番新しい変化にすぎないものが学問のうちでもっともハリネズミ的な哲学にとっては全面的な衝撃となりうるのである。

原註

(1) L. Wittgenstein, *Philosophical Investigation*, trans. G. E. M. Anscombe (New York, 1953), p. 8. (私はアンスコムの翻訳を若干変えている)

(2) Wittgenstein, *Philosophical Investigation*, p. 127.

第五章　文化システムとしての芸術

I

芸術の語り難さはつとに知られている。芸術は、文学のように言葉から成り立っている場合でもそうであるが、文学以外の芸術で絵具や音や石から成り立っている場合はなおさら言葉を超えたそれ自体の世界に存在しているように思われる。芸術は語ることが難しいだけでなく、そうすることが不必要であるようにみえてしまう。それはいわばみずから語るからである。詩は何かを意味するのではなく何かであり、ジャズとは何かと問わなければならないようならけっしてそれがわかることもないのだ。

芸術家はとくにそういう感じ方をする。彼らの大部分は、自分の作品や彼らが賞賛する作品について書かれたり言われたりすることがらをよくて的はずれ、ひどいときはまったくの見当違いと考える。ピカソは「人はみな芸術を理解したがる。ではなぜ鳥の歌声を理解しようとはしないのか。……絵を説明しようとする人はたいていおかど違いなことをしているのだ」と言った。(1) あるいはそういった言い方があまりにも前衛的であるなら、ミレーがサン゠シモン派に分類されたことに反発してこう言っているのはどうだろう。「私の『鍬持つ男』についての噂はとても奇妙なものに思われるが、あなたがたがそれを知らせてくれるのは有難い。なぜなら、それは私が持っていると人々が言う観念に私自身がもう一度驚く機会を与えてくれるからである……。私の批評家たちは鑑識眼もあり教育もある人々だが、私は彼らに加担するわけにはいかない。それに私は生れてこのかた畑以外のものを見たことがないのだから、作品に向かうときは見たものや感じたことをできるだけ忠実に伝えようとしているだけのことなのだ。」(2)

しかし、美的形式に感動する人は誰でもそう感じるものだ。神秘主義者でもなければ感情家でもなく美への忠誠心を噴出させるタイプでもないわれわれでさえ、何か価値あるものを見せてくれたと思われる芸術作品について長々と語ったあとは不安な感じがする。われわれが見た、あるいは見たと思うものが、それに関してわれわれがひねり出すしどろもどろの評言をはるかに超えているために、われわれの言葉は空虚で無内容で誤ったものにみえるのだ。芸術について語ったあとは、「語ることのできぬものについては沈黙せねばならぬ」ということがきわめて魅力的な教義のようにみえてくる。

しかし、もちろん本当に無関心な人を除いては、芸術家も含めた誰もこのように沈黙することはない。逆に、個々の作品や芸術一般に何か重要なものを感じ取ることによって、人々はそれについて休みなく語る(そして書く)のだ。われわれにとって意味深いものが純然たる意義に包まれてただそこに放置されるということはありえないから、われわれは記述し、分析し、比較し、判断し、分類する。われわれは創造性や形式や感受性や社会的機能についての理論を立て、芸術を言語や構造やシステムや行為や感情の型として性格づけ、科学や宗教や技術や政治の比喩に訴え、そして他のすべてが失敗したら、曖昧な言葉を並べておいて、他の誰かがそれを解き明かしてくれることを望む。芸術について語ることの表面上の無益さは、それについて果てしなく語らずにはいられないという深層の必然性に見合ったものであるようにみえる。そして私がここでメスを入れ、部分的には説明したいのはこの特異な事態であるが、さらにこの特異な事態がどれほどの重要性をもつのかを確定してみたいのである。

ある程度まででであるが、芸術はどこでもいわゆる専門用語――音の進行、色彩関係、韻律形式といった言葉――で語られる。このことはとくに西洋において顕著である。西洋では調和とか絵画的構成といった主題がちょっとした科学と言えるほどに発達しており、目下のところ構造主義やそれにならおうとする各種の記号学にもっともよく代表される現代の形式主義的芸術論への動きもこうした接近法を一般化して包括的なものにし、神話や詩や舞踊や旋律の内在的関連を抽象的で置換可能な用語で表現できる専門的な言語を作り出そうとする一つの試みにすぎない。しかしインドの音楽学、ジャワの舞踊法、アラビアの詩作法、ヨルバの浮彫り法などについての精巧な理論がわれわれに想起させるように、芸術についての語りを専門化しようとする傾向は西洋や現代にかぎられたものではない。人々が好んで未開人の例として挙げるオーストラリア・アボリジニでさえ、彼らの体の模様や地面に描く絵を独立し別々の名称を持った何十もの形態素、つまり図像文法の単位図に分解して考えている。(3)

しかし、より興味深いこと、そしてより重要だと私が思うことは、芸術を完全に理解するためにはどのように展開されようと専門的な論議だけで十分である、つまり芸術の力の秘密はすべて音、イメージ、量感、テーマ、身ぶりなどの間の整然とした関係のなかにある、と自分に信じ込ませてきた人々(今なお少数派であり、少数派であり続ける運命にあると思われる)が存在するのは、たぶん近代しかも西洋においてだけなのではないかということである。それ以外のところではどこでも――そして言っておくが、われわれの多くにおいても――別の語り方があり、そこで使われる用語や概念は文化的関心、つまり芸術が仕え、映し出し、挑戦し、記述はするが、芸術がそれ自体で作り出すのではなく、その特殊なエネルギーを人間経験の一般力学と結びつけるために芸術に向けられる関心から出てくるものである。

形式を軽視したという点では非難されようのないマチスは、次のように書いた。「画家の目的は表現手段とは別のものであると考えられるべきではなく、これらの表現手段は彼の思想が深ければ深いほどより完成された(より複雑ということではない)ものとなるはずである。私は私が人生に対して抱いている感情とそれを表現する方法とを区別することはできない。(4)」

一人の個人、より厳密に言えば一つの民族――人は一つの島ではなく、大陸の一部なのだから――が人生に対して抱く感情は、もちろん芸術以外の多くの領域にも現れる。それは宗教、道徳、科学、商業、技術、政治、娯楽、法律、そして日常的実際的なあり方を組織立てる方法にさえ現れる。たんに技術的ではない、あるいは技術的なものを精神化しただけではない芸術についての語り――つまりほとんどの芸術論――はたいがい、芸術をこうした人間的意図の別の表現というコンテクストおよび、それらが一団となって支えている経験のパターンのなかに位置づけようとする方向に向っている。論じ難いがどういうわけか必要な他の二つのことがら、つまり性的な情熱や聖なるものとの接触がそうであるのと同様、美的な事物との出会いも社会生活の一般的進路の外側で不透明な密封状態で浮遊するまま放置されることはない。それは社会への同化を求めるのだ。

このことがとくに意味するのは、芸術の定義はいかなる社会においてもけっして完全に審美的観点からのみ行われることはないし、局限的にそうであることすら実際ほとんどないということである。どのような形で、またどのような技巧の結果としてそれが現われようと、美が力を持つという純然たる事実によって与えられる主要な問題は、どのようにしてそれを社会活動の他の諸形態のなかで位置づけるか、どのようにしてそれをある特定の生活のパターンのなかに織り込むかということである。そしてこのような位置づけ、芸術的な事物に文化的意味を付与することはつねにその場所の問題となる。中国古典期あるいはイスラム古典期において芸術とは何かということと、米国南西部のプエブロ族あるいはニューギニア高地において芸術とは何かということは、情緒的な力を現実化する生得的な諸性質(私はそれを否定しようなどという意図はまったくない)がどんなに普遍的なものであれ、けっして同一ではない。人類学者が異った人々の精霊信仰や分類システムや親族組織のなかに、そしてたんにその直接的な形態だけでなくそれらが促進し例示する「世界‐内‐存在」のあり方のなかに予想するようになった多様性は彼らの太鼓の打ち方や彫刻や歌や踊りにまでも及んでいるのだ。

非西欧的芸術、とくにいわゆる「未開芸術」の研究者の多くがこのことを理解していないためにそうした文化を持つ人々は芸術について語らない、あるいは多くを語らないでただ彫ったり歌ったり紡いだり黙々と専門の仕事を行なうだけだというしばしば耳にする解説がまかり通ることになる。このことが意味するのは、彼らは観察者が語る——あるいは彼らに語ってほしい——ようなやり方、つまりその形式的性格、象徴的内容、情緒的価値、様式的特徴について語りはしないということである。彼らの語り方は言葉少なく秘儀的で、理解されたいという望みをほとんど持たないかのようである。

しかし、もちろん彼らは実際芸術について語るのであり、彼らの人生を通り抜ける他のすべての印象的なこと、暗示的なこと、感動的なことについて語るように語るのである。すなわちそれがどのように使われるのか、誰がその所有者なのか、それがいつ演じられるのか、誰がそれを演じ、また作るのか、それは具体的な個々の活動においてどんな役割を果たすのか、それは何と交換できるのか、何と呼ばれるのか、どのようにして始まったのか等々について語る。しかし、これは芸術についての語りというよりは何か別のこと――日常生活、神話、取引など――についての語りと見られがちである。自分が何が好きかはわからなくても芸術とは何かを知っている人間には、ティブ族の男が模様染めをする前にこれといった目的もなく布にラフィアやしの繊維を縫い付けながら(彼はそれが全部終ってしまうまでその作品の進み具合を見ることすらしないだろう)、「もし模様がうまくできなかったらイボ族に売りつけよう、もしうまくできたら自分で持っていよう、もし特別うまくできたら義理の母にあげよう」とポール・ボハナンに語るとき、それは彼の作品について論じているのではなく、ただ彼の社交上の態度のある側面を語っているにすぎないとみえてしまう。[5] 西洋美学(クリステラーが注意を喚起しているように、それは「芸術《ファイン・アーツ》」というかなり特異な概念とともにたかだか一八世紀半ばに登場したにすぎない)の側からの芸術研究、また実際以前のどのような形式主義的立場からの芸術研究も比較による理解の土台となるデータそのものの存在をわれわれの目から隠してしまうのだ。そして、かつてトーテミズムやカーストや婚資の研究においてそうであったように、また今でも構造主義的研究においてそうであるように、仮定の上では入念に検討されているが、実は目で見ることもできない現象についての形式化された概念だけがわれわれに残るのである。

驚くには当らないが、マチスは正しかったのである。芸術の手段と芸術に生命を与える人生に対する感情は不可分であり、人が発話をさまざまな統語法の行列と理解したり、神話を構造的変形と理解することができないのと同様に、美的な事物を純粋な形式の連鎖として理解することはできない。一つの例として、線という一見文化を超えて抽象的だと思われるものを取り上げ、その意味を考えてみるがいい。これについてはロバート・ファリス・トンプソンがヨルバ族の彫刻において見事に示しているとおりである[6]。線の厳密さ、線の明晰さそのものが彫刻師の作品を評価する人々の主な関心事なので、それはヨルバの彫刻師の主な関心事でもある、とトムソンは述べている。ヨルバ族が日常会話において用い、また彫刻よりもはるかに広い関心領域をもった線の質についての語りは、細かいニュアンスに富み、広い範囲にわたっている。ヨルバ族が線を刻むのは像や壺だけではない。彼らは自分たちの顔にも線を刻むのだ。彼らの頬に刻まれて、傷跡となっているさまざまな深さや方向性や長さをもった線はリネージの同定、個人としての魅力、地位の表現などの手段として機能している。彫刻師の用語と入れ墨師の用語——たとえば「浅い切れ込み」と「深い切れ込み」、「爪によるひっかき傷」ないし「突き傷」と「口をあけた裂傷」を区別する——はきわめて厳密な平行関係にある。しかしさらに次のことも言える。ヨルバは線を文明と結びつけている。「この国は文明化した」という意味のヨルバ語は直訳すれば「この大地の顔には線が彫られた」となる。トンプソンは次のように続けている。

ヨルバ語で「文明」はイラジュ(*ìlajù*)——線を刻まれた顔——である。都市のリネージの成員の顔に印をつけることによって文明化するという意味の動詞が大地を文明化するというときにも用いられる(*Ó ṣá kẹ̀kẹ́/Ó sáko* 彼は[瘢痕の]印を刻みこむ/彼はやぶを切り開く)。顔にヨルバの印を彫りつけるという動詞が道路を開く、森の境界を開くという意味でも用いられる(*Ó ṇọ̀n/Ò là ààlà/Ó lapa* 彼は新しい道路を開いた／彼は新しい境界をしるした／彼は新しい小道を開いた)。実際、瘢痕を刻むという基本動詞(*là*)は自然の無秩序状態に人間の型を押しつけるというさまざまな連想をともなっている。木切れ、人の顔、森はみな「切り開かれて」、その内なる素質が輝き出るのである。(7)

ヨルバの彫刻師の線および個々の線の形への強い関心は、それゆえ線自体の性質に対する純粋な喜びから出てくるというよりはむしろ彫刻技術の問題、あるいはその土地の美学として取りだすことができそうな何らかの一般化された文化概念から出てくるものである。それは生活の全体がその形成にあずかっている独特な感受性——事物の意味は人がそれらの上に残す傷跡であるといった感じ取り方——から生れるのである。

芸術の研究とは感受性の探究であり、そのような感受性は本質的に集団的な形成物であり、またそのような形成物の土台はそれが社会に存在しているという事実と同じくらい広く深いものだというこの認識は、美の力とは工芸の快楽を仰々しく語ることだという見方とたもとを分かつだけではない。それはまたしばしばそれに対置されるいわゆる機能主義的な見方、すなわち芸術作品は社会関係を定義したり、社会規範を維持したり、社会的価値を強めたりするための精巧な手段であるという見解からもたもとを分かつ。もし彫刻師たちが線の見事さ、あるいはあえて言えば彫刻そのものにすらもはや関心を払わなくなったとしても、ヨルバ社会にはさしたる変化は起こらないであろう。社会が崩壊してしまわないのは確かだ。ただ感じられたあることが言葉で言えなくなるだろう——そしておそらく、やがて感じられることすらなくなるかもしれない——、そのため人生はより不明瞭なものになるだろう。もちろん絵画や彫刻を含めたあらゆるものが社会の分裂に手を貸しうるのとまったく同様に社会の動きを助けるのにも一役買う。しかし、芸術と集団生活の中心的な結びつきはそのような手段の次元ではなく記号論の次元に属するものなのである。マチスの(彼自身の言うところの)色による覚え書きやヨルバ族の線の組み合わせは、一見そうみえるが、社会構造を讃えるものでも有用な教義を推し進めるものでもない。それらは一つの経験のあり方を物象化し、ある特殊な精神のありようを取り出して事物の世界に持ち込む。そしてそこで人々はそれを目にすることができるのである。

われわれが理論上美的記号システムと呼ぼうとする記号システムの構成要素である記号や記号的な要素——マチスの黄色やヨルバ族の深く切り込まれた線——は、それらが存在する社会に機械的にではなく観念的に結びついている。ロバート・ゴールドウォーターの表現を借りれば、それらは「基本文書」なのであって、すでに効力をもった概念の説明ではなく、他の同じように基本的な文書類を収めた貯蔵庫のなかに意味ある場所を求めている——あるいは人々が代わって求めている——概念それ自身である。(8)より具体的に問題を展開するために、また「観念的」とか「概念」といった表現に附随するように思われる主知主義的ないしは文学的な雰囲気を払拭するために、次に公式的見解のもやのなかに逃げ込むことなく記号学的な関心に敏感であろうとしている少数の部族芸術論の一つのいくつかの側面にちょっと目を向けてみよう。ニューギニアのアベラム族の四色で描かれた平面画に関するアンソニー・フォージの分析がそれである。(9) 何らかの祭儀の場において、そこに集った人々がサゴやしの仏炎包でできた平らな布にフォージの言う「何エーカーにも及ぶ絵」を創作する。これについての詳細は彼の研究に述べられている。アベラム族の絵は明らかに具象的なものから全く抽象的なものまでさまざまであるが(もっとも、彼らの絵は叙述的ではなく演説的なものであるからこうした区別は彼らには何の意味をも持たない)、すぐさま興味をひくのは、この絵は主としてほとんど強迫観念的と言ってよいほどに繰り返されている一つのモチーフ、すなわち女の腹部を表わし、またそういう名で呼ばれている先の尖った楕円形によってアベラムのより広い経験世界に結びついているという事実である。もちろんその表象は漠然としてはいるが、少なくとも図像的である。しかし、アベラム族にとってそれがより広い経験世界と結合する力は、たいした作品とは言えないその絵自体にあるのではなく、むしろそれはその絵に描かれた色をもった形(顔料が呪術的な力を持つのに対して線はそれ自体ではほとんど美的要素となっていない)をとおして彼らのこがれるようなな関心事——彼らが仕事や儀礼や家庭生活のなかでは幾分か異なったやり方で語りかける関心事、つまり女性の自然の創造力——に訴えかけることができるという事実のほうにある。

アベラム族が文化以前のもの、女性の肉体的存在が産み出すもの、それゆえ根源的なものであるとみなす女性の創造力と、彼らが文化的なもの、儀礼によって超自然力を獲得することで得られるもの、それゆえ根源的でないものとみなす男性の創造力との違いへの関心が彼らの文化全体を貫いている。女たちが植物を作り出し、男たちの食べるヤムイモを発見した。女たちが最初に超自然物たちに出会いその愛人になったので、疑いを持った男たちは事態を知って超自然物を捕えた。今ではそれが木彫りの像に変えられ、彼らの儀礼の対象となっている。そしてもちろん女たちは、ふくらんだ腹から男たちを産み出す。今では嫉妬心から女たちに秘密にされていることがらすなわち儀礼に基づく男性の力はこうして生物学に基づく女性の力のなかに閉じ込められているのだ。そして赤、黄、白、黒の楕円形(ほとんどそれだけを構成要素とするある小さな絵のなかにフォージはそうした楕円形を一個も見つけている)がつめこまれた絵がいわば「かかわっている」のはこの驚くべき事実なのである。

しかしそれらは説明的にではなく、直接的にかかわっているのである。絵画が社会生活を基礎づける諸概念を反映していると言ってもよいし、儀礼や神話や家族生活の成り立ちや分業が絵画のなかに展開されている諸概念を上演していると言ってもよい。こうしたすべてのことがらは、男が女の腹のなかで作り出されるように、文化は自然の子宮で作り出されるとする理解によって特徴づけられており、逆にそれらすべてのものがその理解に独特な表現を与えている。ヨルバの彫像に刻まれた線と同様、アベラムの絵の色のついた楕円形は、それらが一緒になって作り出す一つの感受性とつながっているために意味深いのだ。ただし、ここにあるのは傷が文明の記号となるような感受性ではなく、顔料が力の記号となっているような感受性である。

一般に色(厳密に言えば顔料)を示す言葉は、儀礼にかかわることがらにのみ用いられる。このことはアベラムの自然の分類において非常にはっきりと見ることができる。樹木の種類は精密に分類されているが、用いられる分類の基準は種子と葉の形のみである。その木が花をつけるかどうかとか、花や葉の色などが分類の基準とされることはめったにない。おおざっぱに言って、アベラム族はハイビスカスとある黄色い花しか用いることがなく、その二つの花は男たちとヤムイモの「儀礼用の」飾りとなった。花をつける小さな植物はどんな色のものであれまったく興味を引かれず、たんに草や下生えなどと分類された。昆虫についても同様である。噛んだり刺したりするものはすべて注意深く分類されているが、蝶は大きさや色にかかわらず一つの大きなグループに入れられている。しかしながら、鳥の分類では色が非常に重要となる……ところで、鳥はトーテムであり、蝶や花と違って儀礼の領域では欠くことのできないものである……。色が述べられるためには儀礼的関心がなければならないとみえるくらいだ。四つの色を表わす語は、実際には顔料を表わす語である。顔料はそれ自体力を持った物質なのであるから、自然環境のなかで儀礼に関係するものとして選ばれた部分にのみ色を表わす語が使用されることは、それほど驚くべきことではないだろう……。

色と儀礼的重要性の結びつきは、ヨーロッパからの輸入品に対するアベラム族の反応にも見ることができる。カラー雑誌はときおり彼らの村にも入ってくるが、ときにページがちぎり取られて儀礼小屋の前面の土台のところにあるマットにつけられたりする……。選ばれたページは鮮やかな色をした、たいていは食品の広告で……アベラム族はそれが何の絵であるのかはまったくわからないものの、その鮮やかな色と不可解さゆえにそれらがたぶんヨーロッパの「神聖な図柄」であり、従って力を持つものだと考えたのである。(10)

こうして少なくとも二つの場所で、線と色という一見きわめてわかりやすい二つのものはむしろその本来的な魅力以上のものから最大限の現実的な生命力を引き出している。彫刻の精巧さや色彩の劇的効果に対する内的反応能力がどのようなものであれ、これらの反応はより独特でより内実のあるより広い関心に吸収されるわけで、線や色のもつ構成的な力を明らかにするのはこのようなその地方特有の真実との出会いなのである。形式と内容の一致は、それが起こる場所とそれが起こる度合に応じた文化的達成物なのであって哲学的な言葉遊戯ではない。もし芸術についての記号論的科学といったものが出現するとすれば、そうした文化的達成物としての芸術こそが説明されなければならないであろう。そしてそのためには、記号論がこれまで通常行ってきた以上に語りに、つまり明らかに芸術に関係しているもの以外の語りに注意を払わねばならないであろう。

II

この種の議論に対する反応、とくに人類学者の側からのよくある反応は次のようなものである。すなわち経験のさまざまな領域をごた混ぜにして、反省的思考をともなわない一つの大きな全体にしてしまう未開人についてはたしかにそれが当てはまるかもしれないが、芸術が主にそれ自身の必要性に応じて独自の活動として現れている発達した文化にはこのことは当てはまらない、と。これは、文字の発明という革命を経た人々とそうでない人々といった多くのきわめて安易な対比と同様に誤ったものであり、二つの方向において誤っている。つまり何と呼べばよいのか、無文字社会とでも呼ぶことのできる社会における芸術の内的な力を過小評価している点と、文字を持つ社会における芸術の自律性を過大評価している点においてである。第一の種類の誤り――ヨルバやアベラムのようなタイプの芸術的伝統はそれ自体の力学を持たないという考え方――はたぶんあとで触れることになると思うが、ここでは脇へ置いておこう。さしあたっては一五世紀イタリアの絵画とイスラムの詩という二つのきわめて発展した、そして全く異質な芸術的企てにおける感受性の基盤にしばらく目を向けることによって、第二の誤りにメスを入れたいと思う。

イタリアの絵画については、私は主にまさしく私がここで提唱しているような研究法をとっているマイケル・バクサンドールの近著『一五世紀イタリアの絵画と経験』に依拠している。(11) バクサンドールは彼の言うところの「時代の眼」――すなわち「一五世紀の画家の仲間たち〔つまり他の画家たちとパトロンたち〕が絵画のような複雑な視角的刺激物にもたらした装置」(12)――を定義することに関心を払っている。絵画は精神が持ちこむ種々の解釈的技術――様式、範疇、推論、類比――に敏感である、と彼は言う。

ある種の形や形と形の関係を見分ける人間の能力は、その人が絵に対するときの注意の仕方に影響する。たとえばもしその人が比例関係に対して習熟していたり、複雑な形を単純な形の複合体に還元する訓練を受けていたり、あるいはさまざまな種類の赤色や茶色に対して豊富な分類範疇を持っていたりすれば、これらの技術は当然こうした技術を持たない人々とは異ったやり方でピエロ・デラ・フランチェスカの『受胎告知』に関する経験を秩序づけたであろうし、その絵に対する有効な多くの技術を経験的に学ばなかった人々よりも鮮明に秩序づけたであろう。なぜならある絵画に対しては知覚技術のあるものが他のものよりも有効だということが明らかだからである。たとえばこの時代の多くのドイツ人が持っていた技術、曲線の分類の技巧は……『受胎告知』にはそれほど役に立たないであろう。われわれが「鑑賞力」と呼んでいるものの多くはここ、すなわち絵画が要求する識別力と鑑賞者がそなえている識別技術との一致にある。(13)

しかしよりいっそう重要なことは、これらの鑑賞者と画家との双方にとって適切な技術の多くは焦点距離に対する網膜の感度のような生れつきのものではなく、一般的経験、ここでは一五世紀のイタリアに生き一五世紀のイタリアのやり方でものを見るという経験から得られるという点である。

人がその視覚的経験を秩序づける際に用いる装置は変化し、この変化する装置の多くの部分は彼の経験に影響を与えた社会によって決定されるという意味で文化的に相対的である。この変化する装置のなかには、さまざまな視覚的刺激を分類する際に用いられるカテゴリー、直接目に映るものを補足するための知識、鑑賞された作品の種類に応じてとられる態度などが含まれる。鑑賞者は絵画に対して手持ちの鑑賞技術を使わなければならず、そうした技術のうち通常絵画だけに用いられるものはごくわずかなのであるが、当該の社会が高く評価するような技術が用いられる傾向がある。画家はこれに反応する。彼の鑑賞者たちの鑑賞技術こそ彼の表現手段でなければならないのだ。専門的職業的技術のいかんにかかわらず、彼はまさしく彼が奉仕する社会の一員であり、その視覚的な経験と慣習の一端を担っているのである。(14)

こうした言い方において第一に注目されるべき事実は(といってもアベラム族の場合のように第一のものだけのこともある)、もちろん大部分の一五世紀のイタリア絵画は宗教画であって、扱う題材だけでなくその結果においてもその目的にかなうように意図されているということである。絵画は存在の精神的次元への人間としての自覚を深めるためのものであった。それはキリスト教の真実についての視覚をとおした思索への誘いであった。受胎告知、処女マリアの被昇天、東方の三博士の礼拝、聖ペテロへの問責、イエスの受難といった印象的なイメージに直面した鑑賞者は、彼が知っている出来事やそこに描かれた奇跡と彼個人との関係に思いをはせることによってその絵を完成しなければならなかった。あるドミニコ会の説教師が芸術の有徳性を弁護して言ったように、「絵をあがめることと、絵のなかに描かれた物語から何をあがめるべきかを学ぶこととはまったく別なのであるから。(15)」

とはいえ、宗教的思想と絵画的イメージの関係は(このことは芸術一般にも当てはまると私は思うが)、たんに説明的であるばかりではない。日曜学校での図解とは違うのだ。画家、少なくとも宗教画家の関心は、彼の鑑賞者たちがもっとも重要なことがらに関心を抱くように誘導することであって、そうした関心の処方箋や代用品あるいはそのコピーを提供することではない。より広い文化と彼の関係、より正確にはより広い文化と彼の絵画との関係は相互作用的あるいはバクサンドールの言うように補完的である。一般化されほとんど類型的ではあるが、もちろん素晴らしく造形的に場面を構成しているジョバンニ・ベリーニの『イエスの変容』について語りながら、バクサンドールはそれをベリーニと彼の鑑賞者たちの共同作業の遺品と呼ぶ。「一五世紀の『イエスの変容』経験は、絵画すなわち壁の上に描かれた図像と、鑑賞者たちの精神――われわれの精神とは異った道具立てと性質を持った一つの社会的精神――の視覚化行為との間の一つの相互作用であった。[16]」ベリーニは鑑賞者の側からの寄与をあてにすることができ、イエスの変容という主題を描くというよりはそうした寄与を引き出せるように彼のパネルを設定した。彼の仕事はある独特の精神性が強烈に反応しうるイメージを構築することだった。バクサンドールが指摘するように、鑑賞者はすでに持っているものを必要としない。彼らが必要とするのは、見入ることができるほど豊かな、そして見ることでそれを深めることができるほどに豊かな対象なのである。

もちろん、絵画とともに「時代の眼」を作り出した一五世紀のイタリアの感受性の形成にはあらゆる文化的制度が働いていたのであって、(すべての絵画が宗教的であったとは言えないのと同様)それらのすべてが宗教的なものであったわけではない。宗教的なもののなかではそうした題材が視覚的にはどのように描かれるのかについての意見を述べているばかりか、キリスト教神話における啓示的な出来事や人物を分類し、さらに細分し、そのそれぞれに適切な態度の型――不安、熟考、探究、謙遜、尊厳、賛美――について述べている民間説教がおそらくもっとも重要なものであった。「人気のある説教者たちは……その会衆に絵画に対する一五世紀的反応のまさしく核心をなす一連の解釈技術を教え込んだ。(17)」身振りは分類され、人相は類型化され、色には象徴論的意味が与えられ、中心的人物たちの肉体的風貌は護教論的配慮をもって論議された。「あなたは問う」とドミニコ会の別の説教師は声高に言う。

聖母は黒い肌で黒い髪か、それとも白い肌で金髪か。彼女はたんに黒い髪でもたんに赤毛でもたんに金髪というわけでもなかったとアルベルトゥス・マグヌスは言っている。なぜなら、これらの色のどれも単独ではある種の不完全さをもたらすからだ。このために人は「赤毛のロンバルド人から守りたまえ」とか「黒い髪のドイツ人から守りたまえ」とか「金髪のスペイン人から」とか「すべての色の髪のベルギー人から」などと言うのだ。マリア様はそれらのすべてを分かち持った混合色の顔色をしていらした。なぜなら、それらのすべてを分かち持った顔は美しいものだからだ。こういうわけで偉い医者たちが赤と白が混ざりあったものに三番目の色、つまり黒が加えられたとき最良のものとなると断言している。そしてさらに次のこと、つまり彼女はすこし色が黒かったことを認めなければならないとアルベルトゥスは言う。こう考えるには三つの理由がある。第一に人種的な理由によるもので、ユダヤ人には色が黒い人が多く、彼女はユダヤ人であったから。第二は証拠によるもので、聖ルカは現在ローマとロレートとボローニャにある彼女の三枚の肖像画を描いたが、これらのものは茶色の顔をしていること。第三は血縁的類似によるもので、息子はたいてい母

親に似るものだが、キリストは浅黒い色をしている。ゆえに……(18)

一五世紀のイタリア人の絵画の見方に寄与したルネサンス文化の他の領域のうち、バクサンドールがとりわけ重要だとする二つのものは、社交ダンスという幾分マイナーなもう一つの芸術と、彼がゲージ取りと呼ぶまったく実用的な活動――つまり商業上の目的をもった数量やかさや比率や割合などの見積り――である。

われわれにとってと同様、ダンスは音楽と同類の時間芸術というよりむしろ見世物――宗教的ページェント、街頭仮面劇など――と同類の視覚芸術であり、少なくとも主要な部分はリズミックな動きの問題ではなく、形象の配置の問題だという点で絵画の鑑賞と関連があった。そのようなものとしてダンスは巧妙なパターン、すなわち一種の身体配置法に基づいて配置され、静止した形象間の心理的相互作用を認識する能力――画家もこれを共有し、観察者の反応を引き出すために用いた――に依存すると同時にその能力をとぎすました。とくに当時のイタリアで人気のあった、ペースのゆっくりした幾何学的に構成されたダンスであるバッサ・ダンツァは、ボッティチェルリのような画家が『春』(この作品はもちろん三人の美の女神のダンスを中心としている)や『ヴィーナスの誕生』といった絵画において作品を構成するために用いた形象配置のパターンを提供したのだ。バクサンドールによると、バッサ・ダンツァが映し出す感受性は「鑑賞者たちの形象のパターンを解釈する能力、ボッティチェルリその他の画家に彼ら自身の作品のなかの形象配置が鑑賞者たちにも同様に容易に解釈されると想定させた[人体の]幾分演劇的な配置という一般的経験を含むものであった。[19]」本質的には何枚かの活人画が連なったものと言えるきわめて様式化されたダンスの形式は広くなじまれていたので、画家は彼自身の形象画も見ただけでただちに理解されると考えることができたのだ。このことは、ダンスが動きに縁取られたポーズの問題というよりはポーズに縁取られた動きの問題になっており、言葉をともなわない身振りに対する一般的意識が低いわれわれのような文化においてはわかりにくいものではあるのだが。「その土地特有の集団の捉え方の社会的技法を人物のパターン——動きもせず突っ込みもせずしかめ面をしてもいない人物たちの織りなすパターン——がなお心的相互作用という感覚を今なお強く刺激することのできる一つの芸術に変えてしまうことは問題である。そのように洗練された暗示を自発的に理解することができるほどの素質をわれわれがそなえているかどうか疑わしいからである。[20]」

ダンスと絵画をともに暗黙の意味を帯びた身体配置のパターンとして捉えようとするこの風潮の背景には、人々が互いを類別する方法、互いの交際における態度の序列を偶発的なものではなく互いの関係のあり方の結果生ずるものとみなそうとするより大きな風潮が社会全体とくに有識者階級の間にもちろん存在している。しかし、この視覚の習慣の社会生活への、そして社会生活の視覚の習慣への深い浸透がはっきりと見てとれるのは、バクサンドールがルネサンス人の絵画の見方の形成に影響力を持ったとするもう一つのもの、つまりゲージ取りにおいてである。

商品がきちんと規格化された容器にいれられて登場するようになったのはたかだか一九世紀以降である(しかも西洋だけの話であると付け加えてもよかった)ということは、芸術史の重要な事実であると彼は記している。「それ以前は容器——樽、袋、俵など——はまちまちで、その量をすばやく正確に計算することが取引の条件だった。」[21] また布の売買における長さ、仲介業における歩合、測量における比率についても同じことが言えた。そうした技術なくしては商売の世界で生き残れなかったのだ。そしてたいていの場合、絵画の製作依頼をしたのは商人だったが、ゲージ取りについての数学的手引き書を著わしたピエロ・デラ・フランチェスカのように、商人が絵を描くこともあった。

いずれにせよ、画家とそのパトロンの商人はそうしたことがらに関して似たような教育を受けていた。すなわち、読み書きができるということは、同時にものの寸法を判定するのに役立つ技術が自由に使いこなせるということでもあった。これらの技術には立体に関しては、不規則でなじみの薄い形をしたものを分解して、規則的でなじみのあるそしてそれゆえに計量可能な立体——円柱、円錐、立方体など——の合成物だとみなす能力が、また平面的なものについては、一定の形をとらない平面を単純平面つまり正方形、円、三角形、六角形に解析する同様な能力が含まれた。これがどれほどの水準にまで達していたかは、バクサンドールがピエロの手引き書から取り上げている次の一節に示されている。

> 底がそれぞれ直径2ブラッチの樽がある。樽口の部分の直径は$2\,{}^{1}/_{4}$ブラッチ、樽口と底の中間での直径は$2\,{}^{2}/_{9}$ブラッチである。樽の長さは2ブラッチである。この容積はどれだけか。
> これは円錐台が二つあるのと同じである。両底の直径を二乗すると2×2=4である。次に中間

での直径を二乗すると$2^{2}/_{9}\times2^{2}/_{9}=4^{76}/_{81}$である。この二つを合わせると$8^{76}/_{81}$である。掛算で$2\times2^{2}/_{9}=4^{4}/_{9}$。これを$8^{76}/_{81}$に加えると$13^{31}/_{81}$、これを3で割ると$4^{112}/_{243}$となる。……さて$2^{1}/_{4}$を二乗すると$5^{1}/_{16}$、これを中間直径の二乗に加えると$5^{5}/_{16}+4^{76}/_{81}=10^{1}/_{129}$。ところで$2^{2}/_{9}\times2^{1}/_{4}=5$。これを前出の値に加えると$15^{1}/_{129}$、これを3で割ると5と$^{1}/_{3888}$となる。これを最初の結果に加えると……$=9^{1792}/_{3888}$である。これに11を掛け、次いで14で割る[つまりpi/4をかける]と、最終的な結果は$7^{23600}/_{54432}$となる。これがこの樽の容積である。(22)

バクサンドールが言うように、これは特殊な知的世界である。しかしこれこそヴェニスやフローレンスなどの土地で教育を受けた人々のすべてが住んでいた世界なのだ。この世界と絵画、および絵画の受け取り方との関連は、こうした計算の手順よりもむしろ複雑な形態の構造をより単純な、より規則正しい、より理解しやすい形態の組み合わさったものとしてとらえ、注目しようとする傾向のなかに存在した。絵画に描かれる事物――水槽、円柱、れんが造りの塔、石の敷きつめられた床など――でさえ生徒たちのゲージ取りの練習のために手引書のなかで用いられたものだった。したがって、画家というもう一つの職業において、ピエロが『受胎告知』を円柱で支えられ、多くの平面からなる、前に張り出したり後ろに引っ込んだりしているペルージア風の柱廊のなかに設定して描いたり、聖母像を聖母自身を縁取る着衣ともみえる丸屋根のある半円形をした布の幕屋のなかに描くとき、彼は鑑賞者たちのさまざまな形を別の形の複合体と見るそうした能力、またそのように彼の絵画を解釈し――お望みなら、ゲージ取りし——その意味をつかむ能力に訴えているのである。

商人にとっては、ほとんどすべてのものは不規則な表面の下に横たわる幾何学的図形に還元することができた——穀物の山は円錐形に、樽は円柱または円錐台の合わさったものに、れんがの塔はより小さい体積のものが算出可能な数ほど集まったものに……。そして、この分析の習慣は画家の景観の分析にきわめて近いものである。人が俵のゲージ取りをするように、画家は形象の測量をした。どちらの場合にも、不規則な大きさの物や空間を扱いやすい幾何学体の組み合わさったものに還元しようとする意識がある……。比率の操作や複合体の面積や体積の分析の訓練を積んでいたために、[一五世紀のイタリア人は]明らかに似たようなプロセスを取る絵画に対して敏感だったわけである。(23)

ルネサンス絵画の有名なあの透明な立体感は、少なくともその源泉の一部を、平面的な描写法や数学的法則や双眼的視点といった内在的な特質とは別のところに持っていたのである。

事実、これが肝要なのであるが、これらのより広範な文化的事象のすべて、および私の触れなかった他のことがらが相互に働きあうことによってあの感受性が産み出され、一五世紀のイタリア芸術がそこにおいて形成され存在したのである(以前の著作『ジョットーと演説家たち』のなかでバクサンドールは絵画構成の発展を語りの形式、とりわけ人文主義者の修辞学の掉尾文と関連づけている。演説家の文、節、句、単語という序列は、アルベルティその他によって画家の絵、本体《ボディ》、部分、平面という序列と意識的に似せられていたからである)。[24] その感受性のどの面に働きかけるかは画家によって異ったが、宗教的な教えの道徳主義、社交ダンスのあでやかさ、商業的ゲージ取りの抜け目なさ、ラテン語の演説の気高さのすべてが結合してまさしく画家の真の媒体、すなわち絵画のなかに意味を読み取る鑑賞者たちの能力を提供したのである。バクサンドールは言う。古い絵——「古い」はとってもよいだろうが——は、ちょうど異文化からのテクストの読み方が学ばれなければならないように、その読み方が学ばれなければならない視覚的活動の記録である。「ピエロ・デラ・フランチェスカがゲージ取り型の絵画に、フラ・アンジェリコが説教型の絵画に、ボッティチェルリが舞踊型の絵画に傾斜しているとわれわれが見るならば、われわれは彼らだけでなく彼らの社会について何かを見ていることになる。[25]」

絵画(あるいは詩、旋律、建築物、壺、劇、彫像など)のなかに意味を感じ取る能力は、そもそも絵画に意味を賦与するといういっそう稀な能力と同様、個人によっても民族によっても異るが、他のすべての完全に人間的な能力と同様、集団的経験の産物である(しかもそれをはるかに超えるものである)。われわれが文化と呼ぶ象徴的形式の総体への参与の結果として、われわれが芸術と呼ぶ実際は文化の一部門であるにすぎない特殊な領域への参与が可能となる。このように芸術理論は同時に文化理論でもあり、自律的な企てではない。そしてもしそれが記号論的芸術論であるならば、二元性、変形、平行関係、等価性といった作り出された世界ではなく社会において記号の存在様式を追求しなければならないのである。

芸術家がその領分をはるかに超えた記号体系のなかに置かれている記号を操るという事実の例として、イスラムの詩人にまさるものはないだろう。詩作にあたるイスラム教徒は、非物質的なわりに実体があり、人が作ったにしては扱いにくく、岩か雨のように彼の意図ではいかんともしがたい対立する一組の文化的事実に直面する。彼は彼の芸術の手段である言葉がある特異な高められた地位をもち、アベラムの絵画のように明白で神秘的な意味をそなえているという状況下で詩作に従事するのであり、また常にそうしてきた。形而上学から語形論、聖典から書法、公の場での吟唱の様式から日常会話のスタイルにいたるすべてのものが共謀して、演説やおしゃべりを人類史上唯一というわけではないにしても確かに特別な重要性を負わされたことがらにする。イスラムにおいて詩人の役割を引き受ける人間は文化の道徳的実体を取引するのだが、完全に合法的とは言えないやり方でそうするのである。

このことを論証するにあたっても、もちろんまず問題を限定しておかなければならない。私の意図は「予言」に始まるイスラム詩の発達の全過程を概観することではなく、イスラム社会における詩——とくにアラビア語の詩の、とりわけモロッコにおけるもの、そのなかでも民衆的な口誦詩——の位置について若干の概括的な、あまり体系的とは言えない見解を述べるにすぎない。詩とイスラム文化の中心的衝動との関係はどこでも、その始まり以来、多かれ少なかれ似たようなものだと私は思う。しかし、そのことを立証しようとするよりはただそう仮定しておき、次に幾分特殊な材料をもとにしてその関係

――不安定で困難な関係――のありようがどのようなものと思われるかを示唆することにしたい。

この観点からみると、この問題には再検討され相互に関連づけられるべき三つの次元がある。第一はイスラムに関することがらではいつものことだが、「イスラムの唯一の奇跡」であるコーランの特殊な性格と位置である。第二は文学であると同時に音楽的演劇的芸術でもある生きもののような詩の上演のコンテクストである。そして第三は短いスペースで描き出すのはとても困難なのだが、モロッコ社会の人と人とのコミュニケーションの持つ一般的性格――「闘争的」とでも呼びたい性格――である。それらが働きあって詩は一種の範例的発話行為、つまりそれが解き明かされるためにはイスラム文化の全面的な分析――そのようなものが考えられるとしての話だが――が必要となってくるような語りの原型となるのである。

しかし言っておくが、一件落着するとすぐまたコーランというふりだしに戻る。コーラン(それは「誓約」「教え」「書物」ではなく、「朗唱」を意味する)は予言者や弟子たちによる神についての報告ではなくて、神の直接の言葉すなわちアッラーの音節や語や文を内容とするという点で世界の他の主要な聖典と異っている。アッラーと同様それは永遠であり、非創造物で、「慈悲」や「全能」と同様アッラーの属性であり、人間や地球と同様彼に創造されたものではない。その形而上学が難解で必ずしも首尾一貫していないのは次のような伝承のあり方と関係している。すなわち永遠のテクストである「厳重に保護された書き板」からの抜粋をアラビア語の押韻文に移し変え、これらを何年にもわたって一つ一つ特別な順序もなく、ガブリエルからムハンマドに、次にムハンマドが彼の弟子たち、いわゆるコーラン吟唱者たちに読み聞かせ、彼らがそれを暗唱して広く社会の人々に伝え、それ以後人々が日々復唱することでそれを受け継いできたという伝承法である。しかし、重要なのはコーランの文句を唄う者――ガブリエル、ムハンマド、コーラン吟唱者たち、さらにそれ以後一三世紀にわたってつらなっている一般のイスラム教徒――は神についての言葉をではなく、神について、そして実際言葉こそ神のエッセンスなのであるから神そのものを歌うということである。マーシャル・ホジソンが言ったように、コーランは学術論文つまり事実や規範の叙述ではなく、一つの出来事、一つの行為なのである。

それはけっして情報や霊感を求めて読まれるのではなく、礼拝における務めとして朗唱するものとされた……。人がコーランに対して行ったことは、それを熟読することではなくてそれによって礼拝をすること、受動的にそれを受け取ることではなくてそれを唱えることで自らに再確認することであった。信者の一人が礼拝行為のなかでコーランの断言を再経験する「つまり再び口に出して言う」たびごとに啓示という出来事が更新されるのであった。(26)

さて、このようなコーランのとらえ方が暗示することはいろいろある――たとえばキリスト教においてもっともそれに近いものは聖書ではなく、キリストであるということもその一つである――が、われわれの目的にとって決定的な重要性を持つのはその言語、七世紀のメッカのアラビア語がギリシャ語やパーリ語やアラム語やサンスクリット語のように神のメッセージを伝えるものとしてだけでなく、それ自体聖なるものとして分離されているということである。コーランあるいはコーランの一部の個々の朗唱でさえ、創造によらない実体と考えられている。これは神性をそなえた人物に中心を置く信仰にとっては理解し難いであろうが、神の修辞学に中心を置くイスラムの信仰にとっては言葉は神の言葉に似ていればそれだけ神聖であるということを意味する。その結果の一つはアラビア語圏の人々の有名な言語的精神分裂症である。すなわち、一方で、できるだけコーランに似るよう工夫され、儀礼的な場面以外ではめったに話されることのない「古典的」(*mudārī*)あるいは「純粋な」(*fuṣḥā*)文語体アラビア語に固執しながら、他方で、「低俗な」(*ʿāmmīya*)とか「粗野な」(*dārija*)などと呼ばれ、真面目な真実を伝えることは不可能であると考えられている書き留められない地方語が存在する。もう一つは言葉による創造、とくに世俗的な目的でそれを目指す人たちの地位がひどく曖昧なことである。彼らは神の言葉を自らの目的に合わせて変更するが、これは必ずしも瀆神行為とは言えないにしてもそれと紙一重である。しかし同時に彼らは言葉の比類のない力を知らしめるのであって、これは必ずしも敬神とは言えないにしてもそれに近い。詩はもっとも重大な不敬の縁に足を踏み入れながらも、イスラム文化、とくにアラビア語圏のイスラム文化において建築と並ぶ主要な芸術となったのである。

コーランのアラビア語の、演説とはいかにあるべきかのモデルとしての、また人々の実際の話し方への絶えざる警鐘としての意味は、伝統的なイスラム教徒の人生のパターン全体によって補強される。ほとんどすべての少年が(このごろでは多くの少女も)訓練学校に通い、そこでコーランの詩句を朗唱したり暗唱したりすることを学ぶ。もし彼が上達し勤勉であれば、全部で六二〇〇ばかりの詩句を暗記し、ハフィス(*hafiz*)すなわち「暗唱者」となり、彼の両親に何がしかの名声をもたらすであろう。もっと普通の場合、彼がそれほどでもないときは、彼は少なくとも礼拝を行い、鶏を屠り、説教を理解するのに十分なものを学ぶであろう。もし彼がとくに信心深ければ、彼はフェスやマラケシュなどの都市の中心地にある上級学校に行って、彼が暗記したことのより正確な意味を理解するであろう。しかし、生半可に理解した一握りの詩句を携えて世に出るか、コーランのすべてを正しく理解して世に出るかにかかわらず、主な強調点はつねに朗唱とそれに必要な丸暗記的学習の上に置かれる。ホジソンが中世イスラムについて述べたこと――すべての陳述が真か偽かのどちらかとされ、すべての真の陳述の総計、つまり少なくとも潜在的には真の陳述のすべてを含んでいるコーランから発して固定されたものの全体が知識であり、また知識を獲得する道はそれが述べられている語句を暗記することであったこと――は今日なおモロッコの大部分について当てはまる。そこでは信仰がどれほど弱体化してきたとしてもなお朗唱可能な真実への情熱は軽減されねばならないほどである。(27)

そのような態度やそのような訓練によって、日常生活はコーランの詩行や他の古典からの引用句で縁取られることになる。明らかに宗教的な場面――毎日の祈り、金曜日の礼拝、寺院での説教、神秘的会合における呪文の唱和、断食月のような特別な機会におけるコーラン全篇の朗唱、葬式、結婚式、割礼の儀式などにおける式辞――は別としても、普通の会話にもコーランの文句が織り込まれ、もっとも通俗的な話題でさえ聖なる枠組みにはめこまれていると思えるほどである。もっとも重要な公式演説――たとえば王の演説――はあまりにも古めかしいアラビア語で行われるため、聞き手の多くは漠然としか理解できない。アラビア語の新聞、雑誌、書物も似たようなスタイルで書かれており、そのためそれらを読むことのできる人は少ない。アラビア語化の叫び——宗教的情熱によって煽りだされた、古典アラビア語による教育の実施や政府および行政機関におけるアラビア語の使用への人々の要求——は強力なイデオロギー的力であり、政治的エリートの側に大きな言語的偽善を産みだし、またその偽善があまりにも明らかな場合にはある程度の大衆騒動を産み出すこともある。そして、口誦詩人が存在するのはこのような世界、つまりそこでは言語は媒介物であると同時に象徴であり、文体は道徳的問題であり、神の雄弁の経験が意思疎通の必要と争いあっているような世界なのである。そのような世界の有する朗唱や決まり文句に対する感受性を、ピエロが袋や樽に対するイタリアの感受性を利用したように、詩人は利用する。そうした詩人の一人が自分の技芸を説明するために必死に言葉を捜しながらこう言った。

「私はコーランを暗唱した。それから私は詩行を忘れ、言葉を思い出した。」

彼は人に霊感を与えることで有名な聖者の墓所で三日間瞑想し、その間に詩行を忘れ去ったが、実演の場に臨むとその言葉を思い出す。ここでの詩とは最初に詩が作られ、次に朗唱されるというものではない。それは朗唱のなかで構成され、公の場所で唱うという行為のなかで組み立てられるものなのだ。

その場所とはたいてい結婚式や割礼の祝宴を主催する家の前の、ランプで照らし出された空間である。詩人はその空間の中心に木のように直立し、詩人の助手たちは彼のそばでタンバリンを打つ。見物人のうち男たちは彼のすぐ前にしゃがみ、時折立ち上がっては彼のターバンに金を詰め込む。他方、女たちは慎み深く周囲の家のなかからそっと覗くか、闇にまぎれて屋根から見下ろす。詩人の後には横二列になって左右に踊り動く男たちがいる。彼らは互いの肩に手を置いて、すり足で小さく右へ二、三歩、左へ二、三歩と進みながら首をぐるりと回す。詩人はタンバリンの拍子に合わせて金属的な裏声でむせび泣くように詩を一行一行歌いあげる。繰り返しのところでは助手たちも加わるが、その部分は概して決まりきったもので詩の内容とはごくおおざっぱにしか関連していない。その間踊り手の男たちは唐突に奇妙なリズミックな叫び声を立てて興を高める。

もちろん詩人はアルバート・ロードの有名なユーゴスラビア人のように純然たる空想からその詩を作り出すのではなく、限られた数の決まり文句のなかから分子を組み立てるように一度に一部分ずつ何か芸術のマルコフ過程のようにしてそれを構築してゆくのである。主題的な詩もある。死の避けがたさ(「たとえ汝が祈りに生きようとも」)、女のあてにならなさ(「恋する者よ、目に押し流された者よ、汝に神の救いあれ」)、情熱のむなしさ(「燃える想いのためにどれほどの人が身を滅ぼしたことか」)、宗教的学識の虚栄(「空を水漆喰で塗り固めることのできる神学者がどこにいるか」)などといった主題である。比喩的な詩もある。少女は庭園に、富は布に、世俗性は市場に、知恵は旅に、愛は宝石に、詩人は馬にたとえられる。また形式的な詩もあって、それらは、押韻、歩格、行、連が厳密かつ機械的に構成されている。歌、タンバリン、踊り手、ジャンルの要請、そしてこれらのものが効果的に調和すれば「ヨーヨー」の賛同のかけ声をかけ、そうでなければ非難の口笛を送る見物人、これらすべてのものが、コーランをその朗唱から切り離すことができないのと同様、そこから詩を切り離すことができない一つの不可欠な全体を作り上げている。それはまたつねに新しく、絶えず更新されてゆく一つの出来事であり、一つの行為でもある。

そしてコーランの場合と同様個々の人々、少なくとも彼らの多くは、口誦詩からとった詩行、詩句、修辞、暗示などを挿入することで通常の話し言葉にメリハリをつける。それらはある時は特定の詩から、ある時は彼らが知っている特定の詩人のものから、またある時は幅広いが言ってみれば決まり文句の範囲内にある一般的な詩句からとられたものである。その意味では全体的に見て、詩、その上演が広く定期的にとくに田舎の人々や都市の庶民層の間で行われる詩は、独自な一種の「朗唱」、他のものほど賞賛されることはないが、かならずしも価値は劣っていない記憶可能な真実のもう一つの集成となっている。すなわち、「情欲は治しがたい病であり、女はまやかしの治療薬である」、「争いは社会の基礎であり、自己を貫くことは、大きな美徳である」、「誇りは行動の源泉であり、脱俗は精神的偽善である」、「快楽は人生の花であり、死は快楽の終りである」といった真実の集成である。事実、詩を指す語 *šiʻr* は「知識」という意味であり、そう明言するイスラム教徒はけっしていないだろうが、それは神の啓示に対する一種の世俗的平衡力、現世的な注釈となっているのだ。コーランのなかで神や神に対する義務について語られること、不動の言葉で語られる事実は、詩においては人間と人間であることの結末に関することとして語られるのである。

詩の上演という枠組み、その集団的発話行為としての性格は、詩の半ば儀礼の歌半ば普通の語りという両義的な性格を補強しているにすぎない。なぜならその形式ばった疑似礼拝的な側面が詩をコーランの朗唱に似させるとしても、その修辞的な、疑似社会的な側面が詩を日常会話に似させるからである。

先に述べたように、モロッコ人の人間関係の一般的な特徴をここで幾分とも具体的に描写することは不可能である。可能なのはただ次のように主張し、それを信じていただけることを願うだけである。すなわち、モロッコでは人は欲しいものを摑み、持っているものを守り、失ったものを取り戻そうとするので、何よりもまず闘争的で常に意志が試されることになるのである。話し言葉に関する限り、この特徴はもっとも他愛ないもの以外のすべての会話に、言葉によるフリースタイル戦、つまり呪い、約束、嘘、弁解、言い逃れ、命令、ことわざ、議論、類比、引用、脅し、論理のすりかえ、お世辞などありとあらゆる言葉の戦術がまっこうからぶつかり合うといった性質を与えるが、これは巧みな弁舌を法外に奨励するばかりでなく、修辞に直接的な威圧力を持たせてしまう。「彼は言葉、演説、金言、雄弁を持つ(*ʿandu* klām)」とは、隠喩としてだけではなく実際に「彼は権力、影響力、重要性、権威を持つ」ことを意味する。

こうした好戦的な精神は、詩においてもいたるところに姿を現す。詩人の語る内容が人々の浅薄さ、商人のあくどさ、女の不貞、金持ちの吝嗇、政治家の背信、道徳家の偽善を攻撃するという点できわめて論争的であるばかりでなく、その矛先は個々の標的――たいていはそこに来て聞いている人々――にも向けられる。ある土地のコーラン教師は、結婚式の祝宴(およびそこで唱われる詩)を罪深いと批判したために、面罵され、村から追放される。[28]

見よ、どれほど多くの恥ずべき行いをあの教師はしたことか。

彼はただ自分の懐をこやすために働いた。

彼は貪欲、打算家だ。

こんな騒動を起すなんて。

彼に金を支払って「行っちまえ」と言ってやれ。

「猫の肉を食いに行け、それがすんだら次は犬の肉でも食うがいい。」

・・・

あの教師がコーランをたった四章しか暗唱していなかったことはみんなわかっている[これは彼が全部暗唱したと主張したことに対する言葉である]。

もし彼がコーランを暗記して自分を学者と呼べるのなら、
そんなに急いで祈りを済ませてしまったりはしないだろう。

彼は心には邪悪な思いを抱いている。

だから、祈りの最中でも心は女のところ。

女と見ればすぐに追いかける。


しみったれの祝宴の主催者も同じ目に合う。

みみっちくて意志薄弱なあの男、あいつはそこに座っているだけ何一つ言うこともできはしない。

・
・
・

御馳走にあずかろうとやってきた連中はまるで牢屋に入れられたよう[食べ物がひどく悪い]、
みんなは夜中腹をすかし、けっして満足させられない。
女房殿はその宵を勝手気ままにお過ごしだ、
誓って言うが本当に立ってコーヒーを入れようともしない。
詩人が仲たがいしたかつての友人の治療師も、次のような調子の三〇行ばかりをいただくはめになる。

ああ、あの治療師め、もはや道理をわきまえぬ。
権力の道を歩いていたが、
頭のいかれた裏切り者になりはてた。
悪魔の商売に手をつけた。成功していると彼は言ったが、
私はそれを信じない。

こんな具合である。しかし、詩人が批判する(あるいは批判を金で請負う——というのもこれらの言葉による暗殺は大部分が請負い仕事なのだ)のは個人だけではない。敵対する村や党派や家族、政党(それぞれの詩人に率いられた政党員同士の詩による対立は、言葉の応酬が殴打の応酬に変りはじめると警官によって阻止されなければならなかった)、またパン屋や公務員まであらゆる身分の人々が標的にされる。そして詩人は上演のさいちゅうに彼が直接語りかける相手を変えることもできる。女の心変りを歎くときには女たちのひそむ屋根の暗闇に向って語りかけ、男の好色を攻撃するときは視線を足元の男たちに落とす。実際、聴衆は賛意を表して喝采し(さらに詩人に金を押しつけ)、反対して口笛を吹いたり足を踏み鳴らしたりするので、詩の上演全体が闘争的な調子を帯び、ときには詩人の退場を招くほどである。

しかしおそらく、こうした傾向のもっとも純粋な表現は詩の言葉で互いをやりこめようとする詩人同士の直接の戦いであろう。はじめにある主題——それはコップや木のようなちょっとしたものでよい——が選ばれ、次に詩人が交互に唱う。聴衆の叫び声で判定が下されるので、一方が他方に負かされて退場するまで一晩中唱い続けることもある。翻訳することでその精神以外のほとんどのものが失われてしまってはいるが、三時間にわたる合戦からいくつか抜粋してみよう。

戦いも中盤に入ったころ、詩人Aが挑戦的に「立ち上がって、言う。」

神が彼[相手の詩人]に与えたものを

彼は女にナイロンの服を買って浪費した。
彼は捜しているものを見つけるだろう。
そして彼は望みのもの［つまりセックス］を買い、
あらゆる［悪い］場所を訪ねまわるだろう。

詩人Bは応えて言う。

神が彼［すなわち詩人B自身］に与えたものは
祈りと十分の一税と施しに使ったのだ。
そして彼は悪い誘いにも派手な女にも
入れ墨をした女にも屈しなかった。
彼は地獄の業火から逃れることを忘れない。

そして一時間ほど後、詩人Aはなおも挑戦し、うまく応じられてしまったので、形而上的な謎かけに転ずる。

一つの空からもう一方の空に行くのに五〇万年かかるとする。

さてその後はどうなるか。

詩人Bは不意をつかれて、まともに受けず、時間をかせぎながら脅しの言葉をあびせかける。

彼［詩人A］をあっちへやってくれ。
さもなければ爆弾を呼ぶぞ。
飛行機を呼ぶぞ。
そして恐ろしい顔をした兵隊を。

・・・

おお、紳士がたよ、私は今から戦争をする。
ほんの小さなものであろうと。
見よ、私の方がもっと力があるのだ。

しばらくして、奮起した詩人Bは調子を取り戻し、空についての謎に答えずに、その荒唐無稽なばかばかしさを暴露することを意図した一連の回答不能のなぞなぞを次々と出すことで、皮肉ってみせる。

私は「空に昇って空から空までどれだけあるかを

道の長さをあらわす単位で計れ」と言うあの者に
答えようとした。
私は彼に「地にあるすべてのものを
数えてみせよ」と言おうとした。
あの詩人の頭がおかしくとも、私は彼に答えよう。
教えてくれ、あの世で罰せられる
どれほどの圧迫をわれわれは受けてきたか。
教えてくれ、たらふく食べることのできる
どれほどの穀物がこの世にあるか。
教えてくれ、森には
どれほどの燃やせる木があるか。
教えてくれ、西の果てから東の果てまでに何個の電球があるか。
教えてくれ、何個のティーポットがお茶で満ちているか。

このとき、侮辱され、やじられ、怒り、打ちのめされた詩人Aは言う。
ティーポットをくれ。

お祈りのために体を清めよう。
この会はもうたくさんだ。

そして退場する。

要するに、発話、より正確には発話行為という点からは、詩はコーランにおける神の命令と日常生活における修辞を用いた論戦の中間に位置し、そのことが詩に不安定な地位と奇妙な力を与えている。詩は、一方では一種の擬似的なコーラン、つまり口語よりは学識が感じられるが古典ほどには難解でない言語のスタイルで提示された、その時かぎりではないとしても永遠とも言えない真実が唱われたものという形をとる。他方でそれは日常生活の精神を、神聖ではないにせよ、少なくとも霊感を受けた領域に投射する。詩はそれが実際に持っている力を正当化するほどには神聖なものではなく、またその力が普通の雄弁と同等とみなされてよいほどには世俗的でもないために、道徳的に曖昧な存在である。モロッコの口誦詩人は、二つの発話タイプの中間——それは二つの世界の中間でもあるのだが——、すなわち神の清らかな語りと人間の騒々しい言い争いの中間の領域に住んでいる。そしてそのことが理解されないかぎり、どれほど潜在的構造の探究や詩形の説明に携わろうと、詩人も詩も理解されることはない。詩、少なくともこのタイプの詩はそれを取り巻く複数の声から一つの声を作り上げる。もし詩が「機能」を持つと言えるならば、それこそが機能である。

私の辞書は普通程度に役に立つものだが、それによると、「芸術」とは「美的感覚に作用するように色、形、動き、音などの要素を意識的に生産ないし配列すること」である。これは人間が、冗談を理解する能力を生来そなえているように、鑑賞能力をそなえていて、それを行使する機会が与えられさえすればよいのだと示唆しているようにみえる書き方である。私がこれまで言ってきたことが当然示しているはずだが、私はこれが真実だとは考えない(ユーモアについてもやはり同じである)。むしろ「美的感覚」なるもの、あるいは何と呼んでもよいのだが、顔につけられた傷、絵の具で描かれた楕円形、丸天井の幕屋、韻文による中傷などに知的に反応する能力は、その能力に「作用する」ように仕組まれた事物や装置と同様に、文化によって作り出されたものであると私は考える。芸術家は彼の鑑賞者の能力——理解力をもって見、聞き、触れ、時には味わったり、匂いをかいだりする能力——を相手にして仕事をする。そしてこうした能力の構成要素はたしかに持って生れたもの——色盲でないことはたいていの場合役に立ちはする——ではあるが、それらは、見、聞き、手で扱い、考え、付き合い、反応するべきある種のもの——たとえば特定の種類のキャベツとか特定のタイプの王様とか——のただなかで生きるという経験によって現実的に存在するものとなるのである。芸術とそれを受けとめるための装置は同じ工房で作られるのである。

記号論的と呼ぶことができる芸術の研究法——つまり、記号が意味するものに関心を寄せる研究法——にとってこのことが意味するのは、そうした芸術研究が論理学や数学のような形式科学ではありえず、歴史学や人類学のような社会科学でなければならないということである。ハーモニーや韻律は、作詩法や統語論と同様、けっしてそれなしですますことのできないものである。しかし芸術作品の構造を白日のもとにさらすこととその影響力を説明することとは同じではない。ネルソン・グッドマンが「美的経験の孤立性という厄介でばかげた神話」と呼んだもの、つまり芸術の技巧が芸術の意味を生じさせるという観念は、記号の科学も他のいかなる科学も産み出すことができない。それによって生れるのは言葉による分析という空虚な名人芸だけである。(29)

もしわれわれが芸術の(あるいはその点について言えば、原理的に自己充足することのないあらゆる記号体系の)記号論を持つことになるならば、われわれは記号と象徴に関する一種の自然史、意味の伝達媒体の民族誌といったものに携わらなければならないだろう。そのような記号や象徴、そのような意味の伝達媒体は、ある社会の、あるいは社会のある部分の生活のなかにおいて何らかの役割を果たしており、その役割こそそれらに生命を与えるものである。ここでもまた意味とは使用である。あるいはもっと注意深く言えば、意味は使用から生じるものであって、それについて何か一般的なことを見出すことができるようになるのは、そうした使用を灌漑技術や婚姻の慣習に関してわれわれがいつも行っているやり方で徹底的に追求して行くことによってである。これは帰納主義への弁明ではない――われわれはもちろん事例の一覧表を必要としているわけではないのだ。そうではなくて、パースのであれ、ソシュールのであれ、レヴィ＝ストロースのであれ、グッドマンのであれ、記号理論のもつ分析力を抽象的な記号研究から引き離し、その本来の居住地――人々がそこで見、名づけ、聞き、作り出す共通世界――での探究に向かわせることへの弁明である。

それはまた形式を無視することへの弁明でもない。そうではなくて、形式の根源を何か当世風の機能心理学のようなもののなかにではなく、私が第二章で「想像力の社会史」と呼んだもの——すなわち、個人や集団が彼らに起こってくる数多くのことがらを幾分かでも解明しようとするときに行う象徴システムの構築や解体——のなかに求めようとすることへの弁明である。ジャック・マケが伝えるところによると、バミレク族の首長がその地位についたとき、彼は自分の像を彫らせた。「彼の死後その像は尊敬されたが、彼の思い出が人々の心の中で薄れていくとともに像もゆっくりと風化していった。[30]」ここでは形式は一体どこにあるか。像の形にか。それともその経歴の形にか。もちろん、それは両方にある。しかし、その運命、つまりその量の配分やその表面のつやと同様意図された運命を考慮に入れずしてはいかなる像の分析もその意味を理解し、その力をとらえることはないであろう。

結局われわれはたんに像(あるいは絵画や詩など)だけではなくて、これをその製作者や所有者に何か重要なものに見えさせる——つまり、重要性を感じさせる——要因をも扱うのであって、これらの要因は人生そのものと同じくらい多種多様である。もしあらゆる場所のあらゆる芸術(バリでは貨幣で像を作り、オーストラリアでは土で絵を描く)の間に、それらを西洋で作られたただ一つのラベルのもとに一括してしまうことを正当化する共通点らしきものが見出されるとしても、それはそれらが何か普遍的な美的感覚のようなものに訴えるということではない。そのようなものは存在するともしないとも言えないが、もし存在するとしても、私の経験ではその芸術が何について語っているのかという知識やそれがどのような文化に由来するのかという理解が欠如しているかぎり、それが人々に異国の芸術に対して自民族中心的な感傷以上のもので反応させることができるとは思えない(「未開」のモチーフの西洋的な使用はそれ自体の疑いのない価値は別として、このことを強調してきたにすぎない。確信をもって言うが、大多数の人々はアフリカの彫刻を荒野のピカソとして眺め、ジャワの音楽を騒々しいドビュッシーとして聞いている)。もし共通点があるとすれば、それはどこにおいてもある種の活動は、観念は目に見え、耳に聞こえ、そして——ここで一つ言葉を作らなければならないが——手で触ることができる、つまり観念は、感覚が、また感覚を通じて情緒が反射的にそれに語りかけることのできる形式にはめ込むことができるのだということを示すために、とくに考案されたもののようにみえるという事実がそうである。芸術的表現の多様性は人間が物事のありようについて抱く概念の多様性から生じているのであり、そして両者は実際のところ同じものなのである。

芸術研究において有効であるためには、記号学は記号を意思疎通の手段、解読されるべき暗号として考察することを超えて、記号を思考の様式、解釈されるべき語法として考察することに向かわなければならない。われわれが必要としているのは新しい暗号学ではない。まして、ある暗号をよりわかりにくい暗号に置き換えることで成り立っているような場合は言わずもがなである。われわれが必要としているのは新しい診断法、つまりそれを取り巻く生活にとっての物事の意味を決定することのできる科学なのである。それはもちろん症状ではなくて意味作用についての訓練を必要とするであろうし、徴候ではなくて観念を扱うことになろう。しかし、線を刻まれた彫像、着色されたサゴヤシ、フレスコ画の描かれた壁、朗唱された詩を、ジャングルの開拓地、トーテム儀礼、商業的推断、路上での口論に結びつけることによって、記号学はおそらくついにそれらの魔力の源泉をその背景の意味体系のなかに位置づけはじめることができるのである。

原註

(1) R. Goldwater and M. Treves, *Artists on Art* (New York, 1945), p. 421 からの引用。

(2) Ibid., pp.292-93 からの引用。

(3) N. D. Munn, *Walbiri Iconography* (Ithaca, N. Y., 1973)を見よ。

(4) Goldwater and M. Treves, *Artists on Art*, p. 410 からの引用。

(5) P. Bohanan, "Artist and Critic in an African Society, " in *Anthropology and Art*, ed. C. M. Otten (New York, 1971), p. 178.

(6) R. F. Thompson, "Yoruba Artisrtic Criticism," in *The Traditional Artist in African Societies*, ed. W. L. d'Azaredo (Bloomington, Ind., 1973), pp. 19-61.

(7) Ibid., pp. 35-36.

(8) R. Goldwater, "Arts and Anthropology : Some Comparisons of Methodology," in *Primitive Art and Society*, ed. A. Forge (London, 1973), p. 10.

(9) A. Forge, "Style and Meaning in Sepik Art," in *Primitive Art and Society*, ed. Forge, pp. 169-92. また次ぎの論文も参照せよ。 A. Forge, "The Abelam Artist," in *Social Organization*, ed. M. Freedman (Chicago, 1967), pp. 65-84.

(10) A. Forge, "Learning to See in New Guinea," in *Socializatin, the Approach from Social Anthropology*, ed. P. Mayer (London, 1970), pp. 184-86.

(11) M. Baxandall, *Painting and Experience in Fifteenth Century Italy* (London, 1972).

(12) Ibid., p. 38.

(13) Ibid., p. 34.

(14) Ibid., p. 40.

(15) Ibid., p. 41より引用。
(16) Ibid., p. 48.
(17) Ibid.
(18) Ibid., p. 57より引用。
(19) Ibid., p. 80.
(20) Ibid., p. 76.
(21) Ibid., p. 86.
(22) Ibid.
(23) Ibid., pp. 87-89, 101.
(24) M. Baxandall, *Giotto and the Orators* (Oxford, 1971).
(25) Baxandall, *Painting and Experience*, p. 12.
(26) M. G. S. Hodgson, *The Venture of Islam*, vol. 1 (Chicago, 1974), p. 367.
(27) Ibid., vol. 2, p. 438.
(28) これらの詩の大部分を収集し、利用を許可してくれたヒルドレッド・ギアーツに感謝する。
(29) N. Goodman, *Languages of Art* (Indianapolis, 1968), p. 260.
(30) J. Maquet, "Introduction to Aesthetic Anthropology," in *A Macaleb Module in Anthropology* (Reading, Mass., 1971), p. 14.

第六章　中心、王、カリスマ——権力を象徴するものについての考察

序

ウェーバー社会学の基本概念の多く——たとえば理解、正統性、世俗内的禁欲主義、合理化など——の例にもれず、カリスマという概念はそれによって何が言及されているのかが不明確だという感を拭いえない。文化的現象を指しているのか、それとも心理的現象を指しているのか。カリスマとはある個人を存在の源泉と特権的な関係にあるものとして特徴づける「ある性質」であり、同時に「ある人格」の持つ、情熱をかきたて精神を支配する催眠的な力であるわけで、カリスマとはその地位のことなのか、それともカリスマがもたらすその興奮のことなのか、あるいはその二つのどちらとも言えない混淆なのか明確でないのだ。文化の社会学と社会の心理学を同じ一つの語り口で書こうとする企ては、ウェーバーの仕事にオーケストラの複雑さとハーモニーの深さを与えるものである。しかし、それはまたとくにポリフォニーを聞く耳を持たない人々にとっては、慢性の病いのような難解さの原因でもある。

ウェーバーその人——彼自身のカテゴリーの典型的実例のような存在——においては、複雑さは巧みに制御され、難解さは敵対する諸観念を結合させる並外れた力によって帳消しにされていた。しかしながら、近年のあまり英雄的でない時代には、彼の思想をそのいくつかの次元の一つに——もっとも一般的には心理学の次元に——還元することによってその重さが軽減されようとしてきた。このことは何にもましてカリスマに関して言えることである。(1) ジョン・リンゼイからミック・ジャガーにいたる人々はみな主としてその華麗な個性にある人数の人々の興味をうまく引きつけ得たためにカリスマ的と呼ばれてきた。そして「新しい合衆国」においてカリスマ的リーダーシップが真に続出していることに対する主な解釈は、それが社会の混乱によって助長された精神病理学の産物であるというものであった。(2)フィリップ・リーフによっていみじくも述べられたように、その時代に一般的であった心理学主義においては、個人的権威の研究は自己演出と集団神経症の研究へと狭められた。つまり神聖な側面は視界から消えるのである。(3)

しかしながら、若干の学者、なかでもとくにエドワード・シルズはウェーバーのカリスマ概念には多次元にわたるテーマがあること、そのほとんどのものが議論が展開されているというよりもたんに陳述されているにすぎず、その概念の力を保持できるかどうかは、それらのテーマを発展させ、それによってそれらの間の相互作用の正確な力学を明らかにすることにかかっているという事実に正面から取り組んだ。そうすることによって、彼は難解ながらも豊かな内容を持つものを新フロイト派のきまり文句に貶めてしまうことを避けようとした。一度にあまりにも多くのことを言おうとすることから生じる不明瞭さと、神秘化を退けることによって生じる陳腐さとの中間に、ある人々が他の人々のなかに超越性を見るのは一体何ゆえなのかまた彼らが見るのは何であるのかを明確にする可能性が残されている。

シルズの場合、カリスマの失われた諸次元は、諸個人が持っている象徴的価値と社会秩序の能動的中心への彼らの関与との関連を強調することによって回復された。(4)「幾何学とはまったく無関係で、地理ともほとんど関係しない」このような中心とは重大な行為の本質的に集中する場所である。そうした中心は社会のなかの一つあるいはいくつかの点であり、そこでは社会の支配的な思想と支配的な制度が相まってその構成員の生活にきわめて重大な影響を与える出来事が生起する舞台を作り出す。カリスマ性を賦与するのは、そのような舞台やそこで起こる重要な出来事への、たとえそれが対立的なものであろうと、関与である。それは大衆へのアピールや創造的熱狂の記号ではなくて、物事の中心の近くにいるということの記号なのである。

そうした発光する中心という問題の捉え方には数多くの含意がある。カリスマ的人物は、重要とみなされるにふさわしく特定化された生活領域のどこにおいても、すなわち宗教や政治のみならず科学や芸術においても容易に出現しうる。あらゆるカリスマは途方もない姿でつかの間に現われるばかりではなく、社会生活の燃えやすくはあるとしても——公然たる炎となって噴出することもある——永続的な側面でもある。カリスマ的情緒が一つでないのは、道徳的、美的、科学的情緒が一つでないのと同様である。情熱、しばしば倒錯的な情熱が関与しているのは否定できないが、その性質は場合によってまったく異なりもしよう。これらの点は社会的権威に関する一般理論にとっては重要であるが、ここでの私の関心はそれを追求することにはない。私の関心はシルズの研究が新しい光のなかで出現させた別の問題、つまり至高権力というものが持つ本来的な聖性という問題を解明することである。

支配者と神はある属性を共有するという事実そのものは、もちろんかなり以前から認められている。「王の意志はきわめて神的である。王の意志のなかには一種の広大な普遍性がある」と一七世紀のある政治的聖職者は書いたが、そう言ったのは彼が最初ではなかった。またそれについての研究も行われなかったわけではない。エルンスト・カントロヴィッツの素晴らしい著作、『王の二つの身体』——彼の言う「中世の政治神学」についてのあの堂々とした議論——は、西洋における王のカリスマの栄枯盛衰を六カ国、二〇〇年以上にわたって跡づけたものである。また近年、今日少々曖昧に権力の象徴的側面と呼ばれているものを意識した書物のちょっとしたブームがあった。(5) しかしこの本質的に歴史学的、民族誌的な著作と現代社会学の分析的関心との接触はせいぜいのところ弱いものでしかなく、この状況は美術史研究家のパノフスキーがかつて異った文脈において述べたことなのだが、同じ地域での狩猟権を共有している隣人二人の一方が銃を、他方が弾薬を持っているようなものだとたとえたものと同じである。

シルズの再定式化はまだまったくの途上にあり、時としてあまりにも明白すぎる次元に向けられているが、王(あるいは大統領や将軍や封建諸侯や政党の幹部)の意志の広大な普遍性をわれわれが神々のそれを求めるのと同じ場所、すなわちそれが発揮される儀礼やイメージのなかに求めることを奨励するわけだから、こうした無益な他人行儀を克服するために大きな価値を持つはずである。より正確に言えば、もしカリスマが社会の活性化の中心への関与の記号であるならば、そしてそうした中心が文化的現象であり、それゆえに歴史的に構築されるものであるとすれば、権力が象徴するものの探究と権力の性質の探究は非常によく似た試みである。支配の装飾物とその実体との区別はそれほど鮮明でも現実的でもなくなってくる。重要なのは、質量とエネルギーの関係にちょっと似ているのだが、それらが互いに姿を変え合う仕方なのである。

複雑な組織を持つすべての社会(ここでの焦点を今のところそれに絞ることにすれば)の政治的中心に

は、支配者エリートと彼らが真の支配者であるという事実を表現する一組の象徴的形式とが存在する。エリートたちは、どのように民主的に選ばれようとも(たいていはそれほど民主的とは言えない)、どのように深く分裂していようとも(たいていは外部の者が想像する以上に分裂している)、彼らが継承した——あるいはより革命的な状況ではでっち上げられた——一群の物語や儀式や記章や形式や付属品によって彼らの存在を正当化し、彼らの行為を秩序づける。中心を中心として特徴づけ、そこで起こっていることがらに、それがたんに重要であるばかりかいささか奇妙な仕方で世界の成り立ちと関係しているという雰囲気を賦与するのは、これらのもの——王冠と戴冠式、リムジンと会議など——である。高官による政治のいかめしさと高位聖職者による礼拝式の厳粛さは見かけ以上に似通った衝動から発しているのだ。

このことは、もちろん、権力に人間の形態を与えようとする人間の持って生れた性向が巧みに隠蔽される政治体制よりも伝統的君主制において容易に現れる(後で論じるように、これはもはや真実ではないのだが)。国王という人物への強い集中と彼をめぐる儀礼、場合によっては宗教全体を公然と構築することによって支配のもつ象徴的性格はホッブズ主義者や功利主義者にとってさえ無視できないほど明白なものになる。宮廷儀礼の精巧な神秘が隠していると思われているまさにそのこと——至上の権威は持って生まれたものではなく、作られたものだということ——がそれによって明示されるというわけである。「馬車から一〇〇ヤード離れれば、公爵夫人もただの女」であり、首長がラジャ(王)に変身するのも支配の美学によってなのである。

このことは、王がその領土を象徴的に獲得する儀礼において何よりもはっきりと現われる。とくに、王の行幸(それが行われるところでは、戴冠式はその最初のものにすぎない)は社会の中心となる場所を示し、領地に儀礼的な支配のしるしをつけることによってその地が超越的なことがらにかかわっていることを確認するのである。王が姿を見せ、祝祭に出席し、褒美を与え、贈り物を交換し、競争者に戦いを挑みながら地方を巡り歩くとき、彼は自分のなわばりに匂いをふりまくオオカミかトラのように、ほとんど自らの肉体の一部であるかのようにその土地にしるしづけを行うのである。このことは、われわれが見るように、一六世紀イギリスのプロテスタンティズム、一四世紀ジャワのヒンドゥー、一九世紀モロッコのイスラムといった多様な表現や信仰の枠組のなかで行なわれるであろう。しかし、どのような形で行なわれようと、それは行なわれるのであり、王という職はたんに神性で囲われているというよりはるかに複雑なものとして描かれるようになる。

エリザベスのイングランド——美徳とアレゴリー

一五五九年一月一四日、戴冠式の前日、エリザベス・チューダー——彼女の誕生が父親の王位継承への希望を挫き、そのため間接的にではあるが母親の早世をまねいた娘、正統の子とは認められなかったが王位継承権は異母キョウダイたちのそれに劣らず正当なものであった王女、メアリーの時代不満の焦点であった人物、そして大英帝国とスペインの密使による絶え間ない排除の画策を生き延びた者——は、壮大な行列を組んで(千頭の馬を連ね、宝石と金の布に顎まで埋もれ天蓋のない輿《こし》に乗って)大ロンドン市の由緒ある区域一帯を巡幸した。彼女の移動にしたがって彼女の前には教訓的内容を持った巨大なページェントが次から次へと繰り広げられ、五年前にスペイン王フィリップのためにこれと同じことをし、あるいはしようとし、今ふたたび活力を取り戻した首都の道徳的風景のなかに彼女は取り込まれたのである。(6)

ロンドン塔(そこで彼女は賢明にも自分の時代の到来を神がダニエルをライオンから解放した日にたとえた)を出発して、フェン・チャーチ通りに進むと、そこでは一人の小さな子供が町を代表して彼女に二つの贈り物——彼女を讃えるための祝福の言葉と彼女に仕えるための真実の心——を差し出した。グレース・チャーチ通りでは「ランカスター家とヨーク家の統合」と題する活人画に出あう。それは通りをまたいだアーチの形をし、紅白のバラでおおわれ、三段に分かれていた。一番下の段にはヘンリー七世を表わす赤いバラに包まれた子供とその妻エリザベスを表わす白いバラに包まれた子供が互いに手をとりあって座っていた。中段にはヘンリー八世と[その妻]アン・ブリンを表わす二人の子供がおり、ランカスター家側からのび出した赤いバラとヨーク家側からのびた白バラがその頭上をおおっていた。そして最上段の高いところ、赤いバラと白いバラの入り混じったところには栄誉ある(そして正統な)後継者であるエリザベスその人を表わす子供が座っていた。コーンヒルには新しい女王を表わす子供を乗せたもう一つのアーチがあったが、この子は四つの美徳——清らかな信仰、臣下愛、知恵、正義——を表わす扮装をした四人の市民に支えられた玉座に座っていた。この四人の市民はまたそれぞれ自分に対立する悪徳——迷信と無知、謀反と横柄、愚行と虚栄、へつらいと賄賂(やはり扮装した市民によって演じられていた）——を荒々しく足の下に踏みつけていた。そしてこの図像表現が遠回しになりすぎないように、その子は自分が扮している当の君主に向って忠告の詩を、その文句の一つ一つをはっきりと発音しながら、読み上げた。

「真の信仰」が「無知」を凌駕し
その重き足にて「迷信」の脳天を打ち砕くかぎり
「臣下愛」が「謀反」を痛めつけ
君主への熱愛で「横柄」を踏みつけるかぎり

「正義」が「へつらい」や「賄賂」をはずかしめ
「愚行」と「虚栄」が「知恵」にその手を委ねるかぎり
治世は長くその正しい行路からそれず
悪はさらに廃れ、善が栄えよう(7)

こうした教訓を受けて、女王はソーパーズ・レーンへと進んで行くが、そこには八人以上の子供が三列に並んで待機していた。この子供たちは頭上に掲げられた札が告げるように聖マタイの八福を表わし、そこで読み上げられる詩によれば、それは女王が玉座にいたる過程で苦痛や危険を克服したことによってその人格のなかに刻みまれたものである(「名高き女王よ、悩みがあなたを取り囲んだ時、あなたはその心の従順さによって八重の恵みを受けた」)[8]。そこからチープサイドに移動し、そこで彼女自身にいたる歴代のすべての王と女王の王旗に描き込まれた肖像に対面する。アパー・エンドで市の高官から金貨二〇〇〇マルクを受け、感謝の言葉を返した。「信じるがよい。あなたがたすべての安全と平和のためには、必要とあらばこの血を注ぐこともいとわないであろう。」[9]そしてリトル・コンドゥイにおいてすべてのうちでもっとも奇妙なイメージにたどりつく。それは二つの人工の山で、一つは「腐敗した国家」を表わすごつごつして不毛な岩山、もう一つは「繁栄する国家」を表わす美しくみずみずしい緑の山である。やせた岩山の上には枯れ木が立っていて、その根元にはボロをまとった男がわびしく倒れている。緑の山には花をつけた木があり、そのそばには身なりの良い男が幸せそうに立っている。それぞれの木の枝にはそれぞれの政治的状態の道徳的原因を列挙した小さな札がぶらさがっている。一方には神への恐れの欠如、君主へのへつらい、統治者たちの無慈悲、臣民の忘恩があり、他方には賢明な君主、博識な統治者たち、従順な臣民、神への恐れがある。谷間には小さな洞穴があり、そこから「時」の老人を表わす大鎌をたずさえた男が娘の「真実」にともなわれて現われ、女王に一冊の英語の聖書を献呈する(「おお尊い女王よ……言葉は飛び去る、しかし文字は残る」)[10]。エリザベスはそれを取り、口づけし、そして頭上高く掲げた後、大げさに胸に押しつける。

セント・ポール寺院の中庭での一人の生徒によるラテン語の式辞の後、女王はフリート街に赴き、そこで二人の貴族、二人の僧侶、二人の一般民衆を表わす六人の人物に取り囲まれて王者のようにしゅろの木蔭に守られた櫓の上に座っている「イスラエルの家の裁き手であり復興者である」デボラを人々の間に見出した。彼らの前の小さな板に刻まれた説明文には「イスラエルの良き支配のために各身分と協議するデボラ」と書かれていた。企画者の説明によれば、このすべては「女だからという理由で」恐れることがないように女王を励ますためのものであった。というのは「デボラが行ったように、女たちは全能の神の心と力によって立派に賢く治め、また偉大な時代を築いてきたのだから。」(11)セント・ダンスタン教会ではクライスト救貧院の子供がまた式辞を述べた。最後にテンプル・バーでは二人の巨人――アルビオン人ゴグマゴッグとブリトン人コリネウス――が、ページェントの出しもののすべてを要約した詩の書かれた小さな板をかかえていた。そして行幸は終った。

この行列の他にも、彼女は一五六五年にはコヴェントリー、一五六六年にはオクスフォードに行き、一五七二年にはすべての貴族の館で催される「仮面劇と野外劇」を観覧するために立ち寄りながら諸州巡幸の長い旅をする。彼女はまたその年ウォリック入りし、翌年サンドウィッチで金メッキの竜とライオン、金の杯、ギリシャ語の聖書の出迎えを受ける。一五七四年はブリストルの番である(そこでは「軟弱な政策」という名の小さな砦が「完全な美」という名の大きな砦にのっとられるという内容の模擬戦が行われた)。一五七五年、彼女はコヴェントリーに近いケニルワース伯爵の居城を訪れるが、そこでは人魚に乗ったトリトン、イルカに乗ったアリオン、「湖の貴婦人」、恋人たちを木に変えるザビータと呼ばれる妖精に出会い、その後ウースター入りする。一五七八年のノリッジでは、キューピッド(恋愛の神)を追い払う「貞淑」と「哲学」に伴われた紅白のバラとデボラが再登場している。そして

「重臣たちの悲嘆のもととなったこの果てしない巡幸はなおも続いてゆく」――一五九一年にはサセックスとハンプシャー、一五九二年にはサドレー、そして再びオクスフォードへ、と。[12] 一六〇二年、つまり彼女の死の前年、ヘアフィールド・プレイスに最後の巡幸が行われた。チープサイドではじめて登場したように「時」の老人が現われるが、その翼は切り取られ砂時計は止っている。[13] 女王の巡幸は、ストロングがエリザベス――「巡幸をもっとも見事にもっとも成功裡に解説した人物」――に関して述べているように、「処女王崇拝を組織的に促進した手段であった。[14]」中心が彼女のために(当然かなり意図的に)作り上げた美徳、信仰、権威といった大衆の好む象徴から成るカリスマを、それに反対するあの実用主義的な重臣たちよりも確かな経国の才能をもって彼女は国の果てまで伝えたのである。そうして、ロンドンをブリテン島の統治上の首都であると同時にその政治的想像力の首都にしたのである。

その想像力は寓意的であり、プロテスタント的であり、教訓的であり、絵画的であった。それは図像化された道徳的抽象概念を糧とした。エリザベスは女王であると同時に「貞節」であり、「叡智」であり、「平和」であり、「完璧な美」であり、「純粋な信仰」でもあった(ハートフォードのある領地では、彼女は「海上での安全」でさえあった)。そして女王であるゆえにこれらのものであったのである。彼女の公的な生活全体――より正確には、民衆の目に映った彼女の生活の一部分――は、一種の哲学的仮面劇に変えられたのである。そしてそこではあらゆるものが何か広大な観念を表わし、あらゆるできごとがたとえ話であった。彼女との結婚におそらくもっとも近い位置にいた男性、アンジュー伯との出会いまでも一つの道徳劇に変えられた。アンジュー伯は岩に腰かけてエリザベスの前に現われ、その岩を

「愛」と「運命」が金の鎖で彼女のほうに引き寄せた。[15] これをロマンティシズムと呼ぶのかネオプラトニズムと呼ぶのかはさして重要ではない。重要なのは、エリザベスは信念が目に見え彼女自身がもっとも際立った信念であった王国を統治したということである。

中心の中心であるエリザベスは、自らが道徳的観念に変えられることを甘受したばかりでなく、積極的にそれに手を貸した。彼女のカリスマ性はここ——神の代理ではなく、神の定めた美徳、とくにプロテスタント的な美徳の代理を務めようとする彼女の意思——に端を発するのである。彼女に魔力を貸したのはアレゴリーであり、それを保持したのは反復されたアレゴリーである。「『真実』が彼らの新しい君主と和合している姿を目で見ることは、見物者にとってどんなに印象的でどんなに意味深いものだっただろう」とバージェロンは「時」の娘による英訳聖書の贈呈の場面で書いている。「『真実』は、善(花の咲いた山、未来、エリザベス)と悪(不毛な山、過去、いつわりの信仰、いつわりの女王)との間の選択を行なったのである。このようにして救済が行われたのである。[16]」

ハヤム・ウルクのジャワ——光輝とヒエラルキー

しかしながら、君主の人格をその王国と結びつける方法は絵画化された説教のなかに封じ込める以外にもある。道徳的想像力が異なるように政治的想像力も異なるのであって、すべての行幸が巡礼的であるわけではない。古典時代のインドネシアのインド的文化においては、世界はそれほど改善されるべき場所ではなく、行幸の趣旨は敬虔で教育的なものではなく、序列的で神秘的なものであった。[17] 神々、王、領主、平民は、「世界の支配者の支配者……霊的なもののなかの最高の霊……想像不可能なもののうちでももっとも想像不可能なもの」であるシヴァ＝ブッダから、その光にかろうじて目を向けることが出来るにすぎない一般農民にいたるまでの宗教上の身分からなる一続きの鎖を形成し、より上のレベルはより大きな、より下のレベルはより小さなリアリティを持っていた。[18] もしエリザベスのイングランドが観念化された情熱の渦巻であるとすれば、ハヤム・ウルクのジャワは神霊化された自尊心の連続体であった。一四世紀の僧侶の教本にはこう書かれている。「農民は首長を尊び、首長は領主を尊び、領主は大臣を尊び、大臣は王を尊び、王は神々を尊び、神々は聖なる力を尊び、聖なる力は最高無を尊ぶ。」[19]

しかし、この人民軽視的な状況においてさえ、行幸が重要な制度であったことはインド的ジャワの最大の政治教本である一四世紀の物語詩『ヌガラクルタガマ』に見られるとおりである。[20] それは行幸について述べているのみならず、実際その一部でもある。インドネシアの国家運営の基本原理――王宮は宇宙のコピーであり、王国は王宮のコピーであって、神々と人間との間の境界で宙吊りになっている王は二つの方向を媒介する存在であるという原理――は、ほとんど幾何学的な配置を持っている。中心かつ頂点に王、王の周囲と足下には宮殿、宮殿の周囲には「信頼のおける、従順な」首都、首都の周囲には「無力で、頭を垂れ、身を屈めた、卑屈な」王国、王国の周囲には「服従を示す準備をしている」王国の外の世界――これらはみな方位に従って配置されていて、単なる社会の構造でなく、宇宙全体の構造を表わした政治的マンダラともいえる同心円の形状をとっている。

マジャパイトの王都は太陽であり月であり、
並ぶものもない。
木々に囲まれた数々の領地は
太陽であり月であるものの光輪
王国の他の数々の町……は恒星や
惑星
そして群島の数々の島は
衛星王国、王の「御前」に
引き寄せられる属州なのだ。(21)

この詩が讃えるのはこのような構造、宇宙の深遠な幾何学であり、このなかに行幸を半ば儀礼半ば政策として組み入れるのである。

詩は王の賛美で始まる。王は物質(肉体)的形態のシヴァ神——その誕生のとき、火山が噴火し、大地が揺れたあの「日を作る者と並ぶ者」——であり、同時に世界に存在するすべての闇を征服した勝利の大君主でもある(「敵は滅された……善き者は報いられ……悪しき者は改められた」(22))。次に宮殿が描写される。北には接見の場所、東には礼拝所、南には家族の部屋、西には使用人の区画、そして中心である「奥の奥」には王の私的な館がある。そして宮殿を取り囲む周囲の建物群の描写。それらは東がシヴァ教の祭司たち、南が仏教の祭司たち、西が王の親族たち、北が一般臣民の区画と分かれている。それからその建物群を中心にした首都全体の描写が続く。北におもだった大臣たち、東に小王、南にシヴァ教と仏教の祭司たち、西には実際に述べられているわけではないがおそらく上層民の居住区がある。[23]次に首都を中心とした王国の各地区、北はマラヤとボルネオ、東はティモール、南西はニューギニアにいたる九八地区の描写があり、最後に外周のシャム、カンボジア、チャンパ、アンナン――「輝かしい君主によって庇護された他の国々」[24]――が描かれる。実に、既知の世界の全体(後の部分で中国とインドの一部も挙げられている)がジャワのほうに顔を向け、ジャワの全土はマジャパイトに向かい、マジャパイトのすべてはハヤム・ウルク――「地球という円の上に輝く太陽であり月である者」[25]――に向っているかのように描かれている。

冷厳な事実からすると、ジャワの東部以外はほとんどそのような方向に向いていなかったし、ジャワ東部のおおかたの態度も無力とか卑屈と描写されるべきものではなかった。[26]行幸が行われたのはこのジャワの東部地域であり、そこにおいては王国はどんなにぜい弱なものであったとしても少なくとも詩的着想以上のものとして存在した。行幸は、西は一三五三年現在のスラカルタの近くのパジャン、北は一三五四年ジャワ海沿岸のラセム、南は一三五七年ロダヤとインド洋、東は一三五九年バリ近くのルマジャンに及んだ。[27]

しかしながら詳細な記述が与えられているのは、たぶんこのうち最大のものであった最後の行幸だけであり、四〇〇行以上がそれに費やされている。王は乾期のはじめに首都を出発し、約二カ月半の期間で一万から一万五〇〇〇平方マイルにわたる地域に点在する二一〇箇所にのぼる土地を訪れ、西からのモンスーンが雨をもたらす直前に戻った。およそ四〇〇台の堅い車輪をつけた牛車が並び、何よりも印象を高めるために、象、馬、ロバ、そして(インドから輸入された)ラクダまでが列に加えられた。数多くの人間が徒歩でついて行った。荷物を持つ者、王権を象徴する品をみせびらかす者、多分歌い踊りながら従う者たちもいたであろう。一行は農民たちが驚嘆して居並ぶ狭い道にわだちの跡をつけながら、時速一～二マイルの速度で古代の交通渋滞か何かのようにうねうねと進んだ。行列の中核となる部分はその中ほどに位置したようだが、最高位の大臣、かの有名なガジャ・マダの車によって先導された。彼の後には王国の四人のおもだった皇女——王の姉妹、母の姉妹の娘、母の姉妹、それに王の母——がそれぞれの配偶者とともに続いた。そしてその後に、かつぎ籠に乗り、何十人もの妻や護衛や下僕たちに取り囲まれた王が「金や宝石で飾り立てられ、きらめきながら」やって来た。皇女はそれぞれ四方位の一つを表し(車には伝統的象徴が記され、皇女たちには首都からそれぞれにふさわしい方位にある国の四半分と結びついた称号が与えられていた)、王はそれらのすべてが集まる中心を表したので、行進の順序そのものが宇宙の構造——宮廷の組織に反映された形での——を国のすみずみに伝えるものであった。(28) 天上の秩序を地上の混乱にもたらそうとするこの企てを完全なものにするためには、地方がこの模範に感銘を受けて、今度は自らを同じデザインに形づくりさえすればよかったのである。

この鳴り物入りの一行の立ち寄り先——森の隠棲所、神聖な池、山の聖所、僧侶の居住地、祖先の霊場、格式ある寺院、海辺(そこで王は「海に手を振りながら」海中の悪霊を慰撫するために何篇かの詩を作った)――は、形而上的な街頭ショーのイメージを強めるばかりである。[29] ハヤム・ウルクは行く先々で贅沢な品々――織物、香料、動物、花、太鼓、火起し器、そして処女――を雨のように浴びせられた。最後のもの以外はそれらの品の大部分を、たんに持ちきれなかったからであったとしても、彼は再分配した。いたるところで式典(仏教徒の地域では仏教式の、シヴァ教の地域ではシヴァ教式の、多くの場所では両方の式典)が催され、貢ぎ物があふれ返った。隠者、学者、僧侶、寺院長、シャーマン、賢者たちが聖なる活力に触れようと彼の「御前」に立った。そして文字通りすべての町で、時にはただの野営地で、その土地の権力者、商人、指導者たちのために、これも大いに儀式ばった、公聴会が開かれた。彼が行くことのできない場所、たとえば、バリ、マドゥラ、ブランバンガンからは、その首長たちが服従を形にあらわすため、「たがいに相手に勝とうとして」贈り物をたずさえ、はるばる目通りを求めてきた。この全体は上から下に及ぶ威光と直面させることによって社会的世界を秩序づけることを目指した巨大な儀礼であり、王はあまりにも正確に神を模したので、下にいる人々にとって彼は神と映ったのである。

要するに、キリスト教的道徳主義のかわりにインド的唯美主義がある。一六世紀のイングランドにおいては、社会の政治的中心とは権力がかきたてた情熱と権力が仕えているとされる理想との間の緊張が最高限度まで高められたその点であった。その結果として、行幸のシンボリズムは教訓的、契約的で、臣民が警告し、女王が約束するものであった。一四世紀のジャワにおいては、中心はそのような緊張が宇宙的調和状態という炎の中に消滅してしまう点であった。その結果、そのシンボリズムは模範的、模倣的で、王が範示し、臣民が模写した。エリザベス朝の行幸と同様、マジャパイトの行幸も政治思想の支配的テーマ――宮廷は世界が模倣すべき世界を映し出す鏡である、社会はこの事実を自らの内に取り込む度合に応じて繁栄する、そして宮廷が鏡であることを保証するのがその支配者である王の任務である、等々――を示すものであった。ここでは魔力を発揮しているのはアレゴリーではなくてアナロジーである。


ジャワの全土は王の領土の首都のようでなければならぬ。

幾千という農民の小屋は宮殿を取り巻く宮廷人の館のようでなければならぬ。

他の島々は耕された土地のように幸福で静かでなければならぬ。

森や山は、公園のように、すべて王にその上を踏まれ、王の心のなかで安らいでいなければならぬ。(30)

ハッサンのモロッコ――移動とエネルギー

権力が利益に奉仕する力以上のものであると知覚されるためには、美徳の衣を着せられたりコスモロジーでくるまれたりする必要があるわけではもちろんない。その神霊性は直接的に象徴されることさえある。ウォルター・ハリスが「ありし日のモロッコ」と呼んだ伝統的モロッコにおいては、個人の力、物事を思い通りの形で生じさせる、つまり支配する能力それ自体がもっとも確かな恩寵のしるしであった。(31) 意志が意志を支配し、そしてアッラーの意志がすべての意志を支配する世界においては、力は超越的な意味で満たされるためにそれ自体とは別のものとして表現される必要がなかったのである。王は神のように欲し、要求し、判断し、命じ、危害を加え、報いた。「それが彼の仕事なのだ。」すなわち支配はいかなる弁解も必要としなかった。

もちろん能力は大いに必要であったのだが、自分の周囲に大なり小なり個人的支援の地場を築きたいと願っている文字どおり何百人もの政治的野心家たちから成る巨大で変動の激しい戦場では、そうした能力はそれほど容易に手に入るものではなかった。モロッコはその君主を神聖化するための中世ヒンドゥー教の位階序列主義も宗教改革期のキリスト教の救世思想も持ち合せていなかった。ただ神の力に対する鋭い感受性と神の力は力のある人間(そのうちもっとも思慮深い者が王である)の偉業というかたちでこの世に現れるのだ、という信念があるのみであった。政治生活はどこにおいても人と人との衝突であり、もっとも集権的な国においてさえ弱小人物たちの中央への反抗が見られるのである。しかし、モロッコにおいてはそうした抗争は物事の秩序と対立したり、体制を崩壊させたり、美徳を転覆させるようなものではなくて、政治生活のもっとも純粋な表現とみなされた。社会は闘争的――意志と意志の一騎打ち――であり、それゆえ王権とそれを称揚するシンボリズムも闘争的であった。ここでは行幸は略奪と容易に区別がつかなかった。

政治的にみると、一八世紀および一九世紀のモロッコは大西洋側の平地部を中心とする戦士による専制国と、その直接の影響下にある肥沃な地域に定住する少なくとも時々は従順な「諸部族」、そして山間部やステップ地帯や国土の周縁部のオアシス一帯に散在するほんの時たましか従順でない諸部族から成っていた。(32) 宗教的には、シャリフの家系(つまりムハンマドの系を引くと主張するもの)、幾人かのコーラン学者、法律家、教師、法典学者(*ulema*)たち、それに奇跡を起す力を備えた現存および過去の聖人、かの有名なマラブート(イスラム道士)の一群が存在した。(33) 理論、つまりイスラム理論の上からは、政治的な領土と宗教的な領土は一つで、王は両者のカリフであり長であり、国は神権国家であった。しかし、カリスマ的冒険者たちがたえずいたるところから出現するという状況の下にあっては、その理論は王を含めたいかなる人間にとっても失われた理想以上のものであるとは思えなかった。もしモロッコ社会になんらかの主な指導原理があるとすれば、土地であろうと、水であろうと、女であろうと、商売仲間であろうと、個人の権威であろうと、人は本当のところ自分が守れるものしか持てないという原理であろう。王は自分の持つ魔力――それがいかなるものであろうとも――を力を尽くして守らなければならなかった。

その魔力は北アフリカのもう一つの有名な観念、バラカ(*baraka*)によって理解されるものであった。(34)バラカは明らかにされるために多くのもの――たとえばマナ、カリスマ、「精神の電気」――と類比されてきたが、受け取ってしまうと、望みどおりの利己的で現世的な目的のために、思いどおりの自然で実利的なやり方で用いることのできる自然を超えた天賦の力なのである。しかしバラカの性質をもっとも端的にあらわし、バラカをこれらの類似概念から幾分か切り離すのは徹底して個人主義的であるという点、つまり力や勇気やエネルギーや獰猛さと同様、個人の所有物であり、それらと同様に気まぐれに分配されているという点である。事実、それはある意味でこれらの性質、つまり、繰り返せば、ある人間が他の人間を支配することを可能にさせる能動的な特性をまとめて表現する言葉である。宮廷においてであれ、山間の野営地においてであれ、そのように支配することは、その人間がバラカを持っていること、神がその人間に統治する能力、生きているかぎり隠すことができない才能を授けたということを示すことであった。それはそれ自体で光輝く貞節のような一つの状態、あるいは自負のような一つの特性ではなく、意志のようにその影響力ゆえに存在する一つの運動であった。王が行ったあらゆることと同様、行幸はその影響力を、とりわけ自らの影響力も同様に大きいと想像しそうな人々に、感じさせることをその目的としていた。

モロッコの行幸は、特別な場合にあるいは定期的に――それゆえ予定された行事として――行われたというより、ほとんど連続的と言えるほどのものであった。あることわざには「玉座は鞍、空は天蓋」、別のことわざには「王の天幕は蔵に納められることがない」とある。一七世紀後半から一八世紀の初めにかけて王朝の基礎を固めた偉大な王、そのバラカを実地に示した人物ムーライ・イスマイルは彼の治世の大部分を「天幕の下で」送ったようである（ある記録によれば、彼はその前半生において一年と続けて自分の宮殿で過ごしたことはなかった）。そして旧体制のモロッコの最後の王ムーライ・ハッサン（一八九四年没）でさえ懐疑論者に君主の威光を示しながら、通常一年の半分を移動に費やした。(35) また王たちは一つの首都を維持するということさえせず、たえず宮廷をいわゆる帝都――フェス、マラケシュ、メクネス、ラバト――のいずれかに点々と移しかえ、どこにおいても真にくつろぐことがなかった。移動は特例ではなく、常態であった。そして、王は神のように一度にあらゆるところにいるというわけにはいかなかったが、少なくともそのような印象を与えるように努めることはできた。「次の朝スルタンが隊の先頭に立って現われないとは誰も断言できなかった。そうした時、もっともかたくなな人々もすんで彼の役人たちと交渉し、王と和解する。(36)」そのライバルたちと同様、中心も動き回ったのである。モロッコの別のことわざには「歩き回れ、そうすれば敵を敗るであろう。座していよ、そうすれば敵が汝を敗るであろう」とある。

動く宮廷はその政治的側面を強調したいか、軍事的側面を強調したいかによって、字義通りには「中間駅」、「野営地」、「通過点」を表わすメハッラ（*mehalla*）か、字義通りには「運動」、「身動き」、「行動」を意味するハルカ（*harka*）という言葉で言い表わされた。ふつう王は一つの所に数日から数カ月間とどまり、それからゆっくりとした行程で別の場所に移動した。そこでまた同じくらいの期間滞在して、その土地の首長その他の名士たちと接見し、宴を張り、必要とあれば制裁のために出かけ、その存在を広く知らしめた。この、広くその存在を知らしめることは、けっして困難なことではなかった。というのは、王の野営地は天幕、兵士、奴隷、動物、捕虜、兵器、野営の従者たちがまるで海のように広がった印象的な景観だったからである。ハリスの計算では、一八九三年のタフィラルトにおけるムーライ・ハッサンの野営地(「めまぐるしく交替する果てしない混乱と完璧な秩序の奇妙な混在」)にはほぼ四万の人間がおり、王の居住する一角には五〇から六〇の天幕があった。こうした事態のすべてが多かれ少なかれ終焉に近づいていた一八九八年という時期においてさえ、ワイズガーバーはチャオウイアのムーライ・アブドゥル・アジズの野営地の「何千という人や動物」について語っており、彼はまたそれをあまりロマンチックではないが、巨大な泥沼として描写している。(37)

王の移動性はこのようにその権力の中心的な要素であった。そのなかに存在する文字どおり何百もの小中心との接触——その大部分は敵対的なものであった——をたえず追求することによって王国の統合——もっとも、それが統合された王国であるとはとても言い難いが——が達成された。地方の有力者との抗争は必ずしも激しいものではなかったし、激しくないのが普通とさえ言えた(シャールは「王は九九の攻撃法を使い、百番目に火器を使った」というよく口にされる格言を引用している)。しかし、とりわけ野心家の王、国を作ろうと望む王にとってそれは果てしのない戦いであった——乱闘、陰謀、交渉がえんえんと繰り返されたのだ。(38)それは消耗する職業であり、疲れを知らない人だけにやり遂げられる仕事であった。エリザベスにとっての貞節、ハヤム・ウルクにとっての荘厳にあたるものは、ムーライ・イスマイルとムーライ・ハッサンにとってはエネルギーであった。彼が動き続け、一方で敵に制裁を加え、他方で味方に援助を与え続ける限り、王は神によって授けられた王権の資格を信頼できるものにすることができた。しかし、それはただそのかぎりに過ぎなかった。死にゆく王への「わが主人よ、神があなたに永遠のバラカを与えることを」(*Allāh ybarak f'ᶜamer Sīdī*)という群衆の伝統的な呼びかけの言葉は、一見したところよりも意味が曖昧であった。「永遠」は支配する力の尽きる時に終ったのだから。

ムーライ・ハッサンの身の毛のよだつ最後の行幸ほど、この事実がモロッコを統治する者の意識をどれほど支配していたかを示す辛辣な例はなく、この行幸ほどその真実を痛烈に証拠立てるものはない。行政的、軍事的、経済的改革が結実しなかったことに失望し、四方から侵入するヨーロッパ軍におびえ、彼の人格を主な力として国をまとめてきた二〇年間に疲れ果てた一八九三年、ムーライ・ハッサンはフェスから三〇〇マイル南にある砂漠の果てのオアシス、タフィラルトにある彼の王朝の開祖の聖地に大がかりな遠征隊を率いる決意をした。ほとんど全員が反対したようだが、それにもかかわらず決行された長い、困難な、危険な、費用のかかる旅、それはかつてモロッコで行なわれた最大のメハッラ——劇的で、絶望的で、結果的には破滅的な自己再生への努力——であったことはほぼ間違いない。

大西洋岸の平野部の忠誠な諸部族から選り抜かれた三万人の男たち(その大部分がラバに乗っていた)からなる遠征隊は、四月にフェスを出発し、夏から初秋にかけてアトラス山脈の中高部を横切り、一一月にタフィラルトに到着した。[39] 同行を許されたヨーロッパ人はフランス人の医師ただ一人で、しかも彼は無関心な観察者だったので(モロッコ人による記述はまったく存在しないようだ)、その旅がつらく厳しいものだったという他はほとんどわからない。たんに物理的な障害(山道は最も高いところで八〇〇〇フィート近くに達し、道といってもほとんど岩々を横切るようにつけられたけものみち同然のものだった)、荷物、テント、武器(大砲までも運ばれた)の重さ、それだけの数の人々と動物に食べさせることからくる兵站学的問題は置くとしても、その領域全体には敵対的なベルベル族が散在していたので、半分は威嚇、半分は賄賂、時には力によって、彼らが「遠征隊を食べる」ことを防がなければならなかった。しかし、何度か困難な時もあり、遠征はひどく遅れたが、とくに不都合な事件にはいたらなかったようである。何十人もの部族民に伴われて族長たちが訪れ、王はもてなした。そして華麗な乗馬と射撃の見世物の最中に贈り物が交換され、茶が飲まれ、雄牛が供儀され、税が集められ、忠誠が約束された。困難が生じたのは霊廟に到着し礼拝が行われた後のことだ。

おそらく王は、アトラス山脈越えの難渋と熱病と栄養失調に見舞われた彼の軍によって予定を狂わされたので、冬が終わるまでオアシスに留まりたかったのではないだろうか。しかしいくつかの要因が重なって、一カ月足らずしか滞在することができなかった。ベルベル族は依然として悩みの種で、とくに南部のベルベル族はいっそう好戦的だった。南アルジェリアから指図を受けたフランスのスパイによる暗殺の恐怖もあった。国のもう一方(地中海側)の端でモロッコ人とスペイン人が激しく争っているという報告もあった。しかし、それほど条件の悪い時期に平地部まで隊を戻そうと決意させたもっとも大きな要因は、たぶんムーライ・ハッサン自身の体力の衰えであっただろう。タフィラルトで彼を見たハリスは彼がほんの二年前と比べてひどく老化している(実際には四〇代半ばだった)——疲れ、土気色をし、年齢不相応に白髪まじりだった——のに気づいた。そして彼を南に駆り立てたのと同じ、勢いを失ったという感覚は祖先の地への旅では回復できず、再び彼を北に向わせたようである。いずれにせよ、今はただ一万人ばかりの精鋭部隊となった遠征隊は一二月にマラケシュに向けて出発した。前よりもさらにいっそう地理的政治的に困難な地域を経由する、アトラス高地を越えて東に向う三週間の行軍だった。おまけに時は冬、そして事態の全体はまもなく「[ナポレオンのあの]モスクワからの撤退」へと変っていった。

彼の軍勢がふもとにたどりついた頃にはもう冬の雪が降りはじめていた。彼らが主連峰を登れば登るほど、飢えで弱り、深い雪の吹きだまりに足を取られて死んだラクダやラバや馬の数が増えた。ほとんど死体同然のものたちは残りのハルカと飢えの狭間で立ちつくし、生き残っている動物たちは仲間の死体から回収したわずかばかりの肉を積んでよろめきながら登り続けた。軍勢は大ガラスやトビやハゲワシの群れにつきまとわれた。毎日何百人という人間が死に、彼らはまだ身に着けていた布という布を剝ぎ取られて、土もかけられず雪のなかに放置された。(40)

マラケシュに到着したときまでには、すでに数が減っていた軍勢の三分の一以上が失われていた。そしてその到着を待ち受けていた、自らも移動生活者(ロンドンの『タイムズ』紙の通信員)であったハリスは、王はもはやたんに老いつつあるのではなく死につつあるのだということに気づいた。

タフィレットで目についたことが今や二重に明らかになった。スルタンは老人になっていた。彼は旅で汚れ、疲れ果てて、ひどく不似合いな緑と金の飾りをつけた大きな白い馬にまたがり、苦難を写した頭の上には真紅のびろうどの堂々たる天蓋が揺れていた。彼の後ろからは餓死寸前の人々と動物の一群がだらだらと市内に入ってきた。彼らの恐ろしい旅はついに終ると喜ぼうとするのだが、病いと空腹のためにそれもかなわなかった。(41)

王は再び力を回復しようと試みながら、春までマラケシュに留まった。しかしその時、北部の状況の悪化への新たな懸念と彼がその地にいなければならないという必要性が再び彼を移動に駆り立てた。マラケシュから約一〇〇マイルほどのタドゥラまで達したとき、彼はついに倒れて死んだ。しかしながら、その死は彼の大臣たちによって隠蔽された。彼らは、王が死んだとなれば隊列は崩れ、部族民たちがそれに襲いかかるであろう、また他の候補者を支持する陰謀家たちが、ムーライ・ハッサンの選んだ後継者である一二歳の息子ムーライ・アブドゥル・アジズの王位継承を妨げようとするだろう、と懸念したのである。彼はただ気分が悪く、奥で休んでいるということにし、彼の遺体は帳を下した籠のなかに置かれた。そして夏の暑さのなか、無謀にもラバトに向けて遠征が強行された。王のテントには食事が運ばれ、それから食べられたかのように持ち去られた。事情に通じた少数の大臣があたかも職務を履行しているかのように彼のもとに忙しく出入りした。ある土地の族長たちは、王は睡眠中だとの忠告のもとに、なかをのぞいて彼を見ることを許されさえした。二日後、行列がラバトに近づくときまでには、王の遺体はかなり悪臭を発しはじめていたので、彼の死は人々の知るところとなった。しかしその時、危険な部族ははるか後方におり、アブドゥル・アジズは――その支持者が伝令をとおして事件を伝えていた――都で王位につけられていた。それからさらに二日後、大幅に数が減り、老王の大臣と身辺警固の者たちだけとなった一行――他の者たちは徐々に列を離れたり、はるか後方からついてきていた――は、高貴な死臭をいっぱいにただよわせながらよろめくようにラバト入りした。

息子のムーライ・アブドゥル・アジズが私にしてくれた話からすると、それは不気味な行列であったにちがいない[とウォルター・ハリスは書いている]。夏のひどい熱気のなかで死後五日を経過した恐るべき荷物を乗せた揺れる籠のあわただしい到着。顔中に薄布を巻き付けた護衛官たち――この予防策もしかし彼らを絶え間ない吐き気から守ることはできなかった――そして籠を乗せているラバまでがその恐ろしく不快な空気に冒されたように、時々綱を切って逃げ出そうとした。(42)

このように力を使い果たして、一年余り前に始まった行幸は終った。そしてそれとともに神聖君主制という観念を守るべく国の隅から隅まで駆け回った二〇年も終りを告げた。事実、これは多かれ少なかれモロッコ王制の完全なあり方の終末でもあった。次の二人の王――一人は一四年、もう一人は四年統治した――は、王国の急速な崩壊という状況のなかでむしろ気まぐれと言ってよいハルカを数回行っただけであったし、その後を引き継いだフランス人たちはその次の二人の王を宮殿内に閉じ込めてしまった。動きを奪われたモロッコの王たちはハッサンと同様死んだも同然で、彼らのバラカは無力で理論だけのものとなった。モロッコの王たちは贖罪的な美徳の体現者としてでも宇宙的秩序の反映者としてでもなく、神から受けたエネルギーの炸裂として自らを家臣に認めさせようとした。そして、もっとも小さな炸裂でさえそれが起こるべき空間を必要とするのである。

結論

さて、王たち、その装飾品、そして彼らの行幸についてのこうした話の全体に対して起こりがちな反応は、この話が閉ざされた過去、ホイジンハの有名な言い方では「世界が五〇〇年も若く、すべてがより明らかであった」時代と関係しているということであろう。黄金のバッタも蜂も今はすっかりいなくなっている。言葉の真の意味で君主制は、一方では一六四九年にホワイトホールの絞首台の上で、他方では一七九三年に「革命広場」で儀礼的に破壊された。第三世界に残されているいくつかの断片はまさしく断片、すなわち後継者を持つ可能性が時とともに減少している遺物的な王でしかない。(43) イギリスは第二のエリザベスを持ち、彼女は第一のエリザベスと同じように——おそらくはそれ以上に——貞潔であろうし、公けの場面では適切な賛辞を受け取るが、二人が似ているのもそこまでである。モロッコも第二のハッサンを持っている。しかし、彼はアラブの王というよりはむしろフランス陸軍の大佐である。そしてジャワのインド的王の偉大な系統の末裔ハメンク・ブオノ九世は、王としての地位を法的に廃止されて、控え目な、むしろ無力で曖昧な社会主義者で、インドネシア共和国の副大統領となっており（一九七七年現在）、その周囲にはごく小さい惑星さえない。

しかし、こうしたことは十分に真実であるが、表面的なものである。社会学的分析にとって歴史的事実の適切さは現在には何もなく過去にこそ何かがあるのだという見解――これは正しくない――や、すたれてしまった慣習と今日のわれわれの生活のしかたの安易な類比によるのではない。それは社会生活の構造と表現は変化するが、それに生気を与える内的必然性は変化しないという認識に支えられているのである。玉座は流行遅れであろうし、ページェントもまたそうであろう。しかし政治的権威はそのなかでそれ自身を定義し、その主張を提出するための文化的枠組みを今もなお必要としている。対立する側もまた同じことなのだ。完全に神秘をはぎとられた世界は完全に政治を失った世界である。ウェーバーはわれわれにこの両方――官僚制という鉄の檻のなかの心を持たない専門家――を約束したのであるが、スカルノ、チャーチル、エンクルマ、ヒトラー、毛沢東、ルーズベルト、スターリン、ナセル、ドゴールなどに見られるようなその後の経過には、一七九三年に死んだのは（それがどの程度まで死んだのかは問題であるが）人を動かす力と山を動かす力の類似性にかんするある見解なのであって、二つの力の間にはたしかに類似性が存在しているという感覚の方ではないということが示唆されている。

二〇世紀の（カントロヴィッツの表現に戻るなら）、「政治神学」はあちこちで若干の努力が見られたもののいまだに書かれていない。しかしそれは存在している――より正確には、さまざまな形で存在している――のであり、それが少なくともチューダー朝やマジャパイト朝やアラウィー朝のそれと同じ程度によく理解されるまでは、われわれの時代の公的生活の多くの部分は不明瞭なままであろう。どれほど平凡さが加わっても、現代政治から非凡さは抜け落ちてはいない。権力は今なお人を酔わせるだけでなく、今なお人を高尚にしもするのである。

われわれが関心を寄せるカリスマ的人物像が——たとえばひどく突飛な予言者とか常軌を逸した革命家のように——どんなに周辺的、刹那的、根無し草的なものであろうと、われわれが彼と彼の意味することを理解しようと思うなら、中心から、そして中心を支配している象徴と概念から出発しなければならないのは右の理由からである。スチュアート家がクロムウェルを得、メディチ家がサボナローラを得るのは——またそのことだけについてならば、ヒンデンブルグ家がヒットラーを得るのも——けっして偶然ではない。アラウィー朝モロッコで起こったすべての重大なカリスマ的脅威は、ある地方の実力者が、王がそれを阻止できないことを明らかにすることで王の弱さを暴露するように目論まれた行為——シバ(*siba*)、文字どおりには「傲慢不遜」を意味する——にたずさわることによって自分が莫大なバラカの持主であることを主張するというかたちをとった。そしてジャワは瞑想的なトランス状態で啓示を受けて「模範的統治者」(「ラトゥ・アディル(*Ratu Adil*)」)つまり失われた秩序とあいまい化した形式の矯正者だと名乗り出る地方の神秘主義者たちに絶えず悩まされた(44)。これがカリスマのパラドックスである。すなわちそれは実際に社会の出来事を支配し、馬に乗って行列したり謁見を許したりする人々がきわめて特徴的にたえず感じている感情、つまり事物の中心に近いところにいる、重大なもののなかにいるという感覚に根ざしているのであるが、その感覚のきわめて顕著な表現はより中心に近づきたいと切望している、中心からある程度の距離にいる人々、実際しばしば非常に遠いところにいる人々の間に現われやすいということである。異端は宗教においてと同様、政治においてもまた正統の子なのである。

そして正統も異端も、秘密警察がどんなに熟練していようと、どこにでも存在する。東ドイツで労働者が抗議行動を起し、ロシアでトルストイ的ロマンティシズムの再現が起こり、何よりも奇妙なことに、ポルトガルで人民主義的な兵士の存在が明るみに出るとき、われわれはこのことを知る。現実がどのように構成されているかについての一般的概念のなかに政治生活が組み込まれているという事実は、王朝の連続性や神権とともに消え去ったわけではない。誰が、何を、いつ、どこで、どのように手に入れるかということは、「知恵と正義」の弁護、「日を作る者と並ぶ者」の賛美、あるいは気まぐれなバラカの流出と同様に、政治とは何かについての文化的特徴をそなえた一つの見解であり、それらと同様それなりに超越的なのである。それはまた、中心を賛美するものであれ中心に戦いを挑むものであれ、それらと同様華麗な見世物を産み出すこともできる。

私はハンフリー番の記者連に同行してヒューバートの訪問先の一つ、耳の聞こえない子供と知恵遅れの子供のための障害児学校を訪れる。彼はシスターの一人ひとりと握手を交わす。そして手の届くかぎりの子供たちとも。予定では二〇分の余裕がある。一三分が握手に使われた。スピーチは二〇分、二五分、三〇分と続く。手話に翻訳しようとしているあわれな牧師の手は疲れ果ててくる……三五分——別の男が翻訳を引き継ぐ……「歴史のなかでもっとも偉大な人物のうち何人かは障害者だった」——彼は、そういう人物を思い出そうとする。目は光り、頰はあのおなじみの晴れやかさを浮かべ、わかったという表情になる。——「トーマス・エディソンだ。われわれは誰だってみんな障害があるのだ。……」「英語の単語で一番大切なものは何だ。」「「奉仕」だ！」「そしてもう一つの一番大切な単語は「愛」だ！」「そしてアメリカ人(American)という言葉の最後の四文字は何だ。**I can**だ。この文字を見たまえ。これを書いてみたまえ。ぼくはできる。君はできるんだ。君たちは素晴らしい。神の恵みあれ。」彼の目頭に涙が浮かんでいる——テレビではあんなに彼を悲しませる涙が。かき乱され、不安になり、理解できずにいる子供たちの群れをかきわけて戻りながら、彼の頭は嬉しそうに上下に揺れる。

次いで、七月一四日、マディソン・スクェア・ガーデンで道徳的純粋性を讃える会が催される。それは「ガーデンでマクガバンとともに」と銘打たれている。その目的は基金を募ることである。マイク・ニコルズとエレーヌ・メイがともにこの日のためだけに再び舞台に立つ。ピーター・ポール・アンド・マリーもそうだし、サイモンとガーファンクルもそうだ。こんな集会とウォーレスの集会——また、たとえばリチャード・ニクソンのためのボブ・ホープとビリー・グレアムの会——との対照に心の回路が火花を散らす。比較祭典学！　七月一四日は祝日である。しかし舞台には一本の旗もない。広場のまわりにも旗はない。その夜はかつての若者文化の復活を祝うものなのだ。新しい階層の祭典が行なわれるのだ。ピーター・ポール・アンド・マリー、ディオンヌ・ワーウィック、サイモンとガーファンクルは、変りやすく、孤独で、傷つきやすい中産階層の生活をたたえる。ディオンヌ・ワーウィックは青い花の模様の、木綿のような、清純な、白いゆったりしたドレスに身を包んで歌う。「想像してごらん！——世界が一つのものになったら、天国もなく——地獄もなく——国もなく——宗教もない！」サイモンとガーファンクルは「ロビンソン夫人、キリストはあなたを愛す」という歌詞と、きわめて意味深長な「クギよりはハンマーでありたい」という文句を捧げる。ローレンス・ウェルクもジョニー・キャッシュもベニー・グッドマンも出る幕がない。演奏される音楽はもっぱらこの連中に好都合なものばかりである。一一時二五分、出演者全員が舞台に集まり、一斉にピース・サインを投げかける。次いで「われわれはマクガバンを必要とする！」の大合唱がわきあがる。マクガバンは言う。「素晴らしい連帯の夜だ。」彼は一同に、彼がいかに「国を愛し、今東南アジアで起こっている殺戮や破壊から手を引き、国をより高い水準に引き上げようとしているか」を語る。「私はこの国を愛し、その将来を大切に思っている。私はこの国を偉大で立派なよい国にすることを手がけ……戦争から平和への架け橋……世代間の架け橋……この国の正義の架け橋になりたい。かの予言者が『それゆえ、いのちを選びなさい……呪いではなく祝福の側につきなさい』と書いたように……希望、健康、いのちの側につきたいと思う。われわれと地球上のすべての人々に平和を。」

ラシーヌでもまた集会がもたれる。今度は記念講堂で就労時間をとっくに過ぎた時刻に行われ、ラジオのスポット広告で宣伝されていた。早くからどっと人々が集まってくる。入口で追い返される者もいる。講堂内の座席に一二〇〇人、バルコニーの二五〇人分の立ち席に三三〇人入る。興奮ではちきれそうである。拡声器は適量に調整され、それからもっと大きい音に変えられる。「おれはこの町で長い間うろつきまわり、遊びまわった。」ビリー・グラマーが青い目をきらめかせながら歌っている。そして次に「馬蹄形のダイヤモンド・リング」。一二年間逆スパイをした経歴を持つカール・プラシアン氏が、ジョージ・マグナムの高い、鼻にかかった名調子で、「もし皆さんが合衆国の保守運動に携わってこられたならば、私がこれから紹介する方を御存知のことでしょう」と紹介される。カール・プラシアンは言う。「ジョージ・ウォーレスは神のしもべだ。」「あなたに神の祝福を!」とジョージ・マグナムが言う。ここはプロテスタントの土地だ。シンボルはぶつかり合い、火花が飛び散っている。今は集いの時、人はみな安らいでいる。ジョン・レノンのように髪を長くのばしたジョージ・ウォーレス・ジュニアが静かにおどり出る。彼はその黒っぽい電気ギターをやさしく、抑えがちに弾きはじめる。騒々しく下品なロックもミック・ジャガーもここにはいない。いるのはただ誤解された男の息子、若く、我慢強く、意志堅固なアラバマ人。「心にやさしく……」が彼の最初の曲。そして二番目は「おれはそいつが死ぬのを見るためにレノで人を撃った。」それから知事が、半ば気のすすまぬ様子で、半ば嬉々として、さっと舞台に登場する。大騒動。彼は群衆が好きだ。彼の目は輝きはじめる。神経の高ぶりは消え、彼の動きはスムーズで自信に満ちたものになる。一挙手一投足に反応が返ってくる。「いいかね、われわれは民主党政権を舞踏病にかからせようとしているんだ。私はこの社会の寛大さにうんざりだ。うそつきの自由主義者にはあきあきした！」「私は、半分をわれわれにツバを吐く海外の国民に、半分を福祉に浪費するために私の収入の五〇パーセントを合衆国の手に渡すのにはほとほと嫌気がさした。」「それに彼らは今ではヴェトナムは間違いだと言う。一般国民五万人の命と三〇万人の負傷者と一二〇〇億ドルをどぶに捨てておいて。私はそれを間違いなどとは呼ばない。それは悲劇だ。」デーヴィッド・ハルバースタムと同じく、彼は非難をもっとも羽ぶりがよくもっとも輝いている存在――「彼ら」に向ける。彼らがわれわれの生活を操作するやり方はこうなのだ、と。(45)

そうして行列は続いて行く。その素材が(ロシアや中国は言うまでもなく)ドイツか、フランスか、インドか、タンザニアかによって、その基礎となるイデオロギー上の仮定が異るように、その表現形式も異ってくるであろう。しかし表現形式はたしかに存在するであろうし、それは社会の支配的人物のカリスマと身を挺してその支配に反対する人々のカリスマが共通の源泉、つまり中心的権威の本来的聖性から出ているという事実を反映するだろう。最高の権力は現在、ハンフリーやマクガバンやウォーレスが一様に仮定するように、国家、さらに国家の人民の上にあるのかもしれない。しかしそれに本来的にそなわっている「広大な普遍性」は、王たちの意思がどう変わろうとも存続していく。国家主義も人民主義もそのことを変えてしまいはしなかった。結局のところ、ある政治家が神聖化されるのは、何か自尊心を高揚させて社会秩序の外側に立っているからではなく、肯定的にであれ否定的にであれ、防衛のためであれ破壊のためであれ、その秩序がよりどころとしている巧みな作り話に深く密接に巻き込まれているからである。

原註

(1) この論点についてのすぐれた概説書としてはマックス・ウェーバーのカリスマに関する論文集 *Max Weber on Charisma and Institution Building* (Chicago, 1968) のなかの S. N. Eisenstadt の序文 (pp. ix–lvi) を参照。「正統性」の心理学的な検討については H. Pitkin, *Wittgenstein and Justice* (Berkeley and Los Angeles, 1972) を、「世俗内的禁欲主義」については D. McClelland, *The Achieving Society* (Princeton, 1961) を、「合理化」については A. Mitzman, *The Iron Cage* (New York, 1970) を参照。こうした解釈の不明瞭さないし混乱はすべてウェーバー自身のあいまいさに由来すると言ってよい。

(2) いくつかの事例については "Philosophers and Kings : Studies in Leadership," *Daedalus*, Summer 1968 を参照。

(3) P. Reiff, *The Triumph of Therapeutic* (New York, 1966).

(4) E. Shils, "Charisma, Order, and Status," *American Sociological Review*, April 1965 ; idem, "The Description and Concentration of Charisma" in *Independent Black Africa*, ed. W. J. Hanna (New York, 1964) ; idem, "Center and Periphery," in *The Logic of Personal Knowledge : Essays Presented to Michael Polanyi* (London, 1961).

(5) E. Kantorowicz, *The King's Two Bodies : A Study in Medieval Political Theology* (Princeton 1957) ; R. E. Giesey, *The Royal Funeral Ceremony in Renaissance France* (Geneva, 1960) ; R. Strong, *Splendor at Court : Renaissance Spectacle and the Theater of Power* (Boston, 1973) ; M. Walzer, *The Revolution of the Saints* (Cambridge, Mass., 1965) ; M. Walze, *Regicide and Revolution* (Cambridge, England, 1974) ; S. Anglo, *Spectacle, Pagentry, and Early Tudor Policy* (Oxford, 1969) ; D. M. Bergeron, *English Civic Pagentry 1558–1642* (London, 1971) ; F. A. Yates, *The Valois Tapestries* (London, 1959) ; E. Straub, *Repraesentatio Maiestatis oder Churbayerische Freudenfeste* (Munich, 1969) ; G. K. Kernodle, *From Art to Theater* (Chicago, 1944). 最近流行しているこの種のアメリカ大統領論としては、M. Novak, *Choosing Our King* (New York, 1974) を見よ。人類学的研究、とくにア

フリカで行われた研究はもちろん長い間この問題に敏感であったし(たとえばE. E. Evans-Pritchard, *The Divine Kingship of the Nilotic Sudan*[Cambridge, England, 1948])、後世に大きな影響を与えたものとしては、カントロヴィッツとならんでE. Cassirerの*Myth of the State*(New Haven, 1946)およびM. Blochの*Les Rois thaumaturges*(Paris, 1961)を挙げなければならない。文中の引用はN. Wardの執筆によるOEDの"Numinous"の項からのものである。

(6) エリザベスのロンドン巡幸(または「ロンドン入り」)に関しては多くの記述があるが、なかでももっとも完全なものはBergeron, *English Civic Pagentry*, pp. 11-23である。またR. Withington, *English Pagentry : An Historical Outline*, vol. 1(Cambridge, Mass., 1918), pp. 199-202およびAnglo, *Spectacle, Pagentry*, pp. 344-59も参照せよ。本文中の引用はAnglo, *Spectacle, Pagentry*, p. 345からのものである。都市もまたきらびやかだった。「途中の家々はすべて飾り立てられていた。ブラックフライアーズからセント・ポールまでの通りの両側には木でできたバリケードが築かれ、裾の長い黒い着物を着たあらゆる職種の商人や職人が赤と黒のずきんをつけ、ありとあらゆる旗を手にしてその上に身を乗りだした」(Bergeron, *English Civic Pagentry*, p. 14におけるベニスのロンドン駐在大使からの引用)。メアリーとフィリップの一五五四年のロンドン入りについてはAnglo, *Spectacle, Pagentry*, pp. 324-43およびWithington, *English Pagentry*, p. 189を参照。

(7) Bergeron, *English Civic Pagentry*, p. 17からの引用。女王は「あなたがたの私への善意は充分に心に留めた。あなたがたの期待にこたえるよう努めよう」と答えたと想像されている(Ibid., p. 18)。

(8) Anglo, *Spectacle, Pagentry*, p. 349.

(9) Bergeron, *English Civic Pagentry*, p. 15.

(10) 引用はAnglo, *Spectacle, Pagentry*, p. 350からのもの。

(11) Ibid., p. 352に引用されたグラフトンの言葉。この人物は先見の明があったようで、デボラの統治は四〇年、エリザベスの統治は四五年だった。

(12) Strong, *Splendor at Court*, p. 84.

(13) エリザベスのロンドン以外での巡幸については、Bergeron, *English Civic Pagentry*, pp. 25 ff. および Withington, *English Pagentry*, pp. 204 ff. を参照。

(14) Strong, *Splendor at Court*, p. 84. もちろん巡幸は全ヨーロッパ的な現象であった。たとえば神聖ローマ帝国皇帝カルロス五世は、退位の時に聴衆に向って回顧しているように、低地諸国に一〇回、ドイツに九回、イタリアに七回、スペインに六回、フランスに四回、イギリスに二回、アフリカに二回巡幸を行った(ibid., p. 83)。また巡幸は一六世紀に限られるわけではない。一五世紀のチューダー家の巡幸については Anglo, *Spectacle, Pagentry*, pp. 21 ff. を、一七世紀のスチュアート朝のものについては Bergeron, *English Civic Pagentry*, pp. 65 ff. および Strong, *Splendor at Court*, pp. 213 ff. を参照。

(15) Yates, *The Valois Tapestries*, p. 92.

(16) Bergeron, *English Civic Pagentry*, p. 21.

(17) ジャワは四世紀頃から一五世紀頃まではヒンドゥーだったが、一五世紀頃から少なくとも名目上のイスラム化が始まった。バリは今日までヒンドゥーである。ここで述べることの多くは私自身の著作、C. Geertz, *Negara: The Theater State in Nineteenth-Century Bali* (Princeton, 1980) に基づいている。ヒンドゥー・ジャワ一般については N. J. Krom, *Hindoe-Javaanische Geschiedenis*, 2d ed. (The Hague, 1931) を参照。

(18) T. Pigeaud, *Java in the 14th Century: A Study in Cultural History*, 5 vols. (The Hague, 1963), vol. 1, p. 3 (ジャワ語)、vol. 3, p. 3 (英語)。連鎖は実際にはさらに下位の動物や悪霊に及んでいる。

(19) Ibid., vol. 1, p. 90 (ジャワ語)、vol. 3, p. 135 (英語)。明瞭を期するため英訳に手を加えたが、それでもなお "sacred power" や "The Supreme Nothingness" (すなわちシヴァ＝ブッダ) などの英訳語では難解な宗教概念が表現しきれない。しかし、ここでは追求する余裕がない。より細かいヒエラルキーについては ibid., vol. 3, pp. 119–28 の Nawantaya text を参照。

(20) Ibid. (書名とは異って、このピジョーの著作は本質的に『ヌガラクルタガマ』のテキスト、翻訳、注釈から成るものである)。一三三〇行の詩行のうち少なくとも五七〇行が明らかに王の巡幸の描写に当てられ、その他のすべての行がそれを補助するものとなっている。『ヌガラクルタガマ』とは文字通りには「国の宇宙的秩序への手引書」という意味で、それがこの書物の実体であって、しばしば誤解されてきたようにマジャパイトの歴史が扱われているわけではない。この書は一三六五年ハヤム・ウルク王(統治期間一三五〇―八九年)の宮廷に住む仏教僧によって書かれたものである。

(21)『ヌガラクルタガマ』第二編、第六連。ピジョーの英語を加筆修正したが、今回はこの節の意味と思われるものをより正しく伝えるために前よりも真剣に試みた。同時に"sacred circle" "holy region" "religious community" を意味しながら、そのような宇宙を象徴するものでもあるというインドネシアにおけるマンダラの概念についてはJ. Gonda, *Sanskrit in Indonesia* (Nagpur 1952), pp. 5, 131, 218, 227 ; Pigeaud, *Java*, vol. 4, pp. 485-86 参照。アジアの伝統国家におけるこの種のイメージ一般については、P. Wheatley, *The Pivot of the Four Quarters* (Chicago, 1971)を参照。

(22)『ヌガラクルタガマ』第一～第七編。王の家族も王をめぐる第一の円として賞賛された。「日を作るもの」とはもちろんシヴァ＝ブッダすなわちインド的インドネシアにおける「至高の非存在」と同一視された太陽の換喩表現である。

(23)『ヌガラクルタガマ』第八～第一二編。細部に関しては多くの議論があり(cf. W. F. Stutterheim, *De Kraton van Majapahit* [The Hague, 1948] ; H. Kern, *Het Oud-Javaansche Lofdicht Negarakertagama van Prapanca* [The Hague, 1919])、すべてが明らかであるわけではない。いずれにせよ、ここに掲げたパターンは単純化されたものである(実際には中心のまわりに四、八、一六と点が増えていくシステムであるが、言うまでもなく地理的に正確というより宇宙論的なものである)。「上層民」は後の例に基づく私の挿入。「小王」とは皇太子のことではなく王国における第二位の血統をさす。この「二重王」制はインドネシアのインド的諸国家に一般的であるが、ここで立ち入るには複雑すぎる。詳細な議論は私の *Negara* を参照。

(24)『ヌガラクルタガマ』第一三～第一六編。

(25)『ヌガラクルタガマ』第九二編。

(26) マジャパイトの規模の誇張については、C. C. Berg, “De Sadeng oorlog en de mythe van Majapahit,” *Indonesie* 5 (1951), pp. 385-422 を注意して参照のこと。また私の “Politics Past, Politics Present : Some Notes on the Uses of Anthropology in Understanding the New States,” in C. Geertz, *The Interpretation of Cultures* (New York, 1973), pp. 327-41 を参照。

(27) 『ヌガラクルタガマ』第一七編。一三六〇年代に関しては特別な目的を帯びた他の小規模な巡幸にも言及されている。第六一編、第七〇編参照。

(28) 『ヌガラクルタガマ』第一三～第一八編。方位のシステムは色のシンボリズムと統合され、主要四色——赤、白、黒、黄——が中心の混合色のまわりに配置された。植物、神々、さまざまな自然や社会の象徴形式および週の五曜、一日の五つの時間帯、人の一生の五段階などが同じ図形のなかに組みこまれて、きわめて精巧な宇宙の全体図となっていた。

(29) 『ヌガラクルタガマ』第一三～第三八編、第五五～第六〇編。詳しく述べられているのは四ないし五カ所の訪問地であるが、その一〇倍ないし一五倍の数の訪問地があったにちがいない。

(30) 第一七編、第三連。ここでも英訳を修正した。とくに *negara* を “town” ではなくて “capital” とした。この語の意味の多重性については私の *Negara* を参照。

(31) W. B. Harris, *Morocco That Was* (Boston 1921)。以下の議論は、一七世紀から二〇世紀(今なお続いている)のアラウィー朝時代に限ったものであり、材料の大半は一八、一九世紀から取られている。またここでも私自身の調査に依拠するところが大きい(C. Geertz, *Islam Observed : Religious Development in Morocco and Indonesia* [New Haven, 1968] ; C. Geertz, H. Geertz, and L. Rosen, *Meaning and Order in Moroccan Society* [Cambridge, England, and New York, 1979]を参照)。

(32) 伝統的モロッコについての最良の研究は、E. Aubin, *Morocco of Today* (London, 1906)である。社会集団が安定性と明瞭性を欠いているモロッコに “tribe” という用語を適用するのは難しい。J. Berque, “Qu’est-ce qu’une ‘tribu’ nord-africaine ?” in *Eventail de l’histoire vivante : Hommage à Lucien Febvre* (Paris, 1953)を参照。

(33)　A. Bel, *La Religion Musulmane en Berbérie* (Paris 1938), vol. 1; E. Gellner, *Saints of the Atlas* (Chicago, 1969); C. Geertz, *Islam Observed* を参照。ウーリマやマラブートの多くはシャリフでもあった。モロッコのシャリフ一般については、E. Lévi-Provencal, *Les Historiens des Chorfa* (Paris, 1922) を参照。

(34)　バラカについては、E. Westermarck, *Ritual and Belief in Morocco,* 2 vols. (London, 1926); C. Geertz, *Islam Observed* を参照。

(35)　ムーライ・イスマイルの実に驚嘆すべき機動性については、O. V. Houdas, *Le Maroc de 1631-1812 par Ez-ziani* (Amsterdam, 1969), pp. 24-55、また p. 46 に掲載の原典を参照。ムーライ・ハッサンについては、S. Bonsal, *Morocco As It Is* (New York and London, 1893) pp. 47 ff. を参照。Harris, *Morocco That Was,* pp. 1 ff. と比較せよ。

(36)　S. Schaar, *Conflict and Change in Nineteenth-Century Morocco* (Ph. D. diss., Princeton University, 1964), p. 72. 絶え間のない移動はまた宮廷の性格をそれに似たものにした。「(宮廷の)メンバーの多くが余儀なくされた生活そのものが彼らを根なし草にし、出身部族や生まれた町との接触はまったく絶たれてしまう。彼らは他のすべてのきずなを排除しなければならないほど自らが依拠している制度に組み込まれている。(宮廷の)大部分がスルタンのまわりに集中し、彼と同じようにさすらいの人となるのだ。彼らはテントの下か、さもなければ不規則な間隔を置きながら帝都の一つで人生を過ごす――要するに、絶え間のない変転の人生。どこにも何のきずなも持たない。地平は狭まり、その外にあるものはすべて消える。(宮廷の)構成員たちは彼らの命と運命の支配者であるこの強力なメカニズムしか目に入らないのだ」(Aubin, *Morocco of Today,* p. 183)。

(37)　W. B. Harris, *Tafilet* (London, 1895), pp. 240-43; F. Weisgerber, *Au Seuil du Maroc modern* (Rabat 1947), pp. 46-60 (ここではキャンプの配置図も見てとれる)。移動中の姿もまた印象深いものだった。ヘビ使い、アクロバット師、ライ病患者、頭に手斧をつきたてた男までそろっている生彩あふれる描写は、Harris, *Morocco That Was,* pp. 54-60 を参照。ハルカは複数の部族による企てだった。その中核部分はいわゆる軍事的な(*jaysh*)部族から成り、彼らは土地やその他の特権を与えられるかわりに兵士として宮廷に仕えた。ここでもう一つのことわざ“*f-l-ḥarka, baraka*”（移動に祝福あり）を思い出さずにはいられない。

（38） Schaar, *Conflict and Change in Morocco*, p. 73. 暴力的行為とはたいていの場合とくに反抗的な敵対者の住居を焼き払ったり、首を斬り落したりすることだった（首はユダヤ人によって塩で処理された後、王のテントまたは宮殿の入口に陳列された）。もっとありふれた手段の瞑想は、宮廷役人あるいは往々にしてそれを専門とするさまざまな宗教的職能者によって行われた。Schaar (ibid., p. 75)は、王、少なくとも賢明な王は過度に残酷にならないよう気をつけたと述べている。「敵に軽く打撃を加え、貢ぎ物を集め、彼らの真只中に堅固な統治を敷き、次の標的へ向かって移動することが理想とされた。」

（39） タフィラルト・メハッラに関する資料としては次のものを参照。Harris, *Tafilet*, pp. 213 ff.; R. Lebel, *Les Voyageurs français du Maroc* (Paris, 1936), pp. 215–20; R. Cruchet, *La Conquête Pacifique du Maroc et du Tafilalet*, 2d ed. (Paris, 1934), pp. 223–41; G. Maxwell, *Lords of the Atlas* (New York, 1966), pp. 31–50; F. Linares, “Voyage au Tafilalet,” *Bulletin de l'Institut de la Hygiène du Maroc*, nos. 3–4 (1932). また R. E. Dunn, *Resistance in the Desert* (Madison, Wisconsin, 1977)をも参照。Dunn はフランスの侵略に対してタフィラルトを安定させたいという王の望みを旅行の動機として強調している。一〇人のハーレムの女も同行し、取り巻き連中、商人、「閑職にない人々の代理として同行した他の寄生者たち」が約一万人いたと Cruchet は見積っている（*La Conquête pacifique*, p. 223）。

（40） Maxwell, *Lords of the Atlas*, pp. 39–40.

（41） Harris, *Tafilet*, pp. 333.

（42） Harris, *Morocco That Was*, pp. 13–14. より詳しい記述は Harris, *Tafilet*, pp. 345–51 を見よ。

（43） 君主制の儀礼的破壊に関する議論については、Walzer, *Regicide and Revolution* を参照。チャールズ一世とルイ一六世の裁判と処刑は王のみならず王権の殺害を企てる象徴的行為であったとするウォルツァーの議論には賛成であるが、それらがイギリスとフランスの政治生活の風景全体を永久かつ完全に変えた、つまりこれらの儀礼が実際効力を持ったというその先の議論はあまり納得できない。この種の議論のもう一方の極はもちろん民主主義が権力の人格化を不可能にするというものである。「(至高権力の)表象はヒエラルキーを要求するわけで、それは市民一人一人が至高権力をもった主権者であるとする民主主義国家の平等主義と対立する。すべての人が至高権力をもった王ということになれば、そうした表象は不可能である」(Straub, *Repraesentatio Maiestatis*, p. 10)。しかしトックビルからターモンにいたる他の多くの人々も含めたこの種の議論にも私は納得しない。

(44) 摂政政治末期におけるシバ行為の事例の描写については E. Burke, *Prelude to Protectorate in Morocco* (Chicago, 1976)を参照。*ratu adil* に関しては Sartono Kartodirdjo, *Protest Movements in Rural Java* (Singapore, 1973)を参照。

(45) Novak, *Choosing Our King*, pp. 211, 224-28, および 205-8. 省略符号で読みにくくなるためいちいち指摘しなかったが、かなりの部分を省略して引用した。また句読点や段落に手を入れ、いくつかの文をひとまとめにしたが、それは簡潔さを期したためと、極端に痛烈であったり決まり文句をとってきただけであったりするノバックの個人的なコメントを出来るだけ削除しようとしたためである。こういうわけですべての言葉は彼の(あるいは彼が引用している)ものであり、その意味には何ら変更は加えられていないが、これは引用というより要約と見なしていただいた方がよい。一九七二年の大統領選の演劇性についての同様に生彩あふれる別の観点からの考察としては、H. Thompson, *Fear and Loathing on the Campaign Trail* (San Francisco, 1973)を参照。

第七章　われわれの思考はいま——現代における思考の民族誌

I

「思考」について、私の辞書(この場の性格を考えると、(1) まことにふさわしいことに『アメリカの遺産』*American Heritage* という名の辞書)は基本的な二つの意味を挙げている。(1)「考える行為、あるいはその過程、認識」という意味、と(2)「思考の産出物、観念、概念」という意味である。第一の「過程」という意味を明らかにするために、数多くの、いわば内面的な心理学的現象といったものが挙げられている。すなわち「注目」、「予期」、「意図」、さらには「希望」が挙げられていて、このリストは記憶や夢から想像やさらに計算まで何らかの意味での「知的活動」すべてを含むところまで拡大されそうである。第二の「産出物」という意味の説明において、われわれは広大で無差別な、事実上の文化の全体を手にすることになる。つまり「ある特定の時代ないし社会層の知的活動あるいは生産」というわけだ。思考とはわれわれの頭のなかで起こることである。そして思考とはとくにわれわれが頭をつきあわせるとき、そこから出てくるものである。

同じ語に対して相矛盾した意味があるということは、少なくとも普通の言語においてはそれ自体驚くべきことではもちろんない。言語学者の言う「多義性」は言葉の自然な状態である。私が言葉の多義性の一例としてこの語を持ちだすのは、それがわれわれをたとえば一九二〇年代から三〇年代以来社会科学に登場してきた単一性と多様性というテーマの核心にいざなうからである。その時期の社会科学の全体の動きは、先程の第一の「心理学的」な意味において内的な出来事と考えられた人間の思考を根本的に単一なものとする見解が着実に広まっていく一方で、第二の「文化的」な意味において思考を社会的事実として根本的に多様なものとする見解もそれに劣らず着実に広まっていくというものであった。そしてこのことが今や整合性を脅かすほど解き難いものとなった諸問題を引き起こしているのだ。われわれは仕事場が研究所か病院かスラムかコンピューター・センターか、あるいはアフリカの村であるかにかかわらず、ついに思考について本当にどのように考えるのかを考えざるをえなくなっている。

私が属している社会科学の一分野である人類学においては、この問題は今も昔もとくに意気消沈させるかたちで存在している。この学問の形成期のマリノフスキー、ボアズ、レヴィ゠ブリュール、その後のウォーフ、モース、エヴァンズ゠プリチャード、今日のホートン、ダグラス、レヴィ゠ストロースはそろってこの問題に頭を悩ました。最初は「未開の思考」の問題として、のちには「認識の相対性」の問題として、そしてもっとも新しくは「概念の通約不可能性」の問題として捉えられてきた――いつものことだが、この種の問題で一番進歩するのは専門用語の仰々しさである――が、人間精神の最低限の共通項を求めようとする見方(「パプア人でさえ中間物を排除し、対象を区別し、結果を原因に帰する」)と、「人が違えば、考えも違う」とする見方(「アマゾンの住民は自分をインコであるとみなし、宇宙を村の構造と同一視し、妊娠は男を不能にすると信じている」)の対立はますます注目せざるをえないものになってきた。

「未開の思考」という未開なかたちでの定式化――すなわちわれわれ文明人がわれわれの数学、物理学、医学、法律などに見られるように、物事を分析的に解明し、論理的に関係づけ、体系的に吟味するのに対して、彼ら野蛮人は彼らの神話、儀礼、呪術、芸術などに見られるように、具体的イメージや神秘的融即や直接的情熱のごたまぜのなかでさまよっているとする定式化——は、もちろん文明人とされる人々がどのような考え方をするのかについてより多くのことが(そしてまた理性とはそもそもいかに不純なものであるかについてより多くのことが)知られるようになるにつれて、しだいにその根底が空洞化してきてはいる。しかし、ある種の発達心理学、ある種の比較歴史学、ある種の外交業務にたずさわる人々においては、依然としてそれが存在している。ボアズとマリノフスキーが別々のやり方で研究生活の多くを費やして証明したように、文化的素材を社会制度ではなく個人的表現であるかのように解釈しようとしたことに誤りがあった。過程としての思考と産出物としての思考の関係がいかなるものであろうと、ロダンのモデル——事実を熟考し、幻想をつむぎだす孤独な思索者——はそれを明らかにするのに適切ではない。神話は夢とは別のものであるし、数学的証明の合理的な美しさは数学者の正気の保証書ではないのだ。

第二の、この問題を「認識の相対性」として定式化するやり方は、「文化とは大文字で書かれた精神である」という誤謬と、それに附随する「われわれは論理的であり、あなたがたは混乱している」という自文化中心主義とを回避しようとする、あまり成算のない一連の試みとしてある。特定の文化的産物(アメリカ・インディアンの文法形式、北極の住居形態の季節による変化、アフリカのト占)は特定の心的過程(肉体的知覚力、時間感覚、因果論的思考)と関係づけられた。提出された仮説——ホピは自然界を事物ではなく出来事によって構成されていると見る、エスキモーは時間を連続したものではなく循環的なものとして経験する、アザンデは因果関係の連鎖を力学的用語で表わすが因果関係の交錯は道徳的用語で説明するなどといった仮説――の真実としての価値には問題があるかもしれない。しかしそうした研究は少なくとも人と場所とを問わず人々が思考するとき依拠しなければならない媒介物と、知覚すること、想像すること、思い出すこと、その他何であろうと実際に思考することに本気で取り組むときに行なうこととの区別を明らかにした。

いったんこの問題を提示したものの、これらの研究はそれに附随しがちな「すべての人間集団はそれにふさわしい心理学を得る」という個別主義を避けるという点ではあまり成功しなかった。動詞の形態や野営の張り方や鶏の毒殺儀礼が何か特別な精神の機能を生み出すなら、一つの文化のなかに閉じ込められている人々が別の文化に閉じ込められている人々の考えにどうやって入り込むことができるのかが、きわめて不明瞭になってくる。認識の相対性を唱える人々の仕事自体がそのように入り込む、しかも深いところまで入り込むという主張の上に立っているわけだから、これは過去においても現在においても居心地の悪い状況である。ホピ語のテンソル(強度、傾向、持続、自律的現象としての力を表わす)はほとんどわれわれが議論を追う力を超えるほど論の展開を抽象的なものにしてしまうとウォーフは言った。ナイル川の上流で雌牛の詩とキュウリの供犠に直面して、エヴァンズ＝プリチャードはため息まじりに述べている。「われわれはスクリーンの上に実体のない影を眺めている影絵芝居の観客のような気持ちになる……目が見、耳が聞くことと頭が受けとめることとが異なっているのだ。」

すでに述べたように、思考の「産出物」という側面を徹底的に多様化する動きが人類学のみならず歴史学、哲学、文学、社会学といった領域においても起りつつあり、同時に、「過程」という側面に対しては強力に単一化を求める方向での数多くのアプローチが、とりわけ心理学、言語学、そしてゲーム理論やコンピューター・サイエンスといった新しい研究分野において力を得つつあったので、事態はさらにいっそう困難になった。これらのアプローチはそれぞれ本質的に異なるものであった。フロイト、ピアジェ、フォン・ノイマン、チョムスキー(ユングとB・F・スキナーは言うまでもなく)をつなぐ唯一のものは、人間の思考のメカニズムは時間、空間、文化、環境を超えて不変であり、また自分はそれがどういうものであるのか分かっているという確信である。しかし、観念作用――思いつくかぎりもっとも中立的な言葉を使えば――について普遍的概念を求めようとする一般的動向は、思考の多様化を提唱する論者たちにも当然影響を及ぼすようになってきている。彼らは未開の思考とか文化による人種差別とかの概念はすべて廃止することを切望してはいたのだが、ホモ・サピエンスにおける精神的機能の基本的同一性、いわゆる「人類の心理的単一性」という観念は彼らのうちでももっとも徹底した主張を持つ者の間においてさえ内なる信念であり続けた。ただし、その同一性の内容は一般的能力のうちでももっとも一般化されたものに限られており、学習、感覚、抽象、類推の能力以外のものはほとんど含まれなかったのだが。どんなに矛盾し合い、全体を包み込みがたいものであれ、そうした事柄についてのより詳細な像が現われてくるにつれて、この種の二重性――すべてのものは一般的に言えば一般的であるし、個別的に言えば個別的である――はますます不自然なもののようにみえた。

いつも「戸外で、つまり研究室の外で」仕事をしているせいで、どのようにコンピューターが働き、文法が作り出され、エロスが解き明らかにされようとも、「自然のなかに」散らばっている思考は多様でなければ無価値であるという事実を無視しがたくなっている人々(民族誌家、知識社会学者、科学史家、日常言語の研究者)からの反応は、問題を精神性というクモの巣のような世界から取り出して、おそらくより弾力性をそなえた意味の世界の言葉で言い直してみるということであった。レヴィ=ストロースをその一人とする構造主義者にとって、思考の産出物という側面は非常に多くの恣意的な文化コードとなる。そうした文化コードはジャガーや入墨や腐敗してゆく肉と実にさまざまであるが、適切に解読されれば平明なテクストとして過程という側面の心理学的な不変項をもたらすものである。ブラジルの神話であろうとバッハのフーガであろうと、すべては知覚的な対照、論理的な対立、関係を保留したままでの変形の問題なのである。構造主義の説得力は社会人類学、社会史、社会心理学における正統的理論とされるほど広い範囲に及んでいるが、メアリー・ダグラスのような新デュルケーム主義者にとっては産出物という側面と過程という側面は社会学的決定論という新しい、改良された商標——そこでは意味のシステムは変化する社会構造と変化しない心理学的メカニズムの中間項となっている——をとおして再びつなぎあわされる。果てしなく食物を選別するヘブライの食物規制は、周囲からの社会的吸収におびやかされている閉鎖的な社会の、境界に関する意識をあらわしている。象徴的行為論の立場に立つ研究者たち(いくつかの条件つきで私自身もそこに忠誠を誓いたいと思う少数だが大胆な一団)にとって、思考とは文化的諸形式を意図的に操作することであり、農耕や行商のような戸外での活動も願望や後悔のような私室での体験と同様にその好例なのである。しかし、どのようなアプローチ(他のアプローチもあるが)であれ、かつてはある人々と別の人々との心理学的プロセスの比較可能性の問題とみなされていたものが、今日ではそれを否定するためにはさらに多くのものを否定しなければならないので、ある学問分野と別の学問分野の概念構造の通約性の問題とみなされている。この捉え方の変化はある研究者たち、たとえばヴィクター・ターナー、エドマンド・リーチ、ミルチャ・エリアーデ、メルフォード・スパイロを相対論から離れるかたちで実践的認識論とでも呼べそうな認識論に導き入れ、他の研究者たち、たとえばトマス・クーン、ミシェル・フーコー、ネルソン・グッドマン、そして私自身をより複雑なかたちでこの認識論に導き入れた。

思考が産出物としては非常に多様であり、過程としては驚くほど単一であるということはこうして社会科学においてますます強力な活性化パラドックス、あらゆる方向(そのうちのいくつかはもっともなものだが)への推進的な理論になったばかりでなく、そのパラドックスの性質はますます翻訳の問題、ある表現システムにおける意味が別の表現システムにおいてはどのように表現されるか——概念の構造論ではなく、文化の解釈学——と関係するものとみなされるようになってきた。このようなかたちの思考は以前より扱いやすくなってはいないかもしれない。しかし、それは少なくとも戦いをその出発点にさし戻す。なぜなら、そこではコペルニクス主義者がプトレマイオス主義者を、第五共和国のフランス人が旧体制下のフランス人を、詩人が画家をどのようにして理解するかという問題は、キリスト教徒がイスラム教徒を、ヨーロッパ人がアジア人を、人類学者が原住民を、あるいはその逆をどのようにして理解するのかという問題と全く同じものとみなされるからである。今やわれわれはみな原住民であり、直接にわれわれの仲間でない他者はみな異邦人である。かつて未開人が事実と空想を見分けることができるかどうかを解明する問題だと思われていたものが、今や海の向こうや廊下の先にいる他者たちがどのようにして彼らの意味ある世界を組み立てるのかを解明する問題だとみえるのである。

II

さて問題の現代の思考の多様性それ自体はどのように理解されるべきか、今度はそのことを少し追求してみよう。実際にそのような理解をもたらすことを私は目的としているわけではない。それは私の能力をはるかに超えているばかりでなく、どのような人間の能力をも超えたものである。それはたとえば詩学や古生物学のようなクーン——彼は気のはやい読者に誤用されてしまう用語を次々と作り出しているのだが——が「専門母体」と呼ぶものに関心を抱いて研究している一連の学者たちの仕事なのだ。私がこれから述べることはそうした公分母の特徴のいくつかがどのようなものであるべきかという私の考えの大筋を示すことによって、実際そのような公分母を作り出そうとするものである。私がこれから企てようとしている思考の民族誌を追求するという作業は、思考はどのように考察されるべきかについて一つの立場を主張しながら思考とは何かについて一つの立場を主張するということである。

現代生活の都市や広場で生起しているような思考を研究することに「民族誌」という名称を与えるのは、それが私自身の専門分野の公分母である人類学に属するものであることを主張するようにみえるかもしれない。しかしそれはまったく私の意図するところではない。人類学者は今なお闘鶏やセンザンコウによって心を奪われているので、現代の思考という問題についてはほとんどすべての人がわれわれよりもよく知っているのだ。私の意図はその性質のある傾向を強調することである。つまり、それは歴史的、社会学的、比較的、解釈的、そして幾分か脱領域的な試みであり(あるいはともかく当然そうした試みになるはずであり)、またその目的は情報に富んだ内容を提供することによって、不明瞭なことがらを理解可能なものにするということである。通過儀礼における色のシンボリズムを手際よく分析してみせるヴィクター・ターナー、死のイメージあるいは子供時代の校舎のイメージを次々と並べあげるフィリップ・アリエス、油のしたたりから数々のテーマを捜し出すジェラルド・ホールトン、この三人を結びつけるものは、観念作用は、精巧なものであってもなくても文化による加工品であるという信念である。階級や権力と同様、観念作用も裏づけとなる観念の活動という点からその表現を解釈することによって性格づけられるべきものなのである。

思考(ラッセル卿のであれコルボ男爵のであれ、アインシュタインのであれ獲物にそっと近づくエスキモーのであれ、あらゆる思考)は「民族誌的に」、つまりそれがどのようなものであれ意味をなす世界を記述することによって理解されるべきだというこの見解からかなり直接的に多くの実践的な暗示が出てくる。しかしこの見解によって刺激された、強力で、包括的な、ともかくこれまでのところ異常に抑え難い不安というものもまた数多くある。ある人々、すなわち思考を社会的事実と捉える伝統とその多様化に向かう方向の継承者たちにとっては思考についての有益な考え方の導入と映るものが、他の人々、思考を内的出来事と捉える伝統とその単一化に向かう方向の継承者たちにとっては論理基盤の破壊のようにみえるのである。

より直接的な暗示のうちもっとも明白なものは、この見方においては思考とはそれぞれの共同体で手に入れることのできる象徴による形式(言語、美術、神話、理論、儀礼、科学技術、法律、それに例のこざかしい人間が常識と呼ぶ格言、秘訣、偏見、もっともらしい言い伝えなどの総体)の相互伝達の問題となるわけだから、そうした象徴形式や共同体の分析は思考を解釈する上で有益であるという以上にその不可欠な要素だということである。この立場からしばしば引き合いに出される研究分野は知識社会学ということになるが——私に言わせればこの名称はあまりにカント的である——、知識社会学は多様な意識を社会組織の類型に対応させ、次に後者の奥まった一角からねらいも定めずおおざっぱに前者のほうに矢を放つものではない。四角い部屋に座って四角い思索にふけっている四角い帽子をかぶった合理主義者は、スティーブンズも言うように、ソンブレロ[メキシコの帽子]を試してみるべきだ。知識社会学とは認識、感情、動機、知覚、想像、記憶……等々をそれ自体として、そしてとりもなおさず社会事象として考えるということなのである。

どのように正確にこれを行ってゆくか、どのようにして象徴の使用を社会的行為として分析し、それによって野外の心理学を書くかということはもちろんきわめて困難な仕事であるが、ケネス・バーク、J・L・オースティン、ロラン・バルトからグレゴリー・ベイトソン、ユルゲン・ハーバマス、アービン・ゴフマンにいたるあらゆる人々がなんらかのかたちでそれを手がけてきた。しかしもし何か明らかなことがあるとすれば、それはこの試みが共同体を思考が構築され解体される仕事場、歴史を思考が奪ったり明け渡したりする領土とみなすことによって多様／単一、産出物／過程というパラドックスを操作しようとすることであり、そのために権威の表現、境界の表示、説得の修辞法、誓約の表現、反対意見の表明といったやっかいな問題に目を向けようとするることである。

精神（あるいはイド）をライルのグロットー（秘密の小部屋）やローティのガラス体のような独立した実体と見なす人々の懸念、すなわち個別主義への不安、主観主義への不安、観念論への不安、そしてそれらすべてを一種の主知主義的「大不安」に収斂させる相対主義への不安などのさまざまなかたちで表現された不安が深刻なものとなるのはこの点においてである。そしてそこではイメージは政治的なもの、あるいはもっと悪いものになる。もし思考がこれほどまでに世界にかかわっているのなら、その普遍性、その客観性、その有用性、その真理を保証するものは何なのだろうか。

この個別主義への恐怖は（今や明らかであろうが）、いささか学問的な神経過敏症だと思うのだが、とくに私が専攻する人類学において顕著である。というのは人類学では、個々の、たいていは特異な事例に注意を向けることによって普遍的知識の可能性をつき崩しているわけだから、それよりむしろ性の比較研究とか文化のエネルギー論といったような何か正当な科学と呼べるようなものを取り上げるべきだと絶えず言われている。しかしこの点は歴史学に関してもある程度あてはまる。ある歴史家がかつて書いたことがあるが、歴史学の不安はすべてのことをとくに知ろうとするととくに知っていることは何もないという結果になってしまうということだ。主観主義への非難はたぶんある種の社会学者や科学史家により多く当てはまるのだが、イデオロギーや理論をそれを奉じている人々の概念の枠内で解釈するならば、その説得力やあるものが他のものよりどの程度進んでいるかを判断する手だてがないということである。そして観念論ということで通常意図されていると思われるのは、「存在することは知覚することである」(*esse ist percipi*)とか他の出所の明白な哲学教義に固執することではなくて、表面的なあらわれや象徴などにあまり注意を向けると神経細胞のはたらきなどといった表面にあらわれない真実がそれが注目されにくいために無視されてしまうということである。相対主義が喚起するのはこれらすべての非難と、それに加えた道徳的な弛緩と論理的な混乱(ここでたいてい持ち出されるのはヒトラーである)に対する全世界的な糾弾である。思考はわれわれがそれを見出す場所に存在する、それはあらゆる文化的形態とあらゆる社会的規模において現われる、そうした形態と規模こそ研究されなければならないという見解は、どういうわけか「ローマではローマ人のようにせよ」とか「人には持ち分」とか「ピレネーを越えれば別世界」とか「(アメリカ)南部ではさにあらず」ということ以外には何も言うことがないという主張と受け取られる。

しかし言わなければならないことはまだたくさんある。先にも述べたように、翻訳、つまりどのようにしてある言説から他の言説にかなり完全なかたちで意味が移されるのかそれとも移されないのかについても、間主観性、つまりどのようにして別々の個人が似たようなことをかなり似たようなやり方で思いつくようになるのかならないのか、さらにどのようにして思考が(革命その他の)変化を考案するかについても、どのようにして思考の領域が区別されるか(今日われわれは分野ごとの名称を持っている)についても、どのようにして思考の諸基準が維持され、思考のモデルが獲得され、思考の分業が行われるかについてもまだまだ実に多くのことが語られなければならない。思考の民族誌は他のすべての——信仰や結婚や政府や交換についての——民族誌と同様、多様性を称揚しようとするのではなく、思考というものを分析的記述と解釈的考察の対象そのものとして真摯にとらえようとする試みである。そしてそういうものであるから、それはわれわれの道徳心の高潔さに対しても、また言語学者、心理学者、神経学者、霊長類学者、人工知能の考案者たちが知覚、情緒、学習、情報処理の不変性に関して見出そうとしているどのようなことに対しても脅威となるものではない。それが脅威となるのは、個々の時間や場所においてわれわれが社会的に構築する「説明や像」(ネルソン・グッドマンの用語)よりもわれわれがみな共通して持っている「原始的な力」(テオドル・シュワルツの用語)のほうが、われわれがどのように思考するかを明らかにするという偏見に対してである。

III

この種の探究者のある者が明らかにすることと他の探究者が明らかにすることとの関係それ自体がもちろん小さくない翻訳の問題を提出する。すなわち、両者の関係が実際に調停され、探究者同士が概念の上で結合させられる程度に応じて、両者の思考に必ず何らかの著しい変化がもたらされるだろう。しかしその問題を追究するには、あまりにも多くの専門的に細かい議論を必要とするし、いずれにしても時期尚早であろうから、むしろここでのわれわれの議論全体の主題である精神の多面的でしかも単一的なありようにあの民族誌的アプローチが向けられるとどのようなことになるのかを追究することによって民族誌的アプローチというものをもう少し明確にしたいと思う。思考の多様性を支持する立場つまりフィールドワークのキツネたちにアピールする立場は、単一性の立場つまり仮説のハリネズミたちにアピールする立場と同様多くのことを語ってくれるという私の論点は、実証するまではいかなくとも方法論的仮定と研究の手続きという点からもう少し詳しく説明される必要があることは明らかである。

そうした仮定の第一の、そしてもっとも重要なものは、現代の学問のあれこれの言説を構成するさまざまな専門分野(あるいは専門的公分母)は人文科学も自然科学も社会科学もそれぞれたんに知的に有効な諸立場であるばかりでなく、ハイデッガー流に言えば世界‐内‐存在の諸方法、ウィトゲンシュタイン流に言えば生活の諸形態、あるいはジェイムズ流に言えば心的経験の諸変種でもあるということである。パプア人やアマゾン人が彼らの想像する世界に住んでいるのと同様に、高エネルギー物理学の研究者やフィリップ二世時代の地中海地方についての歴史家もそうした世界に住んでいる——少なくとも人類学者はそのように想像する——のである。現代の思考の民族誌が不可避な企てと見えてくるのは、これがわかり始めるとき、すなわちわれわれがイェイツのイメージの脱構築を企てたり、ブラック・ホールに熱中したり、経済的な成功に対する学校教育の効果を検証したりするのはたんに専門的な仕事に従事するというだけではなく、その人の生活の大きな部分を定義づける文化的枠組みを引き受けることだということがわかり始めるときである。われわれが果たしていると思う役割とはわれわれが持っていると気づく精神のことなのだ。

そうした職業的に形成された思考様式を解明し、(もちろんそうした職業的な思考様式を持っていて、それを必然的なものとみなしている人々にだけでなく）それを異質あるいはよくないものとみなしている人々にも理解可能なものにすることを目指した数々の研究方法の発展には、その案内役となった研究がないわけではもちろんない。なじみのないものの見方に直面したときの困惑を軽減することは私自身が携っている学問の少なくとも一つの分野が専門としてきたことであり、それはテワ族やトルコ人やトラック島民を少しでも謎に包まれた不思議な存在でなくすることと関係している。しかし、他の人々もまたそれに目を向けてきた。歴史家とくにわれわれがどのようにして以前よりもずっと賢明になったのかということ以上の問題に関心を向けている歴史家、文芸批評家とくにトウェーンやメルヴィル以外のものを原典で読んだことのある文芸批評家、そして最近では哲学者までがこの問題に目を向けるようになってきた。もし文法が英語の（あるいはその対面ページのドイツ語の）使用者にとって世界を説明するものであるとすれば、それは中国人にとってもそうでなければならず、またその逆も同じであると彼らは思いいたったのである。しかしこれまでのところ他者の経験のパターンを了解し少なくともそのある部分をそのパターンのまったく異る人々に伝える方法について多くのことが学ばれたが、しかしそのどれも歴史家と社会学者、精神科医と法律家、そして傷口をこするようなことを言えば昆虫学者と民族誌家を間主観的関係に導き入れるところまでいたってはいない。

いずれにせよ、私自身の分野だけに限って言えば、現代の思考の民族誌的理解に有効と思われる方法論上のテーマは数多くある。しかしここではただ三つのことに、それも簡単に触れるだけにとどめておきたい。すなわち、収斂的なデータの使用、言語学的分類法の解明、ライフサイクルの検討の三つである。

収斂的なデータということで私が意味しているのは、記述、評価、観察のことであるが、それらは一見したところ正確さや一般性のタイプも程度もさまざまでむしろ雑多とさえ言えるほど便宜的に収集された、さまざまに描き出され標準化されていない事実である。それらが記述し評価し観察している個々の人間たちは直接的に互いの生活に関与しているという単純な理由から、互いに影響を与えあっていることが明らかになる。アルフレッド・シュッツの素晴らしい表現では人々は「ともに年を取る」のである。そういうものであるからそれらは登録名簿や調査や人口統計から得られるデータ、つまりそれ以外では関係を持つことのないグループ——一九六〇年代に経済学の学位を取った全女性とか、第二次世界大戦以降二年ごとに出版されたヘンリー・ジェイムズに関する論文の数とか——についての事実を与えるデータとは異っている。人類学における自然の共同体、互いに多様なしかたで関係しあっている人々の集団への注目は、異った要素のたんなる集合とみえるものを互いに補強しあう社会的理解のネットワークに変えることを可能にする。そしてブッシュマンがそうでないのと同様、現代の学者たちは一つはめの宝石ではないので、彼らに対しても同じ研究方法が可能なのだ。

実際、われわれが「文学」とか「社会学」とか「物理学」といった名称にとらわれることなく事物の本質に近づいてみると、学問の共同体は実際のところふつうの農村よりたいして大きいわけではなく、ほとんど同じくらい閉鎖的である。その専門分野がまるごと農村のパターンに当てはまるものさえある。創造的数学者たち(かつて一五世紀イタリアの美学者によって知力のうずきを証明によって静める者たちとあざやかにかたづけられた連中)がほとんど皆互いに知りあいだというのは明らかに今なお真実であり、彼らの相互関係、まさにデュルケーム的連帯は(デュルケームが連帯の事例として取り上げた)ズル族的な人間を得意がらせるであろう。同じことがプラズマ物理学の研究者、心理言語学者、ルネサンス研究者およびボイルのすこし古い言い方をもじって「見えない大学」と呼ばれるようになった他の多くのグループにもある程度当てはまるように思われる。そのような単位、お望みなら知的村落と呼んでもよいのだが、そのような単位からも収斂的なデータは収集できる。なぜならその住民たちの関係はたんに知的であるばかりか政治的、道徳的、そして概して個人的でもある(近年は婚姻関係も増えている)からだ。実験室、研究所、学会、中心的大学の学部、文学あるいは芸術の閥、知的党派、すべてが同じパターンをふんでいる。これらは互いがあまりにも長くまたあまりにもよく知りあい互いの伝記の登場人物になりあっているので、Aについて発見した何かがBについても何かを語ってくれるような多重に関係しあう諸個人からなる社会なのである。

一般的な民族誌から思考の民族誌への移しかえが可能にみえる第二の方法論上のテーマ、言語学のカテゴリーへの関心は、もちろん人類学に特有のものではない。よく言われるように、この頃はだれもかれも言語に「首を突っ込んでいる」のであるから。しかし、この学問の誕生以来の長い議論に端を発する「マナ」、「タブー」、「ポトラッチ」、「ロボラ」等々についての人類学的関心は幾分特殊な傾きを持っていることも確かである。人類学はその意味が解明されれば世界を取り扱う方法全体を照らし出すと思われるいくつかの基本的な用語に注意を集中させる傾向がある。

私は元来そういったことに興味を持つたちなので、種々の専門分野が自らに対して自らのことを語る語彙はそこに働いている思考様式の種類に近づくための一方法として当然私を引きつける。たとえそれが、多くのワイン鑑定家と同様、彼らにとって明らかにきわめて現実的であるが他のすべての人間にとっては目に見えないような「深い」証明、「エレガントな」証明、「美しい」証明、「力強い」証明、「精妙な」証明の相違について語っている数学者であろうと、「気が利いている」とか「すれすれの」といった非常に特異な言葉で賞賛したり非難したりする物理学者であろうと、部外者にとってはともかく神秘的な、人によって大きさの異なる「理解力」と呼ばれる所有物に訴える文芸評論家であろうと、ある学問的な追求に身を捧げる人々がそれによって彼らの目的、判断、弁明などを表わす用語は正しく理解されれば、その追求がいったい何についてのものなのかの理解に向かって大きく歩を進めさせてくれるように私には思われる。

あの神聖化された「科学」対「人文学」の分割そのものを含めたより大まかな大分類でさえ強い「説得的な定義」と言えるような諸要素を内包しているのであって、この種の吟味にかけられてよい時期にきている。そのどちらともつかない中間的な大分野、スノーが考慮し忘れたいわゆる「第三の文化」においてはその企図全体を「社会科学」と呼ぼうとするか、「行動科学」と呼ぼうとするか、「生活科学」と呼ぼうとするか、「人間科学」と呼ぼうとするか(あるいは、「科学」の名を冠することをまったく否定しようとするか)は、その企図全体が何であるのか、また少なくとも当然何であるべきなのか、さらに少なくとも何になることは極力避けられるべきだと考えられているかについて非常に多くのことを語ってくれる。そして科学における「ハード／ソフト」「純粋／応用」「成熟／未熟」といった区別や、人文学における「創造的芸術／批評的研究」の区別も同様のイデオロギー的色調を帯びているのであって、その色調はシンクタンクの技官やニューヘイブンの大御所たちに対する時折のふんまんの爆発はさておき、通常考察されている以上に深く考察する価値がある。

私の第三のテーマであるライフサイクルへの関心は、人間存在の生物学的基礎に対する感受性から発してはいるが、厳密な意味で生物学的だというわけではない。それはまた社会的、文化的、心理学的諸現象を経歴というコンテクストの中に置くが、厳密な意味で伝記的なものでもない。通過儀礼、年齢と性による役割の決定、世代間の絆(親／子、親方／徒弟)が民族誌的分析において重要なものとされてきたのは、ほとんどすべての人間の経験する地位と関係に注目することによってわれわれの資料の渦巻きのなかで少なくともかなり固定した点を提供してくれると思われたからである。

思考について考える際にこの種のものの見方が有効であることを証明する方法は数多くある。そのうちの二つだけを次に挙げてみよう。

その第一は学者の共同体において特徴的なきわめて特異な経歴のパターン、すなわち中心から出発して周辺に向って移動するというパターンである。その共同体に入るのは頂点や中心あるいはその付近においてである。しかしイメージが適切かどうかは別として、大部分の人々が定着するのは頂点や中心またその付近にではなく、頂点から下ったところあるいは中心から離れたところである。具体的に言えば、たとえば私の職種における博士号の圧倒的部分は今なお七つか八つの大学によって与えられている。しかしそれらの大学に残るのは博士号取得者のごく一部にすぎない。もちろん他の大学で与えられた博士号もあるし、たぶん近年は幾分拡散してきたかもしれない(最新のデータはこれを裏付けていないが)。しかしそれにもかかわらず、大多数の人々が数年間その心臓部とされるところにいて、それからさまざまな度合とさまざまな速度でいわゆる「下降する」——あるいは、すくなくとも自分がそう感じる——という経歴パターンに従うことは今もなお変らない。そして、他のいくつかの学問分野においてはこの現象はさらにいっそう顕著である。全国の物理学部には「一時マサチューセッツ工科大学(またはカリフォルニア工科大学)にいた」ことのある人間が散らばっているし、プリンストン大学で英国史を学んでルイジアナ州立大学で教えれば、その人の人生には特別な格調がそなわることになろう。

このパターン(その正当性をうんぬんするつもりはないが)がいかに奇妙なものかを理解するためには、全員が底辺で職に就き、段階を追って頂点に向って動いてゆく警察、あるいは軍隊の二階級すなわち将校と下士官兵の別々の経歴の進路、さらに教区の牧師と司教との中間にはほとんど地位らしきものがないので大多数の人間が位階序列制のほぼ同じレベルに三〇年も四〇年もとどまるカトリック教会を考えてみればよい。人々を学者の共同体に組み入れるこの特殊なパターンが思考に対して与える影響については私の知るかぎり誰も研究していない。しかし誰かがやらなければならず、その「エデンの園追放症候群」とでも呼びうるものは、われわれの一般的心性の形成においてむしろわれわれが自ら認めてきた以上に重要である(そしてわれわれの儀礼生活——たとえば学会——の性格をかなりの部分説明する)と私は確信している。

私がここで挙げたいと思う第二の、そして前の問題とかなり密接な関係にあることがらはさまざまな学問分野において異った、あるいはともかく異っていると思われている成熟のサイクルである。数学はもちろん少なくとも一般的なイメージでは一つの極端な例で、一八歳で最盛期を迎え二五歳で枯渇すると考えられている。歴史学はもう一方の極端な例で、五〇歳では大きな問題に取り組むにはまだ若すぎると考えられることがある。事実上あらゆる成熟のサイクルが驚くほどの不協和音を奏でているのが即座に見てとれるプリンストンの高等研究所を訪れた人がある昼下がりのお茶の時間に数学者と歴史学者にこの頃研究所はどうですかと尋ねたとしよう。「ええ、ごらんのとおり、まだ数学者の幼稚園でね」と近くの髭も生えていない若者に手を振りながら歴史学者は言い、「それに歴史学者の老人ホームでもある」と数学者は言うだろう。

問題となる事実はこれより複雑であり、それが何であるかを判定するためにはさらに巧妙な概念が必要であることは明らかである。私はこの問題においても、またきわめておおざっぱに提起した他の問題においても弁護すべきどのような実質的提案も持ち合せていない。私が言いたいことは、さまざまな学問分野における成熟(および成熟後)についての「原住民の」概念が、その概念が引き起こす心配や期待とともに当該の学問分野の多くの部分を「精神的に」内側から形作るということである。それはその分野に識別的、ライフサイクル的、年齢構成的性質、すなわち全体に浸透している希望、恐怖、欲望、失望の構造を与えるのである。そうした構造の研究はプエブロ・インディアンやアンダマン島民に関してきわめて行われてきたが、化学者や哲学者に関してはまだ行われておらず、当然行われて然るべきことなのだ。

言っておくが、思考する者たちに彼らが携わっているのは何であるかを理解する方法を助言しながらこの方向に進むこともできよう。しかしわれわれはここできわめて特殊でありかつ普遍的な一般的問題、つまり精神活動の単一性と多様性の問題にかかわっているわけだから、思考をさまざまな形で活性化され、さまざまな方法で組織される、さまざまな目的をもった社会的行為として考察するという含みを引き出しておく必要がある。

とくに教育のある人々を担い手として社会全体に対して一般的な知的規範を示す一つの総合的な高文化(それがそもそも存在したと仮定すれば)が再び出現するだろうという根強い希望は捨て去られなければならない。そして意見や情熱だけでなく経験の土台そのものが根本的に異っている学者、芸術家、科学者、知的職業人、および(あえて望むなら)行政官が何か付随的な意見を再び交換し合い始めるだろうという数段控え目な野心がそれにとって替えられなければならない。ハロルド・ニコルソンが一九一五年にロンドンの街角である貴婦人から「お若い方、あなたはなぜ文明の弁護から手を引かないのですか」という質問を受けたときに答えたという有名な言葉――「奥様、文明とはとりもなおさず私のことなのです」――は今や主賓席のもっとも高いところでさえも聞かれることはない。われわれに望めるのは、もしそれが起こるとすればあのきわめて稀有な現象、有用な奇跡となるであろうが、われわれが互いの職業的生活への接近法を考え出すことができるということだけなのである。

「一般教育」において「一般」という概念はどこへ行ったのか、そして高度な訓練を受けた野蛮人たち、ウェーバーの言う「精神なき専門家、心なき感覚主義者たち」を育てないために教育の一般性を取り戻すにはどうすればよいのかという問いは、今日知的生活について真面目に考える人々すべてにつきまとう問いである。しかし、それをめぐって起こる議論の大部分はある種の不毛性つまり同等に弁護できるがあまり実際的でない見解どうしの果てしない振子運動という運命を免れられないように私には思われる。なぜならそうした議論はその出発点として、回復されるべき(あるいは回復されてはならない)ものはある種の拡散したヒューマニズム、つまりマックス・ブラックがあるところで言ったような、「アテネの紳士やルネサンスの宮廷人のではなく、われわれ自身の緊急の問題に適合するように改訂された」ヒューマニズムであるという考えをとるからである。そのような目論みがどんなに魅力的であろうと(私はかならずしもそうは思わないが)、それは明らかに不可能である。

現代の意識の特徴は、私が強迫観念になるほど主張してきたようにその途方もない多様性である。われわれとわれわれ以降の時代にとって、一般的な態度や視点や世界観《ヴェルトアンシャウンク》が人文学(あるいはここでは科学でもいいのだが)から産み出されて文化の方向を形作るというイメージは妄想なのだ。そのような一元的な「ヒューマニズム」のための階級的基盤は具合のよい浴槽や気持のよいタクシーといった他のもろもろのものとともに失われてしまった。しかもそれがまったく存在しないだけでなく、いっそう重要なことに学問的権威、古い書物、古い作法という基本的なものに関する意見の一致も消え去ってしまったのである。もし私がここで提出したような思考の民族誌が実践されるならば、この結論をいっそう強めるだけのものになるだろうと私は確信する。それはわれわれの多様性の認識を、主題、方法、技術、学問的伝統などのたんに専門的な領域のみならず、精神としてのわれわれの存在というより大きな枠組にまで拡大することになるので、現在われわれがいかに多様なやり方で思考しているかということについてのわれわれの了解をいっそう深いものにするであろう。「新しいヒューマニズム」、つまり普遍的な「考えられ、口に出される最良のこと」というイデオロギーをでっち上げ、それをカリキュラムに組み入れるという発想はたんに受け入れ難いだけでなく、まったく現実離れしている。たぶん実際にはかなり厄介な発想である。

しかし、われわれの職業の特殊性がいかに深くわれわれの生活のなかに入り込んでいるか、またこうした職業はたんにわれわれが精を出している一つの商売にすぎなくはないのではないか、またわれわれがどんなにどっぷりと一つの世界に住み着いているかといったことについてのより正確な認識によって何か新しい形の「精神の一般的文化」がそうした方向を変えてくれるという希望がくじかれなえてしまおうとも、われわれは必ずしも無政府状態、助成金をめぐる争い、そして少し程度の高い唯我論に陥ってしまうわけではない。文化生活の統合の問題は異った世界に住んでいる人々が純粋でしかも互酬的な影響を与え合うことを可能にするという問題なのだ。一般意識というものが存在するかぎりそれは必ずしも一つの尺度で測ることのできない見解を持った雑多な群集の相互作用から成り立つものであるということが真実であるならば、一般意識の生命力はそうした相互作用が生じるような状態を作り出すことにかかっている。そしてそのためには、第一歩はまちがいなく相違の深さを受け入れることであり、第二にこうした相違が何であるかを理解すること、そして第三にそれらを一般化するある種の用語——計量経済学者や碑文研究家や細胞化学者や図像研究家がそれを使って互いに自分自身についての確かな説明を与え合うことのできるような用語——を作り出すことである。

この問題、つまり職業によって形成された思考様式の深い相違の問題がたんに私の頭のなかだけのものの、その商売を鼓吹する一人の人類学者の考案物ではないことを示すために、二年ほど前の『ニューヨーク・タイムズ』の二つの特集記事を結論として引用させていただきたい。第一のものはある若い、きわめて頭脳明晰そうなラトガーズ大学の数学の準教授が彼の著作に関する『ニューヨーク・タイムズ』の社説への返事として書いた手紙で、地味な黙示といったこの新聞のいつものやり方で「数学の危機」という見出しがついていた。『ニューヨーク・タイムズ』によれば、「危機」というのは、一つはアメリカ、一つは日本の独立した研究チームがあまりにも長くあまりにも複雑なので事実上歩み寄る余地のない互いに矛盾する証明を行ったことであった。これは必ずしも正確な捉え方ではない、とアメリカのチームの一員として当然事の次第を知っている投稿者は言うのだ。少なくとも彼の感じるところでは、危機はたんなる方法論上のものというよりもはるかに核心に迫るものであった。

［証明の］問題箇所はかれこれ一年以上の間未解決のままにされていました［と彼は書いている］。

こうしたことは経済学者や生物学者や物理学者の論争においてはけっしてめずらしいことではないのです。その論争が注意を引いたのはまさにこの種の事態が数学界では前代未聞だったからに他なりません。いずれにせよ一九七四年六月に[日本のチームが]自らの証明に誤りがあったことを発見しました。

問題は、おわかりのように、証明が長すぎ複雑すぎたことではありません。ちなみにわがチームのものもちょうど一三ページにわたっています。むしろ問題はホモトピー理論が数学以外ではまったく興味を持たれない抽象的な分野で、ただ一人の研究者が独力で立証しようとしたことから起こったのです。このこともあって私は私自身の「数学の危機」に立ちいたりました。まさに数学には「たぶん」が存在しないために、そして純粋数学はあまりにもひどく現実から遠ざかってしまったために、私は自分がもはやそのような勝利を手にすることはできないと確信したのです。この秋、私は医学部に入学するつもりです。

もう一つの引用は、これとはまったく無関係に一週間ほど後に現われたもので、シカゴ大学のフェルミ研究所の教授による「物理学者の仕事——宇宙の整頓」と題された短い記事である。投稿者は学生たちや世間の人々が物理学を「鮮明で、明確で、ドライな」ものとみなしているという事実に悩まされている。物理学はそんなものではない、また人生もそんなものではないと彼はある種の荒々しさで語っている。彼はさらに物理学に関する事実の例をいくつか——ふくらんでいる標準的な風船の上にとまった標準的なアリの例など——を挙げて、結論を述べている。

物理学は人生に似ている。完全というものがない。けっしてきちんと縫い合わされることがない。それはまさによりよいもの、さらにもっとよいものの問題、またどれだけの時間と興味をそれに当てるかの問題である。宇宙は本当に湾曲しているのか。この問題はそれほど明確でもドライでもない。理論は現われては消えていく。理論は正しいのでも間違っているのでもない。理論は新しい情報が入ってくると変わってしまうのであって、一種の社会学的立場を持っているのだ。

「アインシュタインの理論は正しいか」、それは世論調査をして判断すべき問題なのだ。アインシュタインは目下のところどちらかと言えば「はやって」いる。しかしそれが「真理」なのかどうかは誰にもわからない。物理学は一種の素朴さ、正しさ、自明さを持っているという見方があるようだが、私は物理学のなかにそのようなものをまったく見出さない。私にとって物理学は朝食と夕食の間に行う活動である。誰一人として「真理」について語った者などいない。たぶん「真理」は「はやらない」のだ。人は「さてこの見解は相対性理論に照らして良さそうか悪そうか」と考えるのである。

物理学は人を混乱させる。人生と同様、いとも簡単に別のやり方ができる。それは人間のやることであるから、人間らしい判断を下し、人間らしい限界を受け入れなければならない。

こうした考え方は、ひょっとしたら普通以上の精神の柔軟性と不確かさへの寛容を意味しているのではないだろうか。

問題なのは数学に形而上的な病いがあり、物理学にくつろいだ陽気さがあるということではない。数学者の仕事の途方もなく美的な報酬――漁師や音楽家と並んで、彼らはたぶん最後の真の詩人であろう――について彼ら自身が語ったもっとよく知られた言葉を引用したり、宇宙的であろうとなかろうと整然さをまったく欠き、魔術的で極彩色の超微細な分子の世界の絶望的無秩序状態についての物理学者のもっと通俗的な言い方を引用することによって反対の印象を作り出すことも可能であろう。肝心なのはそこに「おそらく」が存在しない技法、あるいは逆に「たぶん」という信条によって生きる技法の実践が一般にその人の事物へのアプローチに影響を与えるということである。超然としていればしているほど完全に、完全であればあるほど超然としているように見えるのはホモトピー理論の定理だけではないし、新しい情報が入ってくるにつれて変化する社会学的立場に似てくるのは相対性理論に対する信奉だけではない。学問的経験に関するこれらの抗し難い諸事実への反応は、私に言わせればもちろん一様ではないのだ。清潔でよく日の当る場所を享受している者もあれば、そこから追い出されている者もある。また日常の混乱に引きつけられる者もあれば、そこからの逃亡を切望する者もいる。もし新聞に本心を投書する気になるようなことがあるとすれば、ミルトンの研究者や民族音楽の研究者の手紙を引用した場合にもきっと似たような激しい見解が示されることであろう。

しかしこのことの全体についてわれわれが知っているのはほんのわずかである。われわれは今日、特定の学問、教育、および創造的活動を中心とした生活をすること、あるいはそれをとおして実現される生活をするということが一体どのようなことなのかについてほんのわずかしか知らない。そしてわれわれがもっと多くのことを知るまで、現代社会——そして現代教育——におけるさまざまな研究の役割についての大きな問いに答えようとする試みはもちろんのこと、それを提起するだけの試みさえ失敗に終わり、この問題に関しては現在とほぼ同様検討されていない過去からの遺産、つまり情熱的な一般論になってしまうにちがいない。思考への民族誌的アプローチが断固反対するのは心理学の実験や神経の研究やコンピューターによる塑像術ではなくて、まさにこのことなのである。

原註

(1) この章はもともとアメリカ芸術科学アカデミー(the American Academy of Arts and Sciences)創立二〇〇周年記念での講演である。

III

第八章　ローカル・ノレッジ——比較論的視点からの事実と法

I

法および民族誌は、帆走や庭造りと同じく、また政治や詩作がそうであるように、いずれも場所に関わるわざ《クラフツ・オヴ・プレイス》である。それらは、地方固有の知識《ローカル・ノレッジ》の導きによってうまく作動するといってよい。たとえばパルスグラフにしろチャールズ河橋にしろ、今審理中の事件にかかわる場所は、法の考察が発する土壌を与えるのみでなく、法がとりあつかう対象そのものである。そして民族誌の場合でも、ポトラッチや擬娩のような一定の地域にみられる慣行は同様の意味をもつ。とりとめのない学識、風変りな雰囲気そしてそれに加えて人類学と法学が共有するであろうそのほかのものがなんであれ両者はいずれも、まずもって局地的な事実のなかに広く普遍的な原理をみつけ出す職人仕事に属するものといってよい。アフリカのことわざにあるように、まさに、「知恵は蟻塚に発する」のである。

両者の精神の型にみられる類似点、すなわち都市を理解することはその街路を知ることにほかならぬというアプローチを心に留めてみると、法律家と人類学者はお互いのために存在するようなもので、両者のあいだでは見解と論議が並はずれて容易に展開してゆくと想像されることであろう。けれども実際の近しさの感覚とは、その両者を結びつけるのと同じくらいに両者を隔てるものなのである。ヨットマンもブドウ栽培・醸造家も互いの生に対する感覚能力を賞讃しあうであろうが、といって彼らが互いになにを話すべきかという点についてはそれほど定かではないのである。法律家と人類学者という、いずれも適例をみつけ出す眼利きであり、手近な問題の鑑定に長けた存在も同様な関係のうちにある。法律家と人類学者の選択親和力こそがまさに両者を分け隔てるといってよいのである。

法律家が法人類学《リーガル・アンソロポロジー》と呼び慣わすものと、人類学者が法の人類学《アンソロポロジー・オヴ・ロー》と呼ぶものとの違いをきわだたせる数多くの綿密な穿鑿が生まれるのも、そうした両者のきわめて似通っていて、しかも両者の仕事のかけ離れた関係の由縁である。ホームズによれば、法律家の仕事とは、「裁判官のまえに出廷する際に必要なこと、……ないしは出廷しないで済ませるに必要なこと」をわれわれに提供することであり、人類学者の仕事とはクラックホーンを引用したホーベルにしたがうと、われわれが「「自分自身を」「われわれ人類が有する」無限の多様性のなかに映しだす」[1]大きな鏡をつくりだすことにあるという。これらのこまごまとした詮議のなかでもっとも念の入ったものといえば、法の本質は法制全体のなかに存するのか、それとも法規に存するのか、あるいは法過程が問題なのかいや法概念なのか、それとも判決なのか法典なのか、手続きなのか形式か、をめぐる際限のない論議であり、さらに法は人間社会のいずこにも見出しうる仕事のようなカテゴリーであるのか、それともある特定の社会にしか存在しない対位法のようなカテゴリーかという終わりなき議論である。

ある文化では記述された規範として姿を現わすものと、別の文化では慣例とみえるものの不確かな関係に関わるこうした問題は、「宗教」「家族」「統治」「芸術」という項目について、いや「科学」という項目についてさえ、避け難く生ずる難問ではあるが、致命的なほどではないと認識されて久しい。にもかかわらず「法」の場合、この難問は不思議なくらい障害として立ちはだかる。この問題は、法の論理的な側面と実際的な面にくさびを打ち込んで、その結果法がめざす企図の全体を台無しにしてしまうのみならず(「法の生命とは……経験であった」という引用をもう一つもち出せばすべてを台無しにしてしまう)、さらにその問題によって、正義の執行についてそれを法廷の論議として分析するアプローチと、民族誌的なアプローチは不要なまでに対立してしまい、その結果、法律家なき法とか制裁なき法、法廷なき法、あるいは判例なき法などをタイトルとする書物と論文の奔流が生まれてしまった。そうした流れをここらで適当に絶ち切るには、法なき法というタイトルの出版物を出すしかないのであろう。

特殊な世界に限定され、特別の技能に大きく依存する、それら二つの実践的傾向の強い専門家のあいだの交流はこれまで、両者間の調停と綜合をつくりあげるというより、曖昧さとためらいを生み出してきた。そして、法学的な感性《センシビリティ》が人類学に浸透したり、あるいは民族誌の感性が法学に浸透するどころかわれわれの行ったことといえば、西洋の法学的な考え方が非西洋の文脈で妥当性をもつのか、法の比較研究は、アフリカ人やエスキモーが正義をどうとらえているか、トルコやメキシコでは紛争にどのように対処するのかという問題に関わるべきか否か、法的規則は行動を抑制するか、それとも、裁判官、法律家、訴訟当事者ならびにほかの策謀家がいずれにしろやりたいと思うことを巧みに隠蔽して合法化する手助けを行うだけなのか、等々に関する類型化した熱のない論争なのであった。

私がこうした不平に満ちた評言を加えるのは、『犯罪と慣習』『シャイアン・ウェイ』『バロツェ人社会における裁判過程』『ティヴ人の正義と判定』などを部族社会における社会統制についての古典的な分析例とする、これまでに法人類学の名のもとに行われた研究を無視しようとするためではない。いやいくつかの興味をそそる魅惑的な例外(たとえばサリー・フォーク・ムーアによる無過失責任の研究、ローレンス・ローゼンの裁判上の量刑裁量権の研究)をのぞいて、以前と変わりばえのしない対象と用語を使って目下のところ行われている研究に攻撃の狙いをつけようとしているのでもない。私がぶつぶつ言うのは、いわゆる法人類学から距離を置きたいと思うからである。[2] 民族誌と法が出会った所産を、ちょうど社会心理学や地球外生物学あるいは科学史のように、自分野の内部に生じ、専門分化して半ば自足的な、人類学の下位領域の発展と考えることによって、人類学者たちは(しばしこの場では人類学者の集団のみを相手にすることとする。のちに私は法律家の立場も問題にするつもりである)ローカル・ノレッジの問題について、まさに誤ったやり方で解決しようとしてきたのである。確立した学問分野から新たに生成する枝分れの進展が意味をもつのは、その対象とする問題が既成のどの分野にも属さぬ本来的な間隙に生まれた現象であるときのみといってよい。その例が生化学である。あるいは、特定分野の慣習的な観念をそうでない領域に展開する宇宙物理学の場合にも新たな枝分れが意味をもつ。だが法学と人類学の場合、そこではいずれの側も、相手方が自らの分野に存する古典的な問題と対処する際になんらかの役に立ちそうなものをどこかにもっていないかと、あるときは想いこがれ、あるときには半信半疑に思案するばかりであって、さきにとりあげた新たな展開の状況にない。そうした自称対話者たちに欠けているのは、海洋ブドウ栽培ないしブドウ栽培帆走術といった半身半獣的な研究分野でなく、相手側の分野とはいったいなにかについてのきわだった、そしてより厳密な認識なのである。

　そしてこのことは、これまで行われてきたやり方よりももっと法と人類学をバラバラにしてしまう方法の必要性を示しているように思われる。すなわち無条件につべこべ言わずに法を人類学に接合するのではなく、それがどんなに無関係にみえ別様に呼ばれていようと、二つの分野の交差する道に存在する分析的な争点を見つけ出すことがそれにあたる。そうした方法は内向きのアプローチ、つまりわれわれも相手も互いにそれぞれの領域に侵入しあい、おのずから落ち着くところを得るところがあるというアプローチではありえないであろう。さらにいえばその方法とは、社会上の慣習のなかに法的な意味を注ぎ込もうと骨を折ったり、人類学的な知見を用いて法律上の論証を修正しようと奮闘することではない。それは二つの領域のあいだを解釈学的に方向を変えながら進んでゆくことである。まずある分野の方向に、そして次は別の方向にジグザグに進んで、両分野にその性格を与える、道徳的、政治的、知的な争点を系統立ててゆくことである。

　このやり方を用いて私が提出したいと思う問題とは、もっとも一般的にいってしまえば——そしてあまりに一般的すぎて輪郭も定まらないのであるが——事実と法との関係性である。……である／……であるべき、あるいはザイン／ゾレンの問題が、それが生み出すほかの小さな問題も加えて、少なくともヒュームならびにカント以来ずっと西洋哲学の恒常的な問題であったように、法律の分野においても、自然法、政策科学ないしは人為的な適法化《ポジティヴ・レジティマイゼーション》などをめぐるどのような論争も存在と義務の問題をやはり論議のいちばんの中心としてきたのである。と同時にこの問題は、法と人類学双方の実際的な言説にきわめて具体的に示された特定の関心という形をとって存在しているようにも思われる。まず法の場合実際に生じたことと、それが適法であるかどうかというかたちで、裁決にかかわる証拠の側面と律法主義的な側面との関係とかかわってこの問題が姿を現わす。人類学においては、観察される行動の実際のパターンと、それらの行動を司ると思われる社会上の慣習、つまり実際に生じたこととそれが社会的な文法にかなったものか否かという関連のうちにこの問題が存在する。事実を概略化し、その結果明確な規則を用いて道徳的な問題も処断できるほどに道徳の領域を絞りこんでしまう(私の感じでは、それこそが法手続きのもつ決定的な特質であるが)ことと、その意味が文化的に解釈できるようになるほどに社会的行為を図式化してしまうこと(私の考えではこれこそが民族誌的分析の特徴にあたる)のあいだには、偶然の親近性以上のものがある。(3) きわめて実際的かつ具体的なレベルにおいて、それら二つの日常的な知恵には、議論しあうに足る本質的なものが含まれているといってよいのである。

＊

これからしばらく法の分野に向きをかえて(と同時にこの分野において著名な一作品の悪口をいうのだが)ゆくこととする。法的判断の領域に占める事実の意味は、ギリシャ人たちが自然と人為的慣習とを大仰に対立させてその問題をもち出して以来、議論紛々とした問題であった。現代になると、自然《フィシス》と人為《ノモス》の境界はそれほど定かでなくなり、そしてもっと知るべきことがでてきたように思われるのではあるが、事実の問題は法的な懸念の絶えることのない焦点となっている。事実が爆発的に増加拡散したこと、事実に対する懸念、それに反応して行われる事実の無毒化等々は、法の実践および研究の双方をますます途方に暮れさせるようになってきたのである。

あらゆる面で事実の爆発的増加がみられる。事実発見の過程が存在し、それが、手押し車で書状を配り合い、録音機に話してくれる人なら誰彼なく証言をとってくる文書の戦士を生み出す。商法上の事件には途方もない複雑さがあり、お気の毒な判事や陪審員はいうに及ばず、ＩＢＭの財務担当者でもなかなか判断に苦しむといってよい。また鑑定人を依頼することが急増しており、これまでにもお馴染の情に動かされぬ病理学者や興奮しやすい精神科医のみならず、インド人の墓地について、ベイズの確率論について、官能小説の文学的価値、ケイプ・コッドの居留史について、フィリピン語のスピーチ型式について、あるいは家禽類の取引きにまつわる概念上の不可思議さ——たとえば「ニワトリとはなにか？アヒルでも、七面鳥でもガチョウでもないもの」——についてなんでも知っているような人びとが呼び集められる。行政事件訴訟——集団訴訟、機関訴訟そして参考人による陳述、特別司法執行官等々——の数も増加している。その結果裁判官は、アラバマの精神病院やシカゴの不動産そしてフィラデルフィアの警察、あるいはプロヴィデンスの人類学科について通常抱くであろう関心を超えて精通せざるをえないようになっている。つまりこの事態には現代社会特有の技術をめぐる不断の動き、あるいは新しいことを生み出そうとする激しい熱情がみられる。こうした不断の動きこそは、電子防犯装置、声紋、世論調査、知能検査、ウソ発見を、そして著名な例としては弾道テストや指紋といったすでに確立した裁判上の調査に加えて証言誘引捜査などあやふやな科学的方法をもたらしたのである。その背景にはなににもまして、事実を断定することの実現性と、手に負えぬ事件を解決するための事実断定の力に対するいや増す期待という世の中の急展開、すなわち科学主義という全体文化が万人を承服させてしまった期待感が存在しているのである。このことが、たぶんブラックマン判事をして(現在では、さまざまな下院議員も同様な熱心さで彼に従っている)、堕胎の問題の解決をめざして胎生学の迷宮に入り込ませる事態を招いたといってよい。

以上に述べたことのすべてが法体系とその番人のあいだにひき起した事実に対する懸念はまごうことなく存在している。法廷における情報の評価をめぐる総体的な周到さをみると、素人の手に事実評価の判断が委ねられがちであるコモンローの体系においてはとりわけこの懸念が、長年の司法上の当然な感情であることももっともといってよい。証拠の準則および、その準則が具現する存在を法の問題と事実の問題にマニ教的二分を行うことが、法と事実の関わりに対する関心というよりも、どんな意味であれ「事実の合理的な検証者」としての陪審員に対する不信から生ずるというのは、手引書にもみられるようなごくあたりまえのことである。証拠認定訊問での判事の役目とは、最近のそんな手引書がみごとにいいあてたように、「裁判が証拠なしでもうまく運ぶ［であろう］」頃合いを決定することである。[4] 民事事件における陪審裁判の全体的な衰退、陪審員の活動に関する実態調査の増大、陪審改革にむけての絶え間なき提案、民事訴訟体系から審問過程を移入することの提案、あるいは初段からの見直しなどに加えて、「食べ物も与えないで一〇人の善き男性と二人の女性を寒い部屋に閉じ込めること」が、「法曹界のもっとも賢い頭脳をさえ困惑させる難問」を解決するうえでほんとうに理にかなった方法であるのかどうかに関するA・P・ハーバート流の道徳的な憂慮の拡がりもまた、まさにその不安、すなわちできごとと情況の世界が法律の手からすり抜けてゆく不安をものがたっている。[5]

陪審の価値を貶めること（かつてフランク判事は陪審制度を、威信をやみくもに欲しがる太平洋の島民が狂喜して望んだ、使い途のない等身大の魚釣針にたとえたのだが）は、訴訟手続きのなかに事実を寄せつけまいとする欲求がふくれあがることの唯一の顕れでもない。(6) 不法行為法の分野で無過失責任の概念がますます受け容れられるようになると、「なにごとが起きたか」という事物の側面はたんなる行動論者がとり扱いうる次元のものにされてしまった。あるいは反対に、無過失責任の概念が行き渡ると、実際のできごとをまったくの無意味なものにしてしまう。さらに刑事事件の場合、有罪答弁取引がしばしば行われるようになったことによって、あらゆる点についての証拠を系統だてるために過度の活動をしないで済むようになって、なんでも気前よく受け負う法廷に事実判断を委ねることがさかんになっている。おまけに法の「節約」理論が勢いを得たために、人々は経験的な関心を事件のこみ入った経過に払わなくなり、負担の軽減によって得られる予想された効果に転じ、重大な申し立てをえり分けることに関心を払うのではなく社会的費用の割り当てが問題となる。以上すべてのことの向かう地点は一つといってよい。要するにごたごたしていない正義がこれほど魅力的にみえたためしはないのである。

もちろん裁判が、まったく証拠なしに、あるいはそのような幻影なしに進んでゆくこともありえない。約束が結ばれ、人が傷つき、悪事が行われる実際の世の中から、真実にしろうわさにしろなんらかの情報が、中途で薄められようとも沁み出してきて裁判所に訴えることまでおこりうるにちがいない。事実を概略化すること、すなわち事実を法律解釈が可能な範囲に還元することはそれ自体、すでに私が述べたように避け難く、もはや必要な手続きとなっている。けれどもこうした手続きの実質は、現実の複雑さ(あるいは、この区別が重大なのであるが、現実の複雑さという観念、といったほうがよい)およびそうした複雑さに対する懸念が増すとともに、どんどん希薄なものとなってゆく。この現象こそ、フランク判事からロン・フラー、そしてジョン・ヌーナンまで数多くの著名な法の思索者たちを深刻な不安に陥らせるとともに、さらに深刻なことにはおびただしい数の原告や被告をして、法が対象として取り組むものがなんであれ、それは話のすべてではないことに突然気づかせたのである。(7) 法的な事実とは自然に生じたものではなく造られたものであり、人類学者ならそれを社会的に構成されたものと言いあらわすであろうが、証拠法から法廷作法、裁判例集刊行の伝統、弁論術、判事の修辞法、そしてロー・スクールの教育の学風固執主義に至るまでのすべてのものによって作りあげられた事実であると理解すれば、正義の執行に関わる一つの学説に対する深刻な疑問が生ずる。その学説とは、代表的な例をひけば、正義の執行とは「事実の形態と規範との一連の整合」から成立するとみなし、そこでは「一つの事実状況がいくつかの規範の一つと合致しうる」か、あるいは「ある特定の規範が、実際のできごとをめぐるいくつかの競合的な解釈からよりすぐった一つの解釈によってひき出される」かというものである。(8) かりに「事実の形態」が、眼の前の見たままの形式をもつ世界に横たわっておりそのまま法廷に持ち込まれた単なる事物ではなく、事実と規範を合致させる手続きそのものがつくり出す現実を緊密に編みあげた図式であるとなると、そのすべてはちょっとした巧妙な手仕事のようにみえる。

そうした過程の全体はもちろん手仕事ではなく、あるいはともかくふつうはそうでなく、むしろより根本的な現象といってよい。この現象とは実は、あらゆる文化が拠って立つ基盤、すなわち表象の現象なのである。事実を事実たらしめることによって、法律家は事実の申し立てを行うことが可能になり、裁判官はそれに耳を傾けることができ、陪審員は事実を裁決できるのであるが、事実を事実たらしめるとは、あくまで事実の一つの表象なのである。科学、宗教、あるいは芸術などほかの分野と同様に、それらをすべて合わせたところも少しあるが、法も法的な表現描写が意味をもつような世界を提示しているのである。こうしたやり方でさまざまな問題を提示するところから生ずるパラドクスについてはまたあとで触れることとしよう。とりあえずここでの問題点は、事物の「法」的な側面とは、規範、規則、原則、価値の限定された一組のセットではないし、またなんであろうともそこから濃縮されたできごとに対する法律上の反応を引き出すことのできるものというわけでもない。「法」的な側面とは、真実を構想するうえでの、一つのきわ立った方法の一部なのである。まず第一に法が対象とするのは、過去に凍結したできごとではなく、現に今起きていることである。そしてつぎに地域地域で、時代によって、民族によって法が異なれば、法が対象とする事実も変わってくるのである。

われわれ自身の法体系にしろ、ほかの体系にしろ、一つの法体系を、なにが正しいかをめぐるやっかいな問題と、事実はどうなのかという難かしい問題(人類学者のあいだできわめて影響力があったという理由だけではあるが、レウェリンの辛らつな定式表現を用いればそうなるのだが)とに分裂したととらえ、われわれのものにしろほかのものにしろ「法律上のテクニック」を、正しきことに対応する倫理上の判断と、実際の状況に対応する経験的な決断とを一致させる問題ととらえるのではなく、まず法体系を、世界およびそこに生起するできごとをはっきりと明敏なやり方で描写することと理解し、そのような「テクニック」を描写の正確さを期すための組織だった努力と考えるほうがよいであろう。あるいはそのほうがより「現実的」といってもよい(9)。事実を法的に表現することはまずもって規範的であり、そのことが法律家にしろ人類学者にしろ、法的表現を沈思黙考することに関心をもつ人びとにひきおこす問題とは、両者の示す存在の二つの様態、二つの精神の能力、二つの正義、あるいはさらに二つの手続きを結びあわせることの難かしさではない。それがひきおこす問題とは、表象はそれ自体をどのように表象するのかということなのである。

この問いに対する回答はけっして明らかなものではないために、法学ではおそらくなし遂げることのできない、文化の理論の発展を待つほかはないであろう。ある確立した規範を一つの見出された事実に当てはめるといった合致するイメージ、すなわちいうところの法的な模倣《ミメーシス》を行うより、スイスの若き人類学者フランツ・フォン・ベンダ＝ベックマンにならって、裁決とは、どのような表現であれ一般的な規則についての「かりにそうなら……となる」といった慣用法と、どう論議されるかは別にしてある特定の事件が示す「……なので……である」という慣用法とのあいだを行きつ戻りつする運動ととらえる、言説中心の説述のほうが問題解決には有効といってよいのである。(10) この考え方はあまりに西洋的にすぎるので、その問題対象がつねに明晰に仮定的な推論に適うとはかぎらず、普遍的な思想と特殊な思考との対比を明らかにすることには向っていない民族誌家を全面的に満足させることはできない。といってそうした言説に焦点を絞った説述にそれ自体の方法論がありえないともいえない。いや少なくとも私のいった言説に重きを置く方法はまさに正鵠を射た部分に注目を払っているといってよい。すなわち法の諸制度が、想像による一つの言語をどのように決裁の言語に置き換え、そして正義に関するはっきりとした観念を形造るのか、という点に私の方法は光を当てているのである。

このように考えると、法と事実に関する問題は、それらをどうやって一致させるかという問題から、法と事実をどのようにして区別するのかという問題へと変わってくる。善と悪を峻別する、つまり判断と呼ばれる現象をもたらす規則が存在し、真実とそうでないものを分ける証明という現象を可能にする手だてがあるとする西洋的な観点こそが、問題解決のための唯一のやり方に思える。ニュー・ヘイヴンでもニュー・ヘブリデスでも、裁判には特定の意味をもつ言語を用いて具体的な状況を表現することが含まれているとしたら、そうした言語は特定的であると同時に一般的なまとまりをもつのであるが、一つの判例を構成するとは、論点を裏書きする証拠をちりばめるだけにとどまらない。裁判とは、できごとに関するある特定の流れと、生に関する包括的なとらえ方について、それぞれ互いの信憑性を補強しあうかたちで描写することとなる。立派にやっていこうとする法体系ならどれでも、特定の地域で構想される、「かりにそうなら……となる」という存在の構造と、特定の地域ごとに感得される、「……なので……となる」といった経験の流れとを合致させようと苦闘しなければなるまい。その合致の結果、法と事実は同じ一つのものの深層と表層として感じられるようになるのである。法とは、ホームズがいささか強すぎるくらいに主張したような天空に覆い被さる遍在物ではなかろう。といって、法的リアリズムの素朴な修辞ならそういうであろう紛争を回避し、利益を増進し、もめ事を是正するための器用な工夫の集合体ともちがう。おそらく市場における直観といったらもっとも近いであろうか。

当然市場がちがえば直観のあり方も変わってくる。私のいう正義に関する確固とした感覚、それはなじみ深い風景からものめずらしい景観へと動いてゆく過程で、私なら法感覚と呼びたいもののことであるが、それは法の文化的基盤について比較論的に語ることに関心をもつ人々が、まず最初に気を留める対象といってよい。こうした感覚は、それらがどのくらい確固たるものか、各々その程度が異なっているにとどまらず、ほかの思考と感覚の様式とくらべて、それらが社会生活の過程に与える影響力においても異なる(公害規制に直面すると、トヨタ自動車は一〇〇〇人の技術者を雇い、フォード社は一〇〇〇人の弁護士を雇ったという話がある)。あるいは、それらの感覚はそれぞれその形式と内容にちがいをみせる。それらは、各々が用いる方法の点できわだって異なる。すなわち、それぞれの感覚が展開するシンボルにおいて、語る対象となる物語についても、各々の独自の特徴においても、それぞれが投げかける見解など、できごとを法的に裁くことのできる形式に仕立てあげるために用いる方法が異なっているのである。事実と法は世界中どこにでも存在するであろう。けれども両者を両極に分けてしまうことは必ずしもどこにでも存在するとはいえぬであろう。

*

法律的な修辞の極致である附随的意見はこれくらいにしておこう。さてここからしばらく、マリノフスキーの有名なヤシの木立ちにそよぐ風式のスタイルをまねて、より人類学的な音域に声を変えて、陽光が燦々と注ぐ南太平洋の小島の、緑なす火山の斜面にある、輝く台地にひろがるひとつの農村に誘《いざな》うこととする。その村では、法と酷似すると思われるものの働きによって、ひとりの村人が発狂してしまったのである。その島とはバリ島で、村の名前はなしにしておく。村人の名(この事件は一九五八年に起きたことで、その男はもう死亡しているであろう)をレグレグと呼んでおこう。

彼がまきこまれた事件の発端とは、妻が他村の男と逐電したというか、男が妻と連れ立って逃げたというか、あるいは彼らが一緒に出奔したことに始まった。バリ島では模擬略奪婚が行われるため、こうしたできごとがなにに当るのかはっきり規定することは難しいし、地元の人々にとってそれを分けることも意味がないのである。しかしレグレグは大いに腹を立てて、三五日に一度集まって村の問題に断を下す、一三〇人あまりの人々から構成される村会議の場で、妻を連れ戻す手だてをとるよう要求した。村会のメンバーは実際、彼にふりかかった苦境について同情していたものの、レグレグに対し、婚姻や姦通、ならびに離婚は村会がとり扱う問題ではないと指摘した。もちろんレグレグもこのことを十分承知はしていたのである。このような問題は親族集団がとり扱うものとなっており、バリでは親族集団はきっちりと定められており、その特権を冒されまいと気を配る傾きがある。こうした問題は村会の管轄になく、そのためレグレグは見当はずれの場所に訴えを起したというわけである。(バリ島の村々には、何世代にもわたりヤシの葉にくり返し刻み込まれた、はっきりとした規定があって、そうした規定はまずもって宗教的に、しかし個々具体的にも、村会や親族集団、灌漑集団、寺院集団、任意団体など連邦的に構成されたさまざまな集合体の権利義務を定めてきた。[11])村会のメンバーはレグレグのためになにかしてあげたいと心より願っていた。なぜなら人々は彼がひどいめに遭ったことを一致して認めていたからである。けれども規則に沿って考えてゆくと、彼を援けることはできなかった。そしてレグレグが属する親族集団は、彼の父系のいとこに当る彼の妻の所属する集団でもあるためレグレグに対しさらに同情的ではあった。けれどもこの集団は小さくて弱く、低いステイタスしかもっていなかったので、彼らができることといえば、人生とはそんなものさとか、起きてしまったことをいってもしょうがないといったり、窮していのはおまえだけではなく、ほかのいとこさえ困っているという陳腐ななぐさめにとどまった。

けれどもそれでレグレグがなぐさめられたというわけにはいかなかった。七〜八カ月のちに彼が、村会の五人いる長のひとりに就く順番が廻ってきた。ところが彼は尻込みしたので、本当の苦難が始まってしまったのである。この村では少なくとも誰かが自動的に順番で長の職に就き(といって二人の人間がまったく同じことをすることはなく、かりにそうなら、どちらかが若干の変更を行う)、任期は三年となっている。自分の番がくれば(そんなことは滅多に起こることではないのであるが、レグレグにはまったくめぐりあわせが悪かった)役に就かねばならない。これは村会の大事であり、ヤシの葉に刻まれた規則であり、もし怠れば神からの災難がてきめんにふりかかってくる。就任拒否をすれば(人々が覚えているかぎりではレグレグのこの件が初めてのケースだが)村の一員であることを放棄するばかりでなく、人間であることを止めるに等しい。土地は村の所有なので、拒否すると家の建った土地を失い、浮浪者になってしまう。村の寺院に入ることもできなくなって、神々との触れ合いからも切り離されてしまう。政治参加の権利がなくなるのも当然で、村会の成員権や、公的な行事への参加、公的な援助を求める権利、公共財の使用権など重要な意味をもつすべての権利を失う。いっそう重大なことには、カースト制度と似た敬意の序列のなかに自らが継承した地位である社会的ランクも失ってしまう。おまけに、その人間にとっての社会的世界の全体を失ってしまう。というのも、罰金をおそれて村の人は誰も話しかけてこなくなるからである。それは紛れもない極刑というわけではない。とはいっても、「合意の共同体［アダットというこの社会で絶対の意味をもつことば。その意味がもつ曖昧さについてはあとで再び述べることとする］を去るとは、倒れて死ぬことである」ということわざをもつバリ人にとって、それはほぼ極刑に匹敵する大罪といってよい。

なにゆえにレグレグは、バリ人にとっての公的な義務に対してバリ人らしくもなく抵抗したのであろうか。バリ人というのは規則には絶対にしたがう人々であり、その遵守の厳しさには、合衆国からやってきた人類学者はいうに及ばず、ジャワの人類学者でも個人的に驚倒し、専門家として狂喜する以外にないほどのものがある。それなのになぜそうしたのか、よくわからない。レグレグの仲間の村人たちも、とにかく彼の動機がどうであったかにはまったく関心がなく、そのことについて考えようともしなかった。(「彼が妻に戻ってほしいと思っていたのかって？　そんなことは知らないよ。」)　彼を待ちうける災難に気づいた人々は、あらゆる手を尽くし、そうならないように、彼を説得し役職を引き受けさせようと考えた。村会では数カ月のあいだに六回ほどの特別の会合をもち、ただただその目的——彼の気持を変えること——のために人々が集まった。友人たちは彼と夜を徹して話し、親族は訴え、甘い言葉をかけ、脅しつけた。しかし、すべては無駄に終った。ついに村会は彼を追放し(それは満場一致であった。もっとも会合の決定はつねに満場一致のかたちをとった)、そして親族集団も彼の気持を変えようと最後の望みなき努力を行ったのちにやはり同じことを行った。というのも、この件に関しては親族集団の利害よりも村会の利害が優越していたために、もし親族がレグレグを追放しないと、親族集団のほかのメンバーもレグレグと同じ運命に見舞われるからである。彼のすぐ近い家族——両親、兄弟姉妹、子供たち——さえ結局最後には彼をみすてねばならなかった。けれども私はそれも十分に理にかなった考えと思っているのであるが、近親者は、レグレグこそが彼らを見捨てたと思っていたのである。

とにかく彼は見放された。彼は家を失い、村の路や内庭を幽鬼のようにいやもっと正確にいえば犬のようにさまよい歩いた。(バリ島人は犬を多く飼っているにもかかわらず、犬を卑しく、やせ細って、際限なく吠えたてる動物とみなし、路上のちりのように蹴りつけていた。人々は、犬が、神—人間—動物のヒエラルキーのいちばん下の悪魔に近い領域を代表するという観念から生じたほとんど病的な情熱をもって蔑んでいる。) 村人たちはレグレグと口をきくことを禁じられていたにもかかわらず、随時食べのこしを与えていた。そして彼は石をもって追われぬ場合にはいつもゴミの山をあさっていた。こうしたことが続いて数カ月後、日に焼かれて身なりがいっそう乱れると、彼は事実上支離滅裂になり、聞く耳をもたぬ人々に彼の一件をがなりたてることもできなくなり、いやそれがなんであったかももう覚えていないようになってしまった。

けれどもこの時点で、まったく予想もできぬ、かつ前例のないことが起きたのである。バリの伝統的諸王のなかでもっとも高位の王で、その当時発効していた取りきめで新しい共和国政府の地方の首長となった人物が村にやってきて、レグレグのためにその一件をとりあげた。バリにも認められる東南アジアのインド的国家の型のなかでは(バリのなかでその型は部分的には変化して、また増強されて、今日でもみられる)、さきほど私の述べた神々—動物のヒエラルキーのなかで、人間の範疇が神の範疇に変わってゆく接点のところにこの人物が位置している。あるいはいちばん上からだんだん下ってゆく形でランクを考えるバリ人が好んで行うやり方にしたがえば、神の領域から人間に移行する接点といってもよい[12]。そのため彼は、半神ないし擬似的な神(彼はデワ・アグン、すなわち「偉大なる神」と呼ばれている)であり、バリ島中もっとも聖なる存在で、一九五八年当時、政治的にも社会的にももっとも高位の人間であった。彼の面前でふつうの人々はいつくばり、極端なほど正式な章句で話しかけていたのであり、彼をおそろしくも恵み深い宇宙の力をもつ存在と考えていた。かつては、レグレグのような地方の放浪者は、王宮ないしは首長の屋敷に、無力で保護されたアウト・カーストの依存者として、正確にいえば奴隷ではないが自由でもない存在として人生を終えるのがつねであった。

このシヴァ神とヴィシュヌ神の化身であり、さらにほかの天空の住民の化身でもある人物が村を訪れたとき——王を迎えるための特別の集まりを開いていた村会を訪ねたとき——彼は村会場の床にあぐらをかいて、この場では自分がいくら特別の客といっても王ではなく、いや神とはほど遠いただの訪問者であることを示した。村会のメンバーは、伝統的な丁重さをほとばしらせてきわめつきの敬意を込めて彼の話に聞き入ったが、彼が言わねばならなかったことといえば、それは伝統とはほど遠いものであった。彼は人々に、もう時代は変わったと語った。国は独立したとも述べた。人々がどう感じているか彼はわかっていたが、人々はもう誰かを追放したり、屋敷地を接収したり、政治上や宗教上の権利などをとりあげたりしてはならないのであった。そんなことは、現代的でも今風でもなく、民主主義的でもなくスカルノの流儀とも違っているというわけであった。新生インドネシアの精神にもとづき、バリ人は後進的でないことを世界に示すためにも、人々はレグレグをもとに戻し、それでもかりに処罰が必要なら違ったやり方でそうするべきである。話が終わると(長い演説であった)、人々は彼に対し、ゆっくりと遠廻しに、そしてより敬意を込めて、タコあげに行くことを告げた。彼もよく承知していたように村の問題は彼ではなく村人の問題であり、彼の力は、それが考えられぬほど強大でみごとに行使されようともその問題に関わりがなかったのである。レグレグの一件に村人がとった行動は村のきまりに合っていた。人々がきまりを無視すれば、疫病がふりかかり、ネズミが収穫物を貪り、大地が揺れ、火山が噴火することであったろう。王が新時代について述べたことはすべて正しく、真であり、高貴で美しく現代的であり、村人も王と同じく新時代に身を委ねていた。(まさにそのとおりにこの村はとびぬけて「進歩的」であって、村人の半数以上は社会主義者であった。)とはいってもレグレグが村人の世界に立ち戻ることはいな絶対に不可能であった。王の伝統的な地位は再認識され、彼はその現代的な任務を果し、あるいはとにかくその試みを行ったのちに、神聖王かつ公僕である彼は、村が富み栄えるよう祝福し、供されたお茶のお礼を述べて足許にひれ伏す人々のあいだを去っていった。そして、レグレグの問題が再びとりあげられることはなかったのである。私が最後にレグレグをみかけたとき、彼は分裂した精神状態に落ち込んでいて、もう憐れみも世間の評もきこえぬ、ほとんど幻覚の世界をさまよい歩いていた。

このおぞましいちょっとしたエピソードについていえることはたしかに数多くあろう。このエピソードは、ストーアズ記念講義に讃嘆する人々をまえにグラント・ギルモアが地獄について述べて、そこではいくら注意してみても法と適正手続き以外のなにものも存在しない場所といったことを思いおこさせる。私がより大きな問題に取りかかるときには折りにふれて、一種の踏み石としてこのことに立ち戻ってゆきたい。[13] しかしここでの焦眉の問題は、そこにできごとと規則と、政治、慣習、信仰、感情、象徴、過程と形而上学がみたこともないそして精妙なやり方で一体となっており、そのため「である」と「であるべき」を単に対比させることが――これをどういったらよいか――おそまつにみえてしまうことにある。けれどもそこにきわめて強力な法感覚が存在することには誰も異議を唱えられない。その感覚には形式と個性と要点が備わっており、法律学校や司法学者や再陳述や法律週報、あるいは顕著な判例の援けがないにもかかわらず、確固としてよく展開された、ほとんど意識的といってよい法の認識がみられる。レグレグ(かりに彼がそれについて自身の考えをいまだに持つことができているとして)もそれを否定したいとは思わぬであろう。

できごととその判断は、英国の神裁に関するポール・ハイアムのことばをかりれば、事実の細部への徹底した調査をも、法的な原則の体系的な分析のいずれをも助長することのない、いかにも自然な混合体のなかを流れてゆく。[14] コキュから不従順そして王制と狂気に到るこの事件全体、かりにそれが事件と呼べるものであるとして、その全体に流れていると思われるものは、この現実世界のものごとと、それら事物に登場する人間とが、あるものはヒエラルキー的に、またあるものは同格の、しかしすべてはっきりとした範疇に分けられ、そこでは範疇にはまらぬ事態が構造全体をかき乱すので、それを矯正ないし抹殺しなくてはならないという一般的な見解である。問題はレグレグの細君が彼に対しこれをしたとか、あれをしたということではない。あるいは彼が妻にどうこうしたということでもない。あるいは彼の精神状態が村長の地位に就くことにふさわしいかどうかということでもなかった。そんなことは誰にとっても関心のないことであり、人々は骨を折ってみきわめようともしなかった。彼を裁いた規則が嫌悪の念を催すかどうかということも問題にはならなかった。たしかにそうした規則は誰に聞いても嫌悪すべきものではあったのではあるが。村会がりっぱに仕事をやり遂げたか否かも問題でさえなかった。私が訊ねた人は皆、王の意見はもっともなことであり、自分たちがおくれていると思っていた。当然バリ人がしようともしないし、またできないやり方で考えてみると、問題は「かりにそうなら……となる」という法の構成的な表現と、「……なので……である」という指示的表現とが、どうしたら互いに通約可能となるかということであった。信ずるところが分かっているとしてわれわれはどう行動しなければならないのか。どう行動するかが分かっているとして、われわれはなにを信ずるべきかが問題であった。

　ものごとに対するそうしたアプローチとは、法人類学者によるアプローチでもなく、人類学的な法研究のとるアプローチともちがい、しばしのあいだ神話や親族図からはなれて自分たちがとりあつかう対象物を連想させるものと西洋の法律家が認めるものをみつめる文化人類学的なアプローチであり、それは規則やできごとでなく、ネルソン・グッドマンが「世界のヴァージョン」と呼び、ほかの人々が「生の形式《フォームズ・オヴ・ライフ》」(15)とか「エピステーメー」「意識連関《ジンツゲーメンハング》」ないし「ノエシスの体系」と呼んだものに関心を集中してゆく。われわれの視線は意味に集中し、表象というよりひろい枠組のなかに位置づけることによって、バリ人(あるいは誰にしろ)が自らの行為を――実践的に、道徳的に、表現的に、……法律的に——意味づける方法をみつめてゆく。より大きな枠組を用いて彼らが行うことを系統立てることによって、そうした意味の枠組を彼らがどうやって適切に保っているか、あるいはそうしようとするか、そこにわれわれの視線が集中するのである。権威の諸領域を分離すること——村会と親族集団を分け、村会と王を分けること——、すなわちあの場合の過失とは、政治秩序の分裂にあるのではなく（レグレグの頑固さは政治秩序に対する脅威とはみなされなかった）、公的な礼法の崩壊にあると定義づけを行うこと、およびその結果としての修復と登場人物の社会的人格の根元的な抹殺など以上すべてのことは、グッドマンの簡にして要を得たもう一つの引用句を用いると「世界のあり方《ザ・ウエイ・ザ・ワールド・イズ》」(16)についての強力かつ特定の、いやわれわれにとっては奇妙とも思える構想を示している。

バリ島世界のあり方を描こうとすれば、それに着手するだけで一つのモノグラフが書けてしまう。つまりいんぎんな丁重さの迷宮のなかに鎮座まします、途方もなくたくさんの神々と集団、地位、魔女、舞踏、儀式、王、米、親族、エクスタシー、職人芸の奔流を描くことが発端となるのである。バリ島世界のモノグラフを描く際に秘訣があるとすれば、それはいんぎんな丁重さであろう。というのもバリでは社会的な礼法に、われわれが信ずるのが困難で、それを受け容れるのはもっと難しいほどの力が宿っているからである。とはいえ、それがいかに困難であれ、のちほどこのことを多少なりとも不可思議でないものにしようと思うのであるが、できごとを文化的な脈絡に位置づけることこそ、どこの世界においても法分析にとって、いや政治分析、美学分析、歴史分析、社会学的分析にとってと同様に、決定的な側面なのである。この文化の脈絡をつけることになんらかの共通なあり方が存在するとしたら、以下の点にあるにちがいない。因果論的説明や哲学的考察、感情表現、あるいは道徳的価値判断でもなく法的な裁定が目的である場合、できごとを文化の脈絡のなかに位置づけることを完遂する方法のなかにこそ一般性が存在するのである。自分自身の社会のなかでこの文脈をあまりに自明視できる――いやそう思っているだけなのだが――という事実こそが、法過程が実際にはどのようなものであるかについてその大部分を不明瞭にしてしまうのである。すなわちわれわれの見解と評決は互いに裁可しあうこと、そしてそれほどぞんざいではない慣用法をかりると、見解と評決は同一の構成理性のそれぞれ純理論上および実際上の側面であることに注意することがおろそかになってしまうのである。

＊

まさにこの点で人類学が、いや少なくとも私が関心をもち、はかばかしい成功を収めてはいないが、人々をして「解釈的」と呼ばしめようと試みている種類の人類学がいやしくも関わるとすれば、ここで法研究の領域に登場する。われわれ自身のうちにある村会意識をそのほかのローカル・ノレッジと対峙させることによって、われわれは自分たち以外の法感覚の諸形式についてよりよくわかるようになるだけでなく、自らの法感覚の的確な性格についてもより認識を深めるにちがいない。これこそは、いわずとしれた人類学を悪名高くしている例の相対化である。たとえばアフリカ人は死者と結婚し、オーストラリアでは人々がイモ虫を食べるといった類いの相対化である。けれどもこの相対化は、ニヒリズムや折衷主義、そしてなんでも起こりうるといった態度に賛成するものではないし、またピレネー山脈のむこう側では天地が逆になると指摘して得意になるような相対主義でもない。むしろこの相対化とは、自己知識と自己認知と自己理解の過程を、他者の知識と他者の認知、それに他者の理解の過程と接合するものである。この接合によって、われわれはなにものであるのか、そしてわれわれは誰のあいだに存在するのかを特定し、ほとんど完全に見分けることができる。その結果、できごとを法的にとり扱うことを可能にするわれわれ自身のやり方(たとえば事実と法を根本的に分けてしまうこと)を誤解なしに提示できるようになる。それとともに、法と事実を結びあわせるための、われわれとは異なった別の見解(たとえばバリ島人のやり方)を、われわれがしぶしぶ認めるように仕向けもする。異なった見解も、われわれ自身のそれと較べて同じくらいに教条的で、また同じほど論理的といってよい。

少なくともある部分では人類学の傾向が変わり、個人および個人からなる集団が生をまっとうするために必要な意味の構造に強い関心を払うようになってきた。さらに特定的にいえば、そうした意味の構造を形成し、伝達し、課し、共有させ、改変し、再生産する象徴および象徴体系に対する関心が強くなっている。このような人類学の変化は、神話、儀礼、イデオロギー、芸術、分類体系など、その応用がよりよく検証された分野とならんで、法の比較分析の可能性をより豊かにするといってよい。(17) A・M・ホカートが論評したように「人間は統治されるために生まれたのではない」にもかかわらず、私自身の表現をまた用いれば「人間が自ら紡ぎ出した意味の網目である」一組の意味形式に閉じ込もることによってひとりひとり、そして集合的にも支配されるようになってしまったことを認識すれば、裁判に対するひとつの理解の方法に到るのである。それは、裁判を、社会動力学や判断の物理学の一種に同化するのではなく、一種の文化解釈学つまり行為の意味論と同化させるアプローチである。(18) フランク・オハラは詩の特性について、人生におけるもやもやとしたできごとを明確にし、その細部を復活させると述べている。それは法についてもひとしく的確で、またさまざまな意味で当てはまるといってよかろうか。

すでに私が示したように、こうした方向転換、ないしはいささか角度を変えた見方は、これまで人類学者やほかの社会科学と法律学の自称同僚たちが行ってきた法分析の主流に反することになる。法体系の比較研究者であるわれわれが為すべきこととは「個別の文化に独特な垢を落して純粋な構造を抽出すること」という、M・G・スミスから発したと称するマイクル・バークンの見解は、私にとって黄金を鉛に変えてしまうようなあべこべの錬金術の提案に思える。[19] あるいは、P・H・ガリヴァーの、これまでにこのストーアズ講義の講演席に立った私以外の唯一の人類学者であるマックス・グラックマンが彼のために系統立ててくれたという、自己流の「信仰宣言」とは、彼は「論争の結末を決める社会過程」に関心があるのであって、「問題解決のための交渉を進める推論の過程の分析」には関心がないというものである。この「宣言」は、そうしたもののつねとして、首尾一貫したものではなさそうだ。[20] どこからひっぱり出してきたのかわからないが、ある人びとが象徴体系に関心をもつ理由とは、社会的葛藤がもたらす騒ぎと損害をきらい、権力者を喜ばせたい一心で、争いの及ばぬ非個人的な領域に身を潜め、彼ら独自の理屈によって行動するためであるというエリザベス・コルソンの見解も、私には根拠のない中傷に思われる。[21] 私がこうしてぶつぶつ不平をいうのは、ほかの人びとのこれまでの仕事や現在進めている仕事を無視することではなく(私自身は彼らの仕事の多くに批判的ではあるが)、また私の属する専門領域を二つの陣営に分裂させようということでもない(私がしなくとも、この専門領域は自ら分裂している)。私はこの分野の方向性を変えようとしているのである。私は、文化固有のオリに耽溺し、理屈づけの手だてに熱中して、象徴体系のただ中に真逆さまに飛び込んでゆこうと思う。そうすることで世界が手許から逃げてゆくことはない。むしろ反対に、そうすることで一つの世界がみえてくるのである。

いや、一つでない、さまざまの世界が視野に入ってくるといったらよいか。どのようにしろ説得的というにはあまりに手短かな範囲で、なにもいわずに済ませてしまうにはあまりにも広すぎる範囲で、私がしようとしていることは、イスラム的法、インド的法、そしてマラヨ＝ポリネシア圏の「マラヨ」地域全般にみられる、いわゆる慣習法という三つのまったく異なった法感覚の輪郭をそれぞれ示すことである。そしてそれらの法体系と、それらの法感覚のうちに体現された真実とは実際なんであるのかに関する一般的な見解を結びつけたい。三つの法体系に関する見解にとって重要と思う三つの概念を解きほぐすことを通して、私はそれを行ってゆくこととする。それら三つの概念とは、イスラム教徒にとって「真実」およびそれ以上の多大なるものを表わす「ハック」(*haqq*)と、インド系の人々にとって、「義務」ならびにそれ以上多大なるものを示す、「ダールマ」(*dharma*)、そしてマレイ系の人々にとって「慣習」とそれ以上多大なるものを表わす「アダット」(*adat*)である。

私を夢中にさせるのは、「それ以上多大なる」というところである。私の意図は概念の様相を描き出すことにあって、規則の解剖にはない。特定の事例のそれぞれにおいて(事例を構成する際私が頼りにするのはモロッコとインドネシアの例であるため、そうした事例はさらに特別のものになるであろう)

「……なので……である」、という事実を定める、「かりにそうなら……となる」の枠組のいくばくかを素描し、事実と法をめぐる問題がわれわれに突きつける問題が、モロッコやインドネシアの人々にとってはどのような問題となるのかを感じとりたい。

これから本書の巻末までを費してささやかな仕事を行っても、以下のようなちょっとした疑問が残る。互いに異なる法的な想像力が、世界中の人々のあいだの交渉がますます増加するにつれて結びあわさり、いや実際そうなっているし、もうかなりの期間そうなってきているのであるが、どのように結びあわさってきたのであろうか。また、世界の秩序の乱れがいやますなかでローカル・ノレッジとコスモポリタンな目的はどのように適合できるのか、あるいはそうならぬのか、に関する疑問もある。慎ましさと常識によって思いとどまることなく、さて私はこの小論の第三部でその問題にとりかかることにしよう。その問題は誰しもが思うことでもあるが、人類学側からの憶測に対して、法学側からも注意を払う価値が少なくもあるということを論ずるつもりでもある。

II

このエッセイの冒頭部分で、私は、「法」とはいずれの場所においても、真なるものを想定するうえでのそれぞれ異なる方法の一つであると述べた。ここでは、そのなんらかの根拠を示したい。ここに示す根拠はその限りで図式的かつ独断的なものではあるが、私は判事席《ベンチ》からでなく一般傍聴席《ポディアム》から語っているゆえ、決定的なものとはなり難いし、系統的に整ったものでもない。しかし、その限界はあるにしても、私はそれらの根拠が正しい結論を導くものであると信じている。このような手さぐりの企てにとって「証明」にいったいどんな意味があるのかはべつとして、私はなにごとかを証明したいとはあまり思わない。むしろそれよりもなにごとかを生き生きと描写したい、すなわちわれわれのそれとは異なった別の法理学上の生の形式を示したいと思っている。そのためにあえて言語道断としか聞こえぬ危険を賭してもいっておきたいのは、われわれが必要とするもの、あるいはせいぜい手に入るものとは、間然するところなく確立された緻密な陳述ではないということである。こうした問題について私の立場ときわめて近いものをもつネルソン・グッドマンが、ありのままの真実の近代的な典型とされる科学法則をさえ、「もっとも法則適合的で明らかな説明を与えてくれる嘘」[22]とみなしたことこそ、われわれに必要かつせいぜい手に入れることのできるものなのである。

法をこのように捉えるならば、すなわち法を科学でも宗教でもイデオロギーでも芸術でも、あるいはこの場合、法に固執する人々にこうした見解がもたらすような、論争処理についての実践的な態度もあわせて、科学やイデオロギーと同じく世界のなかのものごとのあり方に関する一つの観方と考えるなら、事実／法にまつわるすべての問題は異なった様相を呈する。仮借なき事実と十分熟慮された判断とのあいだに存在すると思われる弁証法、すなわち実際そうであることと、あるべき正しいこととの弁証法とは、私がさきに述べたようにいかに空虚で不完全であろうと一応の首尾一貫性をもった言語と、その時々に変わりやすく、規則正しくなかろうと、特定の論理的必然をもつ言語との弁証法のことであるとわかる。こうした「言語」(それはいわゆる象徴体系である)とそのような弁証法こそ私が、信頼しうるほど十分に経験的であると同時に、興味をひくに足るほどに分析的で、なにごとかを述べてみたいと思う対象である。

これもまえに述べたことであるが、私はそのことを、それぞれ異なった道徳世界に発する、異なった法感覚に結びついた三つの反響しあうことばの意味をいささか変わったやり方で解きほぐすことを通して行ってゆきたい。三つのことばとは、イスラム的なことば、インド的なことば、そしてより適切な表現がないので私はマレーシア的と呼ぶ、マレイシアの国だけでなく東南アジアのオーストロネシア言語文明を示す地域からのことばである。こうした一般的な文化イメージを思いおこしてみれば明らかなように、私の探求の道筋は正統的でないばかりではなく、ある種の人類学――フランス人をデカルト的、英国人をロック的と考えてしまうような――がとりわけ落ち込みそうな陥し穴に満ち満ちている。おまけに、これらの途方もなく巨大な実体の性格について、いかに豊かな意味の拡がりをもつとはいえ単一の概念を検討することを通してなにごとかを伝達しようとしても、悲惨なことになるだけであろう。いや、たぶんそうなる。けれどもかりに、なんらかの予防措置をして、周到な配慮を行えれば、たんなるステレオ・タイプを抽出するような最悪の事態は避けられるかもしれない。

まず第一の予防措置とは、私がこれから使う三つの用語が、私が用いたであろう用語のすべてではないだけでなく、またそのうちでもっとも適切な用語でもないかもしれないと告白しておくことである。私がとり扱う三つの用語とは、できる限り厳密にいってわれわれが、「現実」とか「真実」とか、あるいはたぶん「真実性」と呼ぶであろうものに関連したアラブ語のことばであるハック（*ḥaqq*）と、現在ではウルドゥー語からタイ語までどの言語にも見出しうる、中心にあるリンガとそれをとりまく蓮華というかたちで「義務」「責務」「徳」などの観念の周囲に収斂する、もともとはサンスクリットのことばであるダールマ(*dharma*)と、そしてもともとはこれもアラビア語であったが、マレイ的言語となって、「社会上のコンセンサス」と「道徳型式」の中途にあるものを示すアダット(*adat*)である。シャリーア(*šarīʿa*「径」「路」)そしてフィク(*fiqh*「知識」「理解」)はイスラム法の独自の性格について考察を加えるにはより一般的な出発点となろう。アーガマ(*āgama*「戒」「教義」)ないしシャーストラ(*šāstra*「論考」「経典」)は、法的なものに関するインド的な理解へとわれわれを導いてくれるかもしれない。そしてパトゥート(*patut*「適切な」「適合的な」)ないしパンタス(*pantas*「適わしい」「ぴったりの」)のいずれかのことばは、東南アジアにとって少なくともそれが固有のことばであり、間接的に借用したり、使いふるしたものではないという利点をもつといえよう。いずれの場合にもほんとうに必要なものは、個々の項目的な概念でなく、観念の構造、つまりさまざまなレベルで多様に示される多義性を定義づける用語の連鎖である。しかしいっきょにそうすることはここではたしかに不可能である。そこで少しずつ進めてゆかねばならない。

また、これらの問題の歴史的かつ地域的な側面については大幅に単純化をしてしまわねばならない。「イスラム」「インド的世界」そして広義の「マレイシア」は、私の仕事の大半が実のところ示そうとしていたように、時間的にも空間的にも、人間の面でも、均質とはほど遠い地域実体である。[23] それらを実体として具現化することこそ、そうした実体のないことばの集合に屋上屋を重ねれば「西洋」をして、それらを理解せず、あるいは明確に見ることさえなしに済ませることを可能にするうえでとりわけ役に立った手法といってよいのである。われわれが、人はその生をいかに生きるべきかという自分たちの観方に沿って他者を想定することに没頭し、かつ興奮していた時代には、こうすることにもいくばくかの意味があった(あるいはなかった)かもしれない。このエッセイの結末部分でもそのことについてしばらく論ずるつもりであるが、他者をわれわれの対極に位置づけることによってでもなく、あるいは彼らをわれわれの写し絵のように近く引き寄せることによってでもなく、われわれ自身を他者のあいだに置くことによって自らを定義しなくてはならない現在、自らの観方に沿って他者を位置づけることに意味はありようもない。

けれども私の意図は、正義の表象をめぐるわれわれのいくつかの考えについて比較枠を設けることであって、「東洋をひとことで片附ける」ことではない。そのため、東洋の内的な変異と歴史のダイナミクスをうまく言い抜ける必要が生じても、それはそうでない場合ほど破壊的な影響を与えない。むしろこの場合、細部のちがいを不鮮明にすることによって、問題の焦点を絞ることに役立つかもしれない。いずれにせよ、私はあらゆる時間と空間から材料をもってくるのであるが、私が「イスラム」とか「インド的世界」とか「マレイシア」といったら、ある一定の歴史的瞬間にひとりの人類学者として仕事をすることになって私が最近観察した、ささやかな事例を心のすみに思い起こしていることを覚えておいてほしい。たとえばその一つが、メッカの祈りの叫びからはるかに離れて、ムスリム世界の最西端に位置するモロッコであり、インドネシア島嶼部の東側に存するきわめて特異な、ヒンドゥー＝仏教の小さく隔絶した外縁部であるバリ島、そして世界中で最上の帝国主義がいくつかより集まったジャワもある。

そこでは、「マレイシア的な」文化基盤が、南アジア、中東、中国、ヨーロッパなどすべての巨きな文明に覆われてきたことによって、過去一五〇〇年間にわたって、アジア的交易のまっただ中に強いて突き進まされたといってよい。

結局のところ、私は最後には弁解することになるのであろうが(そうしたところでよいことはないのだが)、私は、思考と実践の一つの全体構造が、なんらかの暗黙の論理にしたがって、公準と呼ばれることもあるいくつかの一般的な見解から流れ出すのがみてとれる一つの演繹的な方法をとることはないと強調しなければならない。私が行うのは、そのような一般的な見解を、それら見解をとりまき、そしてそれらに意味を附与する社会的な機制と文化的な説述を理解するうえでの多少なりとも手短かな方法として利用する、解釈学的なもくろみである。(24) 一般的な見解とは方向を定めるための観念で、礎石を置くための考え方ではない。それらの有用性は、ひじょうに一貫した、行動と信仰の体系を前提として存在するのではない。(かっちりとした小さな島であるバリでも、そんなことはない。) その有用性の根拠とは、なんらかの局地的な知識にもとづく考え方の導きによって、それこそがわれわれが理解したいと望む、異なった法感覚を徴づけるきわめて多様であり、また秩序立っていない特性にわれわれの眼が向けられるという事実にある。

*

いささか異なったやり方で考えてみると、われわれが考究する三つの用語は、ヨーロッパでいう「法《ロウ》」(Gesetz, loi)よりも、「正しさ《ライト》」(Recht, droit)の観念に匹敵する。それらのことばは、「規則《ルール》」「統制《レギュレイション》」

「命令《インジャンクション》」「法令《デイクリー》」などの概念にではなく、「しかるべき《プロパー》」「ふさわしい《フイティング》」「妥当な《アプロプリエイト》」あるいは「適切な《スータブル》」ものと、「ほんとうの《リアル》」「真実の《トウルー》」「真正の《ジエニユイン》」あるいは「まことの《ヴエリタブル》」ものとのあいだに存する根本的で絶ち切ることのできない内的な繋り、すなわち「正しい《コレクト》行動」のもつ「正しさ《コレクト》」と「適切な《コレクト》理解」の「適切さ《コレクト》」とのあいだにある内的な連関というあまりはっきりとはしていない概念に関わっている。このことはハックの場合にいちばんよく当てはまるのである。

「法と規則」の観念に少なくとも一般的には相当するアラビア語のことばがあり、それはイスラーム法の用語でもある。それがフクム(*ḥukm*)である。その語根は評決を下し、判決を言い渡し、刑罰を課し、拘束を加えたり、判決書を出すことに関係している。また判事、法廷、合法性、裁判などのもっとも一般的なことばもその語根から派生している。けれどもハックということばの意味はそれらにとどまらない。ハックとは一つの概念であり、それはたんに義務の準則を一組のたんなる断定にすぎぬもの、事実そのものについての言明として、事実を本来的に否も応もないとみなす一つの事実観のうちにつなぎとめる。すなわちハックとは存在の構造ではなく意志の構造といってよい。少なくともわれわれの考えるところからみれば、道徳的なるものと存在論的なるものがその位置を入れ換えることになる。西洋人にとっては「……すべき」と思われる道徳がそこでは、記述の対象となり、われわれにとってそれこそまさに「……である」の本家本元とみえる存在論的なものがそこでは権利の要求となる。

私がハックということばで明らかにしたいこととは、思考される形式や理解される事物、あるいは例証される本体といったものではない。むしろ、正真正銘の真実を、応答される義務として、すなわち意志と意志が出会う世界として、アッラーがそうした義務に応える世界として表現することである。とはいっても、このような考え方はわれわれが追求しているこの法感覚にとって広く行き渡ったものであり、イスラム世界における法的な用語を系統的に考察すれば即座にそう考えるようになるであろう。[25] ここでいう「事実の一」とは心底まで教訓化され、実際的でわれわれに迫ってくる事実であり、単にそこにあって観察と思索の対象となる中立的な形而上学的「存在」ではない。つまり哲学者ではなく予言者のいう事実なのである。世界のなかのこうした激越な場所においてはなんらかの迂回したやり方ですべてのものごとがたまたまそうなるように、この「事実」もわれわれを宗教に導く。

ハックは、それはふつうアル＝ハック（*al-Ḥaqq*）として示されるが、実は神の永遠不変の属性の一つである「発話」「力」「生命力」「意志」などと同様、唯一神［アッラー］の名前の一つでもある。そのため、学の無いイスラム教徒にとってさえ、これらの観念を日常的な倫理、ふつうの行為、コーランの陳腐な引用、教会学校のお説教、ことわざ的な知恵に包まれた形でしか知らぬものにとってさえも、このことばは物事とは通常どのようなものであるかについて生き生きとした像を描くものである。イスラム学者のW・C・スミスが述べたように「ハックとは、それ自体事実で、ひとりでに事実であるものを指す。それはすぐれて唯一神に関することばである。だからフワ・アル＝ハック（*Huwa al-Ḥaqq*）とは、唯一神こそ唯一事実なりという意味である。けれども、唯一神以外の純粋なるものもまたハックということがある。ハックはまず事実を意味し、唯一神と事実を同一視する［しつづける］人々［イスラム教徒］にとってのみ唯一神を意味する。［それは］事実なるものという意味での真理であり、事実のR《ザ・リアル》が大文字かどうかに関係ない。(26)」アラブの書記法は当然のことながら大文字を用いないのであるが。けれども大文字の意のR（正確にいうと*ḥa*ʼ）と小文字のrとの関係こそが問題の核心である。いかに物事をまとめるかという全体を覆う感覚、つまり「かりにそうなら……となる」という直観の一貫性と、実際の生活にみられる「……なので……である」という断定、すなわち具体的な状況について特定の判断を下すことの二つを関係づけることが重要なのである。

この連関は、ハックということばそのものから生まれた（意味論的にはともかくそうである。私はその原因のことをいっているのではない。それをいい出せば、中東の歴史と社会と同じように際限なく広い）。というのも、このことばは「現実」「真実」「実際」「事実」「唯一神」などを同時に意味するとともに、アラビア語としての形態音素的配列によっては「公正な」「価値のある」「正しい」「適切な」という意味にとどまらず「権利」ないし「義務」あるいは「要求」そして「責任」を意味するからである。（モロッコ的な用法にしたがうと）「ハックがあなたの側にある」（*ʻandek*、アンデク）とは「あなたは正しい」とか「正義はあなたの側にある」ということである。「ハックはあなたの中にかくれている」（*fik*、フィーク）とはあきらかに以下のような意味で「あなたは誤っている」「あなたは公正でない、正義でない」という意味になる。つまりあなたは真実について知ってはいるが、真実を認めていないという意味で。「ハックはあなたの上にある」（*ʻalik*、アリーク）とは「それはあなたの義務であり、責任である」「あなたはしなければならない」「あなたはそうする義務がある」を意味する。「ハックはあなたとともにある」（*minek*、ミネク）は「あなたにはその資格がある」「それはあなたの当然の権利である」という意味を指す。さらにさまざまな文章の形式と章句のなかで、ハックは受益者、つまり商取引を行う者、そして利益、たくさんの品物、一区画の不動産、相続物、役職など、なにごとかを保有する正当な「財産所有権」を示す。ハックということばはさらに契約上の義務、あるいはそれに派生する契約書類にも用いられる。またなにごとかに関する一般責任、罰金、賠償をも意味する。その絶対複数形アル＝フクーク(*al-ḥuqūq*)は法ないし法制を意味する。その限定的形式であるフクーキー(*ḥuqūqī*)は文字どおり「事実に結びつけられた、縛られた(人)」であり、法律家あるいは法学者のことを指す。

正しいものと事実の一致を示すこの概念は、このことばの使い方すべてのレベルに一貫している。宗教のレベル(このことばは唯一神だけでなく、神意が述べられているコーランのことも、最後の審判や天国、地獄、神秘的な霊知を獲得して到る境地のことも意味する)。形而上学的レベル(このことばは事実性のみならず、「存在物のはっきりとした核」のような実体とか本質を示す)。道徳教訓上のレベルでは、私がすでに引用してきたモロッコで毎日きかれる章句がそれにあたる。法的には、それは強制力をもった権利要求、有効性のある土地所有権、保証された権利、そして正義および法そのものを表わす。(27)こうした正義と事実の合一こそ、イスラム的な法感覚が、傾向や気分という抽象的なものにとどまらず具体的な審議や訴訟手続きでもあることを示している。イスラム教徒による裁定とは、経験的な状況を法的な原理につきあわせるような事柄ではなくて、両者が一体化したものである。一方を決定することは他方の領域を決めることである。すなわち事実はそれ自体規範的といってよく、イスラム教徒が善から離反するとは、唯一神が嘘をつくことと同じように不可能なことなのである。

もちろん人間は嘘をついてしまうことがあり、裁判官の前ではことさらにそうである。そしてここに問題が生ずる。「……なので……である」というものごとのレベルも実は、「かりにそうなら……となる」というレベルが(とにかく理論上は)一点の曇りもなく避けることのできない義務的なものであるのと同じくらいに、判定困難なのである。永遠不変に存在する唯一神のことばとしてのコーランは——まさにH・A・ウォルフソンが、キリスト学における化肉の概念と対比的させて神の不動性とみごとに呼びならわしたが——結晶体であり、アッラーをアル＝ハックと考えている人々の行為をアッラーが統御するものは何なのかを完全無欠に確定するとみなされている。(28) これまで、数多くの注釈や論争が存在したし、さまざまな教派が形造られ、分派反目がなかったわけではない。けれどもコーランに聖典化《エンブックト》された(これもウォルフソンの巧みな表現だが)法が示す明確さおよび分明さの観念によって、なにが正義でありなにが不正義であるかに少しでも疑いを抱くような考えをまったくやめさせたとはいわぬまでも大幅に駆逐している。すなわちそうした考えそのものが両義的かつ夢想的で応答不能な問題であるというのである。法律上の処断は知的に複雑でやりがいのある活動であり、しばしば政治的にも危険性をもつのではあるが、ここでは神意による真実を公衆にわかりやすく言明することとうけとられている。すなわちもっとも偉大であるといってよい古典法学者のシャフィイが述べたように、法律上の処断とは視野の外にある見えない神殿について描写するようなことであって、対立しあう価値に決着をつけることではない。価値の釣合いを勘案しなくてはならないのは、できごとと状況とを詳しく叙述する際に限られる。そしてこのことが、イスラム的な正義の執行にもっとも劇的にみられる特徴と私には思えるもの、すなわち「規範典型による証拠だて」とでも呼ぶことのできそうなものに対する強い関心がそれにあたる。

こうしたことを知るのが努めである人々なら少なくともよく知っているように、イスラム法廷——いわばシャリーア(*šarī'a*)が支配し、カーディー(*qāḍī*)が統轄する——に提出される証拠のすべては、たとい書き記された文書ならびに証拠品の提示があるにせよ、もっぱら口頭によるものとみなされる。とりあげられるのは、口頭による証拠——すなわち「自らの眼で見ること」を表わす語根から派生した「目撃すること」シャハーダ(*šahāda*)である——のみに限られる。そして提出された文書自体が法的な証拠となることはなく、ただ道徳的に信頼に足る証人のまえで、誰かがほかの人物に述べたことの記録(ふつうどちらかといえばあやしげな)としてのみとりあつかわれる。[29] このような、書かれた法的記録に法的な効力を認めぬことはイスラム教のごく初期にまで遡り、その後イスラム法の形成期においても、われわれなら状況証拠ないし物証とよぶであろうようなものと同様、記録された証拠はおしなべて認められなかった。ジャネット・ウェイキンが記したように、「ひとりの高潔なイスラム教徒が口にすることばこそ、疑惑と変造の可能性をもつ一片の紙切れや情報の断片よりもずっと価値あるものとみなされていた」[30]のである。文書による証拠がしぶしぶながらも受け容れられるようになった今日でも、その証拠の価値は、証拠文書の作成に個人的にかかわり、それらに信憑性を与えた特定の個人ないし複数の個人のもつ道徳性に由来するというのが実状である。現代モロッコの証拠認定について述べているローレンス・ロウゼンの意見を敷衍すると、その人間を信頼に足るものとするのは文書ではなく、男性(あるいは特定の文脈では女性)こそが文書に信憑性を与えることになる。[31]

証言制度の発展はかく入念をきわめたものであったが、それと反比例して弁護の制度はきわめて未発達のままであった。正邪を審判する裁判官が法的な基準にしたがって測ることのできる経験的な細部を提供できるほどに公正な物分りのよい個々人が求められたのではなく、解釈認定を行う裁判官がコーランの修辞法に適用できる有徳なる判定を生み出すほどに高潔な主張をもつ英明な個人が証人として求められたのである。そうした証人を探し求めるためにあらゆる方面に、多様なかたちで探索が行われてきたのである。西洋の伝統すなわち法の公正を確実なものとし、さらにそれを再確定することにわれわれの伝統が払ってきた配慮というものがある。そしてそれは可もなく不可もなくいちおう成功している。それに対しイスラムの伝統において彼らがその伝統を確実にし、さらに保証するために払ってきた配慮とは、同様な理由で、事実とは恥しからぬ評判であるということであった。そしてそれも西洋以上に格別に成功したわけでもない。

古典時代には、口頭証拠の道徳的な信憑性についての強迫観念(この表現が強すぎることはない)にもとづいて、資格認定をされた証人の制度が生まれた。すなわち、「志操堅固」で「方正」かつ「名誉ある」「品性卑しからぬ」「有徳」(*ʿādil*、アーディル)のみならず、その土地において有力で、かつ地元のできごとに精通した男性(特別の場合および特別の限定つきで女性のこともあるが)が証人として資格を認定されていたのである。一定の評価と公の証明手続きを経てカーディーが選んだら最後、これらの証人はウェイキンがいうように「彼らの証拠申し立てに対し、少なくとも法的には疑いをかけることのできない」[32]個々人として、法廷にもちこまれた事件に対しくりかえしなん度でも証言を行ったのである。

このような公の永久証人の数がとてつもなく増加したことにとどまらず(一〇世紀のバグダッドでは一八〇〇人ほどにのぼった)、カーディーの主要な仕事の一つであった証人の選定と評価(それぞれのカーディーは職に就くと、前任者の任命を却下して自らの証人を指名した)は途方もなく複雑化し、その結果シャハーダ・アラー・シャハーダ(*šahāda ʿalā šahāda*)つまり「証人についての証人」と呼ばれた補助証人からなる同様の組織ができてしまうという、われわれからみるとさらに不可思議な慣行にまで行き着いたのである。[33] これらの二次的なメタ証人たちは一次証人の廉直さを確認した。彼らは、とりわけ一次証人が死亡した際ないし最初の証言を行ったのちに引越したりしたときに、あるいはほかの理由で自ら出廷できなかったときに、二人で一人の一次証人の証言の正当性を確認したのである。さらにカーディーが一次証人の誠実さに一抹の留保をもっているときにも確認を行った。(たぶんバックギャモンをやっているところを人に見られたり、腰布もはずして公衆浴場に入るのを見咎められたりしたのであろうと、ジョーゼフ・シャシュも述べている。少なくも中世のひとりのカーディーは、身をやつして夜間街をまわり、自分の証人の品格評判を調査したといわれている。[34]) この点に関するカーディーの憂慮は理解できるものであるし、それは和らぐことのないものであった。というのはもしかりにカーディーが不実な証人の証言を採り上げると、虚偽にもとづいたとしても彼の裁定は法的な効力をもってしまい、そのため裁判上くつがえすことはできず、道徳的には結果が彼自身にふりかかってくるからである。[35] 規範典型と事実が実在論的にまざりあい——すなわち大文字のハ(*Ḥaʾ*)のついたハック——口頭による証言(あるいはその記録)だけが実際に生じたこと——小文字のハック——を合法的に表現できる方法であるとなると、偽証は格別に致命的なものとなる。実際偽証はイスラム法において、人間が罰することのできるような罪どころのものではない。断食の禁を犯したり、祈りを捧げなかったり、あるいは配偶者を殺害することと同様にそれは瀆聖であり、永劫の罪火に焼かれる罪といってよい。(36)

この特異な公の真実陳述者集団の制度は、現在ではほぼ皆無といってよいほど稀になった。シャリーア法廷においてももう存在していない。そしてイスラム世界における法的な生活の多くをこれまでずっと司ってきたのは、少なからず「近代的な」手続きにしたがってともかくも実定法を適用する世俗的な治安判事といってよい人々が指揮を行う民事法廷であった。カーディーに委ねられたのは、おおよそ家族と相続に関わる問題のみであったといってよい。(37)われわれが無知であるためにかつてわれわれが行い、いまも行っていること、さらにわれわれの英知をもってしても大してちがってはできぬもののすべてが――たとえば衡平法と慣習法との区別がほとんど消滅していること、陪審員の陳述と審理のあいだの区分が異様に変形していること、神裁、戦闘、浄化、訴訟形式の申し立てなど文化的に昇華した諸制度など――イスラムの場合と同じように、われわれのいう適正手続きの観念にも絶えずつきまとっている。同様に、認定された高潔な証人が法規書一点ばりの法律家に対して道徳的真実を語るという観念が、良心がいかに非聖化されたとしてもイスラム教徒の法律上の良心にまとわりついている。もっと正確にいうと、証拠の危さに対する認識の高まりは、われわれの場合には陪審を生み出し、イスラム教徒のあいだでは公証人制度をもたらした。

このような公証人はシュヒュード・ウデュール（*šuhūd ʿudūl*）と呼ばれる。それはまたしても、「公正な」あるいは「高潔な」証人を意味する。彼らは現在では、法の実用的な形式についていくらかは訓練をうけた専任の法廷役人として任命されるのであるが、ごく最近彼らはカーディーとならんでカーディー法廷の運営にとっての中心的存在となった。[38] 公証人が社会的な紛争を裁判可能な形に表示し、一定の規則が、たいていは機械的ではあるが、紛争を裁定可能に仕上げる手続きを媒介するようになると彼らの役割はますます中心的なものとなってゆく。ただたんに暗喩的な意味でなく、公証人は実際に証拠あるいは法的な証拠をつくり出し、その結果、私が事実の規範典型的性格とか立証の規範典型について述べてきたものと同調して裁定の大部分にも関与するといってよい。神命の構造としての事実――神意のハック――はカーディーの手にあるのかもしれない。けれども人間の心的なできごとの流れとしての事実――あなたのなかで、あなたに対して、あなたに生ずる小文字のハック――はかなりの程度まで公証人の手に委ねられる。

それは彼らの手にあるばかりではない。カーディー法廷に所属する専門公証人を例にとると、彼らはあらゆる法関係の領域にまで実際のところ及んでいる広大な情報網のように拡大した司法上の調査に対する手段の典型にほかならない。ほとんどのイスラム社会では、公証人の管轄がシャリーア法廷そのものと同様、おおよそ婚姻と相続に関連する案件に限られている。出訴を証拠に転換する彼らの力はおもに、婚姻契約、離婚手続き、継承権請求および証書に関して行使される。[39] 彼らのほかに現在では、大ぜいの同じような、あるいは半公的な道徳規範に準拠する証人がいる。すなわち彼らの証言には疑問の余地がまったくないとはいえぬものの――結局のところそうなったら世も末であるが――そうした証言には、かつてのシャヒード（*šahid*）の証言のように、けれどもふつうの訴訟関係人ないし被告の証言とは異なって、宗教的かつ道徳的な高みに由来する特別の重みがある。

世俗法廷を文字どおりにとりまくのはそうした認定済みの真実提供者であって——彼らを示す一般的なアラビア用語はふつう、「知る」「気づく」「認める」「発見する」から派生したアリーフ（*ʿarīf*）である。それはふつうの英語（そして仏語）に訳すと「専門家」（エスペール）となる。モロッコを例にとると、それぞれの職種や専門職にアミーン（*amīn*、「誠実な」「頼りになる」「信頼に足る」を意味する語根の派生形）がいて、彼は職業に関する紛争をめぐる事実認定の権限をもっている。灌漑についてはジャーリ（*jārī*）が、近隣関係のもめごとに対してはムッカデム（*muqadem*）がいる。いずれの場合も、争いの当事者は問題を件の役職者にまずもち込み、もしその役職者の調停が受け容れられぬものなら——よくあることであるが——そうした役職者が法廷の主証人の役を努める。判事が信を置くのはこの証人だけであるといってもよい。「宗教の探求家」ターレブないし「預言者モハメッドの子孫」シュールファといった特定の宗教上の地位集団のために同じような働きをするメズワール（*mezwār*）の存在がある。メズワールはさまざまな道徳上の問題が生じた際に関与するように要請されるといってよい。また、シイイド（*siyyid*）ないしムラービット（*murābit*）という地方の聖者がおり、地元の人々のために同じような役を努める。なかでももっとも重要であるのは、ケビール（*kebīr*、「実際をみて知る」「熟知している」ということばから派生した語——なおアラビア語で「ニュース」はクバル〔*kbar*〕という）と呼ばれる、専任の調査報告人がおり、そのなかには農業関係の「専門家」や、建築を専門としたり、誰が誰を孕ませたか、誰が性的に満たされず、誰を性的に虐待しているかを見つけ出すことを専門とする者(女性)もいる。彼らは、世俗法廷の判事によって文字どおりすべての不確かな事件の現場に派遣され、関係者のインタヴューを行い、事実は「実際にどうであるのか」——訴訟当事者がなんといおうと意に介さずに——に関して報告を寄せる。

これらの機構の実際の働きについて立ち入ってここで述べることは無理であるし、道徳規範にもとづいた立証の肥大化がもたらした問題について立ち入ることもできない。けれども私は、こうした事態を正しく理解することが今日のムスリム世界の大部分において少なくとも、その法感覚を現実的に把握するための鍵であると思っている。今日のムスリム世界では、私がすでに述べた「事実の過剰爆発」やそれが惹き起こす憂慮についてはほとんど知られていないのである。肝要な点といえば、西欧の伝統では法と事実を区別し双方が混ざらぬように保つ手続きの発達に向かったエネルギーが、イスラム世界においては法と事実を結び合わせその結合を深める手続きを拡充する方向に向かったことである。道徳規範にもとづく立証がムスリム世界における正義の執行にとって決定的であるのは、その立証法が小文字のハックという特定状況の具体的な事実を大文字のハックという一般的真実のもつ定式的なことばの形にできる限り重なるよう提示するからである。

＊

さてインド的な法および、それに生気を与えるダールマの観念に眼を転じてみると、ある法感覚を一つの語によって総括する試みのなかに本来的に宿る問題は、さらに厄介なものとなってくる。(40) 個々の地方的な状況に対する適応はそれぞれであり、地方地方によってその影響は一様ではなく、さらに学派や伝統のちがいによる内的な差違もあるが、しかしながら、古典的なイスラム法はそれらいっさいを考慮に入れて均質化の原動力となり、法的な統一世界をつくり出した。その結果、たとえば一四世紀には、イブン・バトゥータは彼自身判事であったが、各地のカーディー法廷を辿ってモロッコからマラヤへ行き、そしてまったくの異郷の地にいると感ずることなしに戻ってくることができたのである。気候は異なり、人種も、そしてそれにともなって慣習もちがっている。けれども、シャリーアはサマルカンドでもティンブクトゥーでも、少なくとも立法学者の家の内では、どこへ行ってもシャリーアであった。

しかしながらインド的な法は、イスラム法のようなかたちでは拡がらなかった。インド的法は、そのインド法が普く拡がってゆくまさにその過程で出会った相手の法を独特のものにしていった。インド的な法の領域は粒状であって、とびきり一般的かつ超-抽象的な形式を、きわめて個別的にかつ超-具体的に表わす一群のものに分節化されていた。すなわちそれが化身・顕現の世界であった。インド的な法は、その発端から、ヒンドゥー教と仏教の区別によって分けられていたにとどまらず、極端なほど細分化した個々の規則のなりふり構わぬ広大な集合体、すなわち、ある規則には一八種もあり別の規則は三四から成るといった集合体でもあった。そしてインド的な法は、唯一神のことばから直接写した単一の法典拠によって統合されているのではなく、さまざまな目的とそれぞれちがった出所をもち、異なった権威を有する不規則なテクストを納めたボルヘス的な図書館から引き出した、異常に世界大的な一組の諸観念によって結びあわされていた。(41) インド的な法はそれぞれの場所で、その各々の集団のなかに、独特かつ明確な変異形をつくり出した。そしてそれぞれ関係する法のあいだには、ほどほどの類似しかなかったのである。神性(あるいは、人間性、美、力、愛といってもよいが)に関してと同じように、インド的世界において法とはひとつながりに、その表現は数限りないものであった。

まずインド全土に、そしてセイロン、ビルマ、シャム、カンボジア、スマトラ、ジャワ、バリへとインド的な法が、気まぐれに一様でなく拡がってゆく過程で、インドの高文化そしてその不可分な要素であるインド的な法は、それぞれの地元のさまざまに異なった実践行為、象徴、信仰、制度を自らのうちに吸収していった。ある地域では、それはヒンドゥー的であり、別の場所では仏教的であった。またほかの地方では、ヒンドゥー＝仏教的であった。インドの高文化は、排斥とか除外ではなしに献身と包含によって版図を勝ち獲っていった。それはJ・D・M・デレットが述べたように「無限に広大かつ一筋縄ではゆかぬさまざまな規則の集合を、生と思考をめぐるわかりやすい型式に[42]」従属せしめることによって拡がっていったのである。「……なので……である」という意思決定のレベルにおいて、インド的な法とはどこにおいても、その土地土地と適応し、必要に応じて変容する、典拠、慣習、説話、宣言からさまざまに発した特定の公式の拡散したカタログであった。「かりにそうなら……となる」といった一貫性をつくりあげるレベルにおいては、インド法はヴェーダ式や菩提樹のような突然の天啓にその根源をもつ、高度に独自かつ特異なほどに安定した大思想にもとづいていた。すなわち、人間も、超人間も、下人間も等しく、宇宙に存在する者すべてがそれぞれの美点にしたがって、満たすべき倫理ならびに表現すべき資質——これらはいずれも同じものであるが——を有する存在の本分という宇宙的な教義にもとづいていたのである。「蛇は咬み、悪鬼はたぶらかし、神は与え、聖者は自らの欲望を抑え、……盗人は盗み……戦士は殺し……司祭は供犠を行い……息子たちは母親に従う」とウェンディ・オフラハティも記している。そして「そうすることが彼らのダールマなのである」と。(43)

ダールマ(そしてその反対語のアダールマ)を英語で表わすことは、ハックを英訳するよりもさらに困難であるといってよい。難しいのは、そうすることによって意味が砕け散ってしまうことや、この語の示す意味領域を予想だにしない部分部分に分割してしまうことではなく、意味の不正確さが生じ、その語の意味領域がほとんど際限なく拡がってしまう点にある。サンスクリット学者を代表するJ・ホンダはダールマを「翻訳不可能」なものと呼んでいる。このことばを二カ国語辞典で、「かりにこの概念がもつすべての側面と尽きせぬ意味の拡がりを正当にとり扱おうとするなら、「法、用法、慣習の遵守、義務、徳性、宗教上の功徳、よき行い等々」の一〇か一二の英語のことばか章句によって説明して、さらにそのほかの数多くの同様な章句をつけ加えなくてはならない」とホンダは述べている。仏教＝パーリ語の観点から、そこではダールマはダンマ(*dhamma*)であるが、リチャード・ゴンブリッチはこのことばが「これまで一千とおりにも訳されてきており、またそう訳しうる。たとえば「正義」「真実」「まことの道」などと。いや訳さぬことが最上の途といってもよい」と語っている。自分自身仏教僧でもあるワルポラ・ラフラは、「ダールマほど広い意味をもつ仏教用語はない……宇宙の内外で、善悪いずれにしろ、条件のあるにかかわらず、相対－絶対を超えて、このことばに含まれぬものはない」といっている。ロベール・ランガは彼の偉大な論考であり、おおよそダールマについての徹底した注解を基本とする『インドの古典法』を始めるにあたり、「ダールマとは、われわれにとっては不可欠に思われる分類を放棄——あるいは超越——しているために、定義するのが困難な概念である」とコメントしている。さらにスウォヨ・ウォヨワシトの手になる古ジャワ語辞典はこのことばを「法、権利、役目、義務、功徳、奉仕、敬虔なる行い、本分」と訳し、そのあと一ページ半にわたり、ダールマデシャナー（*dharmadeśanā*）「善き行いの学」、ダールマブディ（*dharmabuddhi*）「［精神の］正しさ、公正さ、公平さ」から、ダンマユッダ（*dhammayuddha*）「［確立した］法典にしたがって［闘われた］戦さ」およびダールモッタマ（*dharmottama*）「社会のそれぞれの階層にもっともふさわしい正義の法典」に及ぶ複合語をつけ加えている。(44)

法に関する限り、おしまいに登場した諸観念がもっとも重大であるといってよい。というのも、インド的な法感覚をほかのそれともっともはっきりと区別するのが、権利および義務を社会秩序のなかの地位に相対的なものと捉えていることであり、社会秩序における地位を超越的に定義づけることであるからである。まぎれもないガチョウの雌にかなうことは、まぎれもないガチョウの雄に当てはまらぬからであり、司祭と戦士は異なり、僧と俗人もちがい、家庭人と隠者、一度しか生まれぬ者と再生する者、滅亡する時代に生まれた者と黄金時代の人間、それぞれにとって正義は異なるのである。カーストにもとづくヒンドゥー教において儀礼的に特徴づけられようと、功徳に重きをおく仏教にみられるように倫理的な特徴をもとうと、社会的なカテゴリーとは、それが拠って立つ規則にしたがって個人や集団を本性的なクラスに分類することにほかならない。地位とは実体なのである。ハックが法を事実の一つの種と解釈することによって、「……である」と「……であるべき」を取り決めるとすれば、ダールマは事実を法の一つの種と解釈することによって同様の決定づけを行うといってよい。そしてその二つのやり方はまったくちがうものなのである。

社会上の地位に応じて正義が異なるというのは、もちろんインド世界にのみ固有とはいえない。権利を親族関係に結びつける古典中国法やアフリカの部族法もこの点については少なくとも同様に徹底している。少年裁判所という形式ないし保護観察の事例で「母親がいちばんよくわかる」という予測をとるにしろ、地位にもとづく正義のちがいはどの法体系にもいくばくかはみられる。けれどもインドの例を独特にするのはダールマの観念——あらゆる種類の男と女(それに加えて神々、悪鬼、精霊、動物、そしてその点ではものまで含めて)の行いを司る規則が、彼らが本来なにものであるかを決定づける観念——なのである。ベンガル地方についてロナルド・インデンとラルフ・ニコラスが述べたことは、インド流の前提が浸透したところではそれぞれ微妙な相違はあるもののどこにおいても妥当する。そしてその妥当性はそうした前提が行きわたった程度に準ずるのである。

すべての存在は[種類]別に有機的に組織だてられている。それぞれの[種類]は、それに固有の[本性]および、[行動にかかわる]規則によって定められる。本性と行動のあり方は不可分なものと考えられている。こうした文化的前提のために、……アメリカ文化の場合のように「本然」の秩序と「法」の秩序を区別することは、インドの場合なされない。また同様に、「物質的」ないし「俗的な」秩序と、「精神的」ないし「聖なる」秩序のあいだにも区別がない。そのため、存在をとりまく単一の秩序があるのみで、それは西洋流のことばでいえば、自然的かつ道徳的であり、さらに物質的かつ精神的ないずれでもあるといってよい[45]。

おまけにそれは法的かつ事実上のものでもある。あるいは、インドにおける悪の観念について述べた
オフラハティによると、

ダールマとは、従うべき規則が存在するという事実のことである。すなわちそれは、実際にその規則がなんであるかに関係なく、規則の原理といってよい。[それは]規範的であるとともに、記述的な用語である。……[その結果]インドでは、道徳規範(ダールマ)は自然そのものとなり、他方西洋では道徳規範は自然との葛藤を含むのが普通である……ある特定の[存在]であることのダールマとは、一つのタイプとしてのその当人の特質と、個人として彼が果たすべき義務との双方である。……その人は自分の義務を否定するかもしれないし[そしてその結果]彼の本性を否定することがあるかもしれない[アダールマとして蔑視される条件]。けれどもヒンドゥー教徒はこうした葛藤を起りうべからずのものと考え、解消されるべきものとみなしている……[46]。

その葛藤は解消されねばならない。その理由は、キリストの時代の少し前か後に『マヌ法典』も述べ

ているように、「ダールマを破った者は破滅し、それを護った者は保護される」(47)からである。この法とは、ちょうど太陽や家畜のようにそこに在るものである。「確固として不変に、維持され持続し、倒れたり消滅しないようなもの」として巨大な無限の形で、そしてその固有の地位にみあった、個々の状況で個々の人々に義務としてかかってくる固有の規則のなかに示された固有の義務という、ぎっしり詰まった地方固有の形式で存在しているのである。(48)法の擁護者がなすべきこととはそれを護ることであり、さすれば法もまた人々を保護するのである。法の擁護者の長は、あるいは植民地支配がその長を半ば交代させるまでは、たんなる古典注釈者である法律家ではなく王であった。インド的な古典注釈におけるインド的な合法性の基本原理に即していうと、王のダールマとは、ダールマそのものを擁護することである。

インド的な裁定にみられる王のきわどい地位は、王権のサイズが大きかろうと小さかろうと、あるいは中くらいであろうと(あるものは実に小さかったことにしっかりと留意すべきであるのだが)、まさにインド的裁定を特徴づけるものであり、それはイスラムの裁定において道徳規範にもとづく立証が死命を制するものであったことと等しいものである。王がインド的裁定の要であったというのは、王こそが、適切な学者、僧ないしブラーマンの援けを得て、ダールマ一般の首尾一貫性を形造る、「かりにそうなら……となる」という範例を、「……なので……である」といった結果として具体的規則を生み出す決定に結びあわせる存在であったからである。王が不在(*arājaka*、アラージャカ)の社会は法なき(アダールマ)社会であり、「混乱の支配」に堕してしまう。個人が、自然の理法と、それらを避けようとする誘惑にみちみちた世界のなかで、彼自身が自らの理法に従ってゆけるか否は、王の保護にかかっている。マハーバーラタが明確に語っているとおりに、すべてのダールマは王のダールマに拠っており――「すべての人々はラージャ＝ダールマ（*rāja-dharma*）を頭上に戴いている」(49)のである。

けれども、その帝王支配的な響きにもかかわらず――たんに法理論の点からだけでなく、司法的な正義決定の実際の遂行の面からも十分現実的に響く――これは行為遂行的というオースティン流の概念ではない。というのもここで法は支配者の命令を読み込むものではないからである。かりに王の命令が適切なものであるなら、ほかのあらゆる人の行動が正しい行動であるときの彼らの行動と同じく、それらは法を一字一句読みとっているようなものである。正義にもとづく王の行動は、ランガがいったように法の実例であり、デイヴィッド・ワイアットのいう法の体現でもあり、またM・B・フーカーのいう法の象徴といってもよく、デイヴィッド・エンゲルによると法の上演ということになる。(50)もちろん問題は、王が実際には正しくないことがあり、たぶん突発的にしか正しくないところにある。イスラム世界では証人の信頼性という点に表われている問題――「……なので……である」という裁決を「かりにそうなら……となる」という現写法に一致させること――がインド世界では、王の正義という点に表わされている。片方で虚偽や真実の否定として象徴化されるものは、他方では自己利益、そしてそれに対するむとんちゃくを象徴している。

支配者を思慮深くさせると、彼は自分自身のダールマを達成するように行動するため、その結果他人のダールマを護るようになる。そしてそれこそがダールマでもある、宇宙のバランスのなかに全体を維持するようになる。このことはまた、法を励行することではなく、それを理解することに献身する人々のダールマでもある。権力の保持者と、処罰者と学識者、および浄化する者のあいだの関係は伝統的なインド的文明全体のなかでもっとも微妙かつ捉えどころのないものであろう——ちょうどそれはバリ人がいうように、弟の兄に対する、生徒の師に対する、船とかじ取りの、短刀とつかの、オーケストラの楽器とそれが奏する音との関係といってよかろう。(51) 実際の裁決の領域においては、国家から村々のレベルまでどの段階でも、それはおしなべて問題の核心となる。王、王子、貴族あるいは地方役人にまさって、自らの情熱を御し、自分を捨ててダールマの道を追求する聖職者たち、たとえばヒンドゥー教の場合はブラーマン、仏教では僧、さらに小さな問題の場合はより低位の梵学者が有する可能性には、意思による恣意的な正義ではなく、原則にもとづく確たる正義を獲得する可能性も含まれている。(52)

権力者の傲慢な気質に抗して、そうしたことを実現すること、つまりデレットにならうと「ダールマ王を公正な王のうえに」置くための方法にはさまざまのものがあった。たとえば宮廷詩にみられる聖職者による王の讃歌、宮廷儀礼への聖職者の不参加、聖職者が宮廷の徳性を恥じ入らせることなどがあった。(53) しかし法の執行に関する限り、以下の二つの方法がもっとも重要であった。王のダールマを法典化すること、および学識経験者を王室裁判所顧問に招請することがそれにあたる。

法を犯す者を罰することによって社会の行動秩序を維持しようとして、王の義務を法典化することはすでに古典時代のインドにみられた。そこではマヌがその法典の一二章のうちの三つをこの問題に割いている。しかし、それは東南アジアでより明確に展開されたのである。そのもっともよい例(あるいは唯

―十分に記述されたといったらよいであろうか）はタイのタマサートである。[54] 世界と人間の歴史について、法の進化と王の起源について陳述することによって、タマサートは「個人と国家の関係を定め、統治者が自らの行動を制御される規範を規定した」。[55] 二七項目ないし三九項目にわたってタマサートは、宮廷法、神裁、罰金、証人および「人々を［ランクに］分けること」から、負債、相続、盗み、争い、反逆にまですべてに及んでいた。[56] エンゲルがいったように、それは「伝統的なタイにおける、王の法と正統性に関する原理的な言明」であり、ビルマやカンボジアやジャワの同様の法と同じく、王が従わねばならない地位にまつわる倫理を記述することによって、王のもつ裁判権を正当化するようにもくろまれていた。

タマサートに……よれば［自分自身王子である近代タイの学者が記しているのであるが］、理想的な王制は王の十徳にあくまで忠実である。そしてつねに五戒を奉持する。……王はタマサートをしっかりと学び、正義の四原則を守る。その四原則とは、王に与えられた奉仕あるいはひどい仕うちの正邪をみきわめること、正義と真実を堅持すること、正しい方法によってのみ富を得ること、そして正しい方法によってのみ彼の王国の繁栄を保つこと、である。[57]

明晰な西洋におけると同じように東洋においても、いかに詳細であろうと法そのものは、法の刻印された法的制度組織と似たりよったりのものであった。法執行の意志に対してどのような法学的な抑制が加えられるとして——ふつう人が期待するほどではなく、といって予想する以上に頻繁であるが——そうしたことが確実になされるのはあくまで裁判所の調停枠組のなかであった。

植民地体制が均質化しようとして失敗成功とりまぜた結果をもたらす以前にインド的世界全般にみられたいく種類かの裁判所は、それらが適用を試みた法規則と同様に、法の適用の対象とした諸集団、そして法に附与しようと望んだ正当な理由と同じくらいに多様、かつおびただしい数におよんでいた。けれども、学識に富む者が正当化し、権力をもつ者が適用するという原則は浸透力をもつようであった。インドでは、カーストをめぐる巨大なヒエラルキーとカースト間の協議会が存在した。いわゆる「小王国」の「支配カースト」の成員である小藩王や、地方地方に巨大な大藩王が存在し、さまざまなヒンドゥー学者が必要欠くべからざるように支えていた。タイでは、官庁自体と同じく法律上はっきりとは定義されぬ三〇種ほどのややこしい官庁法廷があって、この仏教国と思われる国にもかかわらず一ダースほどのブラーマンが在籍する一つの諮問官庁が法的な問題について助言を行っていた。インドネシアの場合、数百にのぼる大小の宮廷内裁判所があり、そこには所管大臣の監督のもと、さまざまな種類の、そしてそれぞれ能力の程度もちがう法律専門家がいた。四世紀来インドの諸法典でくりかえし述べられた、「人は「ダールマ」にもとづき判事によって裁かれ、王によって罰せられる」(58)という過程を踏んだ基本原則は、インド的世界のどこにおいても裁判過程を実際に動かす理想であった。

そうした裁判過程の特定の制度的な形式がどうあれ、その点に関して適切と思われるどのような事例にしろ(「レグレグ対村会議」の例が示すようにきわめて不定な事態と思われるにしろ)、社会生活に与える一般的な効果がいかなるものであれ(さらに不定なこととして、すべての王は強力ではないし、またあまねく強力な王も存在しない)、裁判所が自ら発する中心的な証拠調べの質問は、行為の理由にもそれらがひき起こす結果にも関わりがなく、行為の類型を質すものであった。それらは裁判のレベルにもちこまれたダールマとアダールマに関する問題であり、すなわちある特定の行為が、順法行為をめぐる大分類体系の地方的な変異形のどこに落ち着くかを定める問題なのである。問題点を比較的に位置づけると確かに誇張しすぎることにもなるが、そのようにとらえると古典的なイスラム法廷は、人間の道徳性をよりわけることから事実を確定したいと希んでおり、また証言に尋常ならざる重さを置いていた。それに対しインド法廷は事実確定を人間の道徳上の種別によって行うことを希求し、評決がことさらに重要視されていた。「[伝統的なインド的]正義の本質は、ある特定の不正を証拠にもとづく尋問過程の公正さではなく、ひとりの個人の存在がもつ全体的な価値についての最終的判断が適切であるか否かにあった」とエンゲルは述べている(59)(彼はタイについて述べているが、問題は一般的である)。最終的な判断とは、ライオンに跨り、死の神であるヤマを表象する王の司法印が物語るように、王の決断にほかならない(60)。王の裁定が合法的か否かは、司法家が普遍的な義務を地方の規則に探り出し、王をしてそれに意を注がせることができるかどうかにかかっていた。

事例に輪郭を与えそれを裁定可能にする、いってみればこの特有のやり方は、伝説的な判事が登場する伝統的な法に関する物語のなかにはっきりとみてとれる。そうした物語は、実際の裁判記録が存在しないので、われわれが、古典的な裁定である「……なので……である」の形式を考慮するに際し、よく調べてみるべき対象である。一七世紀のイエズス会宣教師ジャン・ブーシェが、マリヤータイ＝ラーマンと呼ばれる古典的なブラーマンの司法家に関して詳しく語った南インドからの二つの話が、きわめてはっきりとしたそのような例といってよい。(61)

まず第一の話は、「ソロモン王の裁定となんらかの共通性をもつ」とブーシェが述べているが、実際にはほとんど正反対のものととらえられている。この話は、複数の妻をもつ金持の男の二人の妻にかかわるものである。第一の妻はみにくい女性で、この男とのあいだにひとりの息子をもっている。二番目の妻は石女であるが、その際立った美貌のゆえに、一番目の妻が蔑まれていたのとは反対に、夫から尊重されていた。そのため一番目の妻は嫉妬に狂って復讐を企てた。彼女は誰彼となく近づいて、自分の息子をどれほど可愛がっているか、息子が自分にとってどれほど大きな存在であるか、さらに二番目の妻はその美貌にもかかわらず彼女のことをどれほど嫉妬しているかについて行動とことばによって説きつけた。それから彼女は息子を殺害し、死体を宿敵が眠っている寝台のかたわらに置いた。翌朝、自分の息子を探すふりをして、二番目の妻の部屋にかけ込み、息子の遺体を「発見」、大声で泣きわめき、「ああ、この卑しい女め！　私に息子がいて、自分にいないからと怒って、なにをしでかしたかみてごらん」といってまわった。そのため興奮した人々は二番目の妻に向かって「女にとって自分の息子を殺すことなどできるわけがない」、とりわけあれほど可愛がっている子供を殺すなどとは、と激しく攻めたてた。

そこで逡巡することなくマリヤータイ＝ラーマンが呼ばれ、二人の女性の言い分をじっと聞いたのち、

「無実である女性なら、私がこれから指示するやり方でこの集会場のまわりを歩くであろう」と宣告した。その指示された条件というのはひどくふしだらなものであった。罪を犯したほうの妻はそれに賛成し、「もし必要ならそれを一〇〇回でもくり返しましょう」といった。罪なき女のほうは「そんなことは絶対にいたしません。そんなことをするくらいなら一〇〇回でも死んだほうがましです。女性としてそのような恥ずべきことをするくらいなら」といって拒否したのである。マリヤータイ＝ラーマンは二番目の妻が無実で、一番目の妻が有罪であると宣した。その根拠とは、ダールマに違反するくらいなら自ら死に身を委ねるほうがましというほどに自らのダールマに自覚的である女性が、子供を殺すといった反‐ダールマ的な行為をできるわけがないというものであった。他方、ダールマに無関心な者は、自分の息子であっても殺してしまうのである。

もう一つの話は、その内容がさらに荒糖無稽であるが(少なくともわれわれの見方では)、ダールマの実体論的な側面、つまり現実の歪みに深く浸透したダールマの側面をよりはっきりと明るみに出してくれる。力の強いことでよく知られた男が、突然怒って妻を放り出して出奔した。神はそこで夫に身をやつし、妻のもとに入り込んだ。数カ月して、怒りの冷めたほんものの夫は戻ってきた。ここでマリヤータイ＝ラーマン(王の司法官たちが手詰まりになると、王が呼び入れた)に提出された事件とは、いったい誰が誰であるかを決定することであった。ほんものの夫が力自慢であったことをわきまえていたラーマンは、それぞれの男に巨大な石を持ち上げるよう命じた。ほんものの夫は岩をもち上げ、引っぱり、上げようとしたがほんの数インチしか動かせなかった。偽の夫は、まるで羽根のように軽々と岩を頭上にもち上げた。それをみて人々は「この男こそ、まちがいなくほんものの夫だ」と叫びをあげた。ところが判事は、はじめの男のほうに軍配を上げ、彼はいかに格別の力もちであろうと、人間にできることを行ったのであると述べた。それに対し二番目の男の行ったことは、神のみがなしうる業であると判事は言ったのである。

けれども、そうしためくらましをする神々や聖なる判事たちのみでなく絶対王もまた、「黄金時代のすべてのよき存在」はいうまでもなく、少なくとも法的な生の制度から姿を消してしまったのである。その想像力からもすっかり消えたとはいわないまでも。たとえばインドでは、まず、アングロ゠インド法と呼ばれる西欧的な法過程とヒンドゥーの慣習との奇妙な混合物が出現し、ついで独立期の法制化における、いくぶんか絶望的で、半ば改革的、半ば復古的な実験が行われた。タイ国では、王の主導する改革運動(王の紋章は、ライオンに跨った死神王から、王権の標章に包まれたローマ風の正義の天秤に変えられた)が議会を通した革命に行き着いた。インドネシアでは、オランダが押し付けた複数人種別の国家法廷の体系に、スカルノの共和国という文化主義的イデオロギーにもとづく法体系の統合がとってかわった。そうしたすべてのことが根本的な変化をもたらしたのであり、それについて私は本章の結論部分でまたいくらか触れることとする。(62)

けれどもデレットがインドについて述べたことはまた東南アジアにもいえることなのであるが、法体系は二〇〇〇年にわたり土着の法律家の手中にあったのち、その後二世紀のあいだヨーロッパ人および西洋で訓練を受けたインド人法律家の手中にあった。そのためすべてが完璧に変わったわけでなく、とりわけ法感覚の形式はそうであった。[63] 法は世俗的になったか、あるいはいくぶん世俗的になったかもしれない、いや、主義主張の強いものにさえなったのかもしれない。しかし法がその地域性を失なうことはなかったのである。

＊

正確な理解をしなければと思いつめている人々にとって、アダットとはなにかを理解するうえで障害となるものは、われわれがハックやダールマを理解する際の障害とは、非常にとはいわぬまでも異なっている。というのはアダットの場合、理解の困難さはほとんど西洋が創り出したものであるからである。いってみればまあ自業自得なのであるが。ヨーロッパ人やアメリカ人の比較法学の学徒がイスラム教の、あるいはインド的な法制の支配的な理念についてどう考えようとも、たとえばそうした理念が非道徳的であるとか、古風であるとか、あるいは怪しげな深みをもつといった考えがあるが、彼らは、文字による思考の発達した伝統から生じたそれらの理念が、裁決とはいったいなにかに関するコモン・ローないし慣習法の概念によっては把握し難いことをつねに認識してきた。けれども、村落生活の日常のくり返しのただ中に横たわっているのを発見されたアダットについては、比較法学徒も自信をもって認識可能であり、単純に見慣れたものと了解してしまった。アダットとは、なんの変哲もない、書かれてもいない、土地固有の規則の寄せ集め、すなわち「慣習」であると了解してしまったのである。

人類学において「慣習」ということばがひきおこした禍い、つまり思考をたんなる習慣へと還元してしまったことに匹敵するのは、思考を実践的な行動に貶めてしまった法制史における同様の誤りくらいのものである。アダット研究の場合にみられるように、そうした二つの禍いが重なると、慣行がすべてを決するといった月並な表現に典型的に代表される通俗的な論理のまかりとおる観方が生み出されてしまったのである。アダットは「慣習」であるから、それに注目した法民族誌家にとっては、擬似法学的とでもいったらよいのかそのような定義にしたがえば、アダットとは伝統的な問題に対して伝統的に適用されるところの伝統的な規則の組であるというわけであった。外部から輸入された妥当な法を優先してアダットを取りのけるべきか、それともアダットに体系と確定性を附与してそれを妥当な法にしてしまうべきかが問題とされたのである。おおよそ前世紀の中頃から、今世紀中葉に到る期間に、洋化を押し進めようとするヨーロッパの法学者と、反西洋化を唱えるヨーロッパの法学者——前者は、イギリス、オランダないしアメリカ法をマレイシアの全域に一様に押しつけようとし、後者は、なんらかの種類の現地の慣習から造りあげた現地法という別個の領域を設定しようとしていた——とのあいだの抗争が、アダットの性格(広義にはそれは理解されたと考えられていた)というよりもその将来に関する学問的な論争を決定づけていた。それらの立場がもつ利点がなんであれ(それらについて賛意を示す点も多いとはいえ、いずれについても賛成しかねる点のほうがはるかに多いのであるが)、そこから導き出される結末は、その論争がもっとも強烈になされ、反西洋派の人々の存在がもっとも顕著であったオランダ領インドの中心部においてはとりわけ、アダットということばを、法感覚の一つの形式、すなわち、「かりにそうなら……となる」と、「……なので……である」について考察する独特の方法を示すものではなく、アダット法《アダット・レヒト》学や「慣習法《カスタマリー・ロー》」といった自家製の一種の法実体《コルプス・ユーリス》(あるいはその総体というべきか)

を指すことばに変えてしまった。そうした法実体は、国家によって放棄され、法的に無視されてしまうか、あるいは公に調査し、記録にとどめ、選別分類し、植民地権力の援けを借りて施行するかのいずれかを必要としていた(64)。

アダット法学の活発な動きとそのほかの地域でそれに対応する活動は、アダットということばが——すでに述べたようにアラビア語に起源をもつが——見出される細かく分割された大陸の領域(おおよそ南タイから南部フィリピンに到る)にみられ、たんに範疇分けを行い、規則性を明らかにするといった単純かつ事実を採集するという意味で、いくつかの法にまつわる最上の民族誌を生み出したといってよい。今なおある地域の相続原理について、別の土地の婚姻規則について、またほかの場所における土地所有権についてすばらしく詳細な研究が存在している(65)。とはいえ、法あるいはともかく「民俗法」は慣習であり、慣習とは慣行で、慣行とは絶対的なものであるという——すべきこととあることとの繋がりの破れた環——仮定のもとに、アダット法学は、正義とは、社会的調和とはなにかに関する土着の感覚を、秩序とはなにかについての輸入された感覚、すなわち法治国家の観念を用いて表現したというより実は、誤って表現している(66)。独立以降、その時点では人を人とも思わぬ向う見ずな近代化論者に反対していたアダット法学推進派は以前からの勢力を減らしその影響力も小さくなっていった。やがてさろに内向きな観方、つまり文化防衛のロマンティックな護教論といったある種の理想化をともなった正真正銘のナショナリズムへの転換が起こったのである(67)。しかしナショナリズムによってアダットはたしかによりはっきりとみえるようになったとはいえ、それが慣習ではなく外見、すなわち民族的記憶であって民族的

習慣ではないということはまだその時点でははっきりしていない。(68)

最近の注釈者のなかではいちばんましなうちの一人であるモハメッド・クスヌーは、そうした主題にはまったくふさわしい散漫さをもって、アダットとは「インドネシア人の適切さの感覚に基盤を置くところの、彼らの生の形式である」と記している。そして、その「適切さ」ということばがキー・ワードなのである。(69) アダットに準ずる裁決がなし遂げようとして傾注する努力とは(なかにはそれは裁決でないという人もあろうが、それは裁決である)、精神の調和すなわち普遍的な静謐としての正義に関する定義的概念を合意の過程に関する決定論的概念、すなわち公に示された社会上の協約に読み換えることである。ここでは裁定が、レグレグの場合にも明らかなように、適否を選別するというより、行動を標準化する問題なのである。

定義づけて明らかにする次元で、生の領域の外側で賛意を示す静かな同意の声が優越し、内面で精神のしっかりとした静けさが大勢を占めるような状態を物ごとのまっとうな秩序とみなす考え方と、あらゆる面にわたる行動的、制度的かつ想像的な表現が出会うのである。おびただしい、省りみられることのない擬似同意語は——パトゥト(*patut*、適切な)、パンタス(*pantus*、適わしい)、ラヤク(*layak*、ふさわしい)、ココック(*cocok*、ぴったりの)、ビアサ(*biasa*、常態の)、ララス(*laras*、調和した)、ハルス(*halus*、なめらかな)、ルウェス(*luwes*、しなやかな)、イナク(*enak*、快い)など、それぞれの意味上の傾斜に沿ってちがいをみせ判別的な倍音を与える——やわらかな道徳の煙霧のなかに日常生活の言説を包み込む。(70) 労働、政治そして個人関係も含めて、それらのうちに協働を促すための、きわめて特殊かつひじょうに複雑な制度のおびただしい目録は、文化的な意味を吹き込まれ、きわめて定義しにくい価値イメージ――ルクン（*rukun*、相互調整）、ゴトン・ロヨン（*gotong royong*、相互負担）、トロン＝ムノロン（*tolong-menolong*、相互扶助）――としてぼんやりととりまとめられるが、その目録はそれが従うべき至高の力をともなって、社会的な相互作用を統御している。(71) その地域ではどこでも公的な儀礼生活には諸々の事物が深くまじりあった冗漫な象徴、すなわち稲の婚姻、村の清掃、村の会食などがちりばめられている。(72)「なすべきこと」すなわち「かりにそうなら……となる」ととらえる一般的な一貫性の感覚とは、ここでは絶対的な命令の普遍的行使でもなければ、宇宙に遍在する義務をきちょうめんに果たすことでもない。それは共同体的な一致がもつ物音一つたてぬ完璧さのことである。

もちろんこうした理想的な状態を実際に手に入れることはなかなか期待できない。人間は当然のことながら、生まれてこのかた調和をそこない、それに負担をかけるのが常である。対立やめまいに向かってではなく、社会的な調和と個人的な落ちつきをめざして少なくとも歩んでゆくという実際的な課題こそ、裁決そして問題の処置法としてのアダットのすべてであるといってよい。焦点となるのは、意思決定の機構すなわちまさに過程的な意味での過程であって、実際になにが起きたかを確定したり、あるいは権力の意志を抑制するための方法ではない。その結末が示す厳しさについてのみ典型をはずれてはいるが、レグレグの事例が示すように、アダットによる裁定とは、高度な礼法としかよべぬものであり、地方の合意形成の手の込んだ形式のなかを忍耐強く正確に、心を鎮めて進んでゆくことなのである。結局のところ問題となるのは、精神の一致性は、たんなる大団円であり一致のぶりかえしにすぎぬ判決そのもののなかにではなく、判決が生み出される公的な過程のなかに示されるということである。保持されるであろう適切さは、それが保持されている実際として認められなくてはならない。

そこに関係する過程は、主として議論の過程であり、適切さとは言説上の適切性である。満場一致、あるいは少なくともそのようにみえることは、あらゆることを語ることによって獲得されるようになっている。難しい事件の場合は何度もくり返して語り、大きく異なった文脈のときは、一定の定まった方法で語ることによって達成されるのである。つまり法とは文字どおり金言の科学である——警句と徳目、紋切り型のポロニアス的な言明、教訓的文学のそここからの引用、善と悪に関する定式的な暗喩など一連のものは、同時に人をすっきりさせ、さらに説得するように計画されたやり方で届けられた科学といってよいものなのである。三五〇〇行の長い西スマトラ(つまりミナンカバウの)の詩からひいた一つの節が、特定の文化的な偏りはあるにせよ、そうしたやり方の好適な例を示している。この詩の一節では、母親が息子に向かって、やがて結婚して彼がアダットによる裁定を行うさまざまな地方会議への参加を認められる際に、どのように行動すべきかを教示している。

……わが愛しい息子よ
おまえが村会議から招集をうけたら、
それに応えなくてはならぬ。
招かれれば行かねばならぬ。

もし招集をうけ、会の宴に招かれたなら、
出かけるまえに十分な腹拵えをして、
飲みものもとって出かけるがよい。
というのも宴や正餐では食べ方にも飲み方にも厳格な形式があり、
席次や序列にはきまりがある。
宴席では細心の礼を尽すがよい。
そしてどこにいるかをしっかりと心得よ。
なにごとにも礼儀正しく
すべての規則をしっかり守り、
キンマやタバコを受け渡すときにもそうしなさい。

会話については
つねに自分の話すことに用心なさい。
耳に心地よい話は善きことの証し。
いつも偽りなくお話ししなさい。
そしてあらゆる丁重さを守って
よその人の感情を汲むよう注意して。

喋るときはへり下って、
いつも自分を低くして。
正しく行動していることを確認して
自分の感情を抑制しつつ。
村会議のメンバーは自らの原則にしたがって生きるべきであり、
話すことはアダットに適っていなくてはいけない
正しい道を守ってゆかねばならない
波ひとつない海のように静謐に、
風そよぐこともない平原のように鎮まり、
心のなかにしっかりと知恵をもち、
年長者の教えをつねに心掛けて。(73)

こうした過程が生ずる状況にはさまざまなものがあり、レグレグの事例にみられるように、家屋敷で会議を行うことから村会の審議までにわたる。そしてその会合の結末も、公に示された満場一致の結論つまり正しい精神をもった人々の適切な会合についても、状況と同じようにさまざまな名前がつけられている。(74) 村会の要求が軽んぜられたり、その結論が無視されるようなことがあれば(レグレグの事例からも明らかなように)、天災や人災のイメージが結果としてもたらされる。とはいえ問題の核心は、真実を見つけ出すという観念――状況とともに原則にかかわる真実――が修辞上の企てであり、アダットの章句、慣用句、比喩などアダットの裁可を受けたことばを上手に用いることによってさまざまな見解を一つに結び合わせることにある。あるいはもう一つのミナンカバウのきまり文句、それは一種のことわざに似た詩であるが、それが次のように簡潔に示している。

水は竹の樋の中を巡る、
合意は適切な論議のなかを巡る。
水は竹の中を流れゆく、
真実は人びとの中を流れる。(75)

それでもなお、まったく異なった法廷弁論の形式をもつ世界のなかで、集合的な言説という儀式化された用語のなかに事例を位置づけて、事件を浮かび上らせ、一致した声音にそれらを投げ込むことで事件に判断を下してゆくやり方が、これから将来どうなってゆくかは依然として大問題であるといってよい。過程という機構にあれほどしっかりとつなぎとめられているため、アダット流の法感覚は、ハックやダールマと比較してもより以上に外からの分裂を促す力に対して脆弱である。けれどもしばらくのあいだは、地方の社会組織に根をおろし、地元の人々にしっかり守られ、地域の状況に適応し、地方の象徴に仕立て上げられて、アダット的な法感覚はハックやダールマ的なそれと同じように命運を保っている。そして近代がついに到来した現在、消滅してもよさそうに思えるほかのもの——ムラーやカースト、さらに日本の天皇など——と同様に、アダットは奇妙な粘り強さを示している。

＊

異郷の観念とはそんなものかもしれない。そうした観念についてこれ以上語るべきことがないというわけではない。それどころか実際は語るべきことだらけであるといってよい。けれどもすでに私が述べたように、私の意図は、規範とできごととの相関にかかわるイスラム的、インド的、マレイシア的な諸観念を圧縮して、外国の訴訟関係人のための手引きをしたてあげることにはなかった。むしろ私は、それらも観念であることを示したかったのである。比較法学を行ううえでの主要な方法——比較法学はある規則の構造を別のそれと対比することをその役割と考え、それぞれ異なる社会において紛争処理の異なった過程を対比させることを役割と思っている——はいずれも私の指摘したこの点を看すごしているように思われる。一番目の方法では、日常生活がもつ概念的にも道徳的にもいいかげんな点に対して分析的な完璧さを護ろうと苦闘する、独立して、十全な「法体系」として法をとらえる、あまりにも自足的な観方のゆえに私の指摘した点が看すごされてしまう。二番目の方法では、利益を増し、権力闘争を処置するための社会的な手だての、雑多でかつ実際的な集合として法をとらえる政治的にすぎる観方のゆえに、その点を看すごしてしまう。(76) ハックやダールマ、そしてアダットが映し出す観念の周囲に集中する裁定の形式が、まさしく「法」と呼びうるものか否か(規則にやかましい人々ならそれらはあまりに略式と思うであろうし、紛争について詳しい人々はそれらが抽象的にすぎると感ずるであろう)は大して重要ではない。いや私なら実のところ法と呼んでしまいたいのであるが。問題となるのは、それらのもつ想像力をそのままにとらえることである。裁定の形式とはたんに行動に制限を加えるのではなく、行動を解釈するものなのである。

法ないし正義の、あるいは法廷弁論、裁定に関する比較研究が注目すべき点とは、個々人の能力(このような問題は本来ともかくもいずこにおいてもそのようなものと思うが、法的な遺伝子なるものの存在には疑いをもっている)よりも文化の集合的な資源に根ざす力、つまり想像力に富み、構築的かつ解釈的な力なのである。はっきりとした対比が存在するのはまさにこの点——決断する状況をつかみとり、一定の規則を適用して裁定できるようにする(もちろん法規則をも把握して)方法とやり方すなわち私が法感覚と呼んできたもののうちにある——なのである。さらに、地方の人々の固有の観方をその文脈の中に置こうとする人類学者の情熱と、それぞれの当の事件を決定的な枠組にはめ込みたい法律家の情熱が出会って、互いに強化しあうのも、ここのところである。このエッセイの結論部分で私は、現代世界における法の混合(これよりぴったりのことばを考えつかないのであるが)についての総括的な疑問と関連して状況がどうのこうのを示すというよりも、かりに混合が生じているなら、その帰結がどのようなものかを理解しようと試みることとする。

III

これまで私は、法とは大法官の言い廻しにこめられた見せかけとはまったく反対に、ローカル・ノレッジであると述べてきた。ローカルとは、場所、時間、階級そして多様な問題に関してだけでなく、語調《アクセント》にも関わっている。語調とは起りつつある現象の特徴を地方地方のことばによって描写することであり、それは起りうる現象について地方のことばが示す想像力とも関係している。私が法感覚と呼んできたものは、特徴の描写と想像の複合体のことであり、原理原則という比喩的な表現の形に仕立てられたできごとについての物語といってよい。法感覚とはいささかぼんやりしたどころのものではなく、この論文が展開する議論の守護聖人といってよいウィトゲンシュタインにならえば、不分明な対象についていくら正真正銘の描写をしても結局のところ鮮明とはならず、はっきりしないものでしかないのである。海はターナーが行ったように境い目のはっきりしない流儀で描いたほうがましで、コンスタブルの牛のように描いてもしようがないのである。

捉え難かろうが否か、こうした見解にはいずれにせよ多くのはっきりとした暗示が含まれている。その一つは、法の比較研究とは、具体的な差異を抽象的な相同性に還元することではありえないということである。二番目は、異なった名前の仮面を被っている似かよった現象を捜し出すことは比較研究ではありえないという点である。第三は、どのような結末になろうと、それは差異にどう対処するかの問題と結びつくべきであって、差異をおおい隠すことではない。どんな将来がまっていようと――収容所による正義が世界中を支配することであろうと市場の精神が結局は勝利をおさめようと――おおよその予測は、さまざまな文化伝統を超えて、あるいは(今のところここでは省くことにするが)一つの伝統の内部で法的な均一性が増大するというよりも、さらに個別化が進むということになろう。法的な世界は、ばらばらに崩れてつぶてになるのではなく、拡大して多様になる。そしてわれわれは、終局の解決というより、激動の始まりに向けて進んでいるといってよい。

ものごとが収斂するよりも拡散する方向に進んでいるというこうした見解(これは法に関してだけではなく、最近の社会変化一般の方向性に適用する私の見解でもあるが)は、当然ながら今日の社会科学における主導的な教義に反する。その教義とは、もの悲しくも世界はますます近代へ向けて進展しているという考え方——シャンゼリゼにもマクドナルドが登場し、中国でもパンク・ロックが流行する——とか、ゲマインシャフトからゲゼルシャフトへ、伝統主義から合理主義へ、機械的連帯から有機的連帯へ、身分から契約へといった本源的な進化が起きているという考え方、さらに多国籍企業およびコンピューター・テクノロジーという形で、ポスト資本主義的な下部構造がトンガ人やイエメン人の精神をほどなく共通のパターンに仕立てあげるといった考え方のことである。さらに私の考え方は、法のもつ社会的な効力についての主導的な見解、すなわち法の効力は規範的な合意のうえに成立するという考え方に対しても対立、あるいは少なくともそれに疑問を呈する。七年前のストーアズ講義の講壇からの開陳のなかでグラント・ギルモアは、きわめて巧みに力強く以下のような主張を示している。「われわれ自身の社会と同質な社会において、法の機能とは」と彼は語った。

……誰がまっとうであるかに関する紛争の解決のための機制を提供することである。そしてそれについてはわれわれのあいだに一般的な合意が存在すると仮定してよいであろう。けれどももしこの仮定が正しくないとなると、つまり合意が存在しないと仮定すると、われわれを待ちうけるのは戦争であり、市民紛争であり、革命であろう。そうなると秩序正しい正義の執行は、社会の機構がふたたび縫いあわされ、新たな合意ができあがるまでは不適切であり、現時点では実施が不可能な妙なことになる。けれども合意が存在するかぎり、秩序正しく徐々に進み、人間をとりまくできごととしてそれが可能で起こりうるという程度において理にかなったものである過程に生ずる不可避的な変化に対してわれわれの制度は確実に適応するように設計されている。(77)

このことについて私が問いかけているのは、当然ながら秩序や理性そして不変を希求することではないし、また法の働きによっていかほどのことが完遂されるかに疑念を抱く非アメリカ的な懐疑主義でもない。法による統治ということばを口にすると、なにかこみあげてくるような気持になるのは私もギルモア氏と同様である。国際紛争の世界法廷による裁決——アラファト対イスラエル国家のような——こそ近い将来の傾向であると想像されてみるがよい。あるいは法の一般理論の構築に着手することが、たゆまず動き続ける機械を作りはじめることよりもずっと可能性のある企てであることかを考えてみればよい。問題は次のようなことであるのだ。ギルモア氏をイスラム教徒にたとえると、彼が遵守院と戦争院と呼ぶであろうものに世界を二分する対比があまりに激しいために、ちょうど火勢が強くなると止ってしまうスプリンクラーと同じく、法はそれをもっとも必要とするところでいちばん弱くなってしまうだけでなく、もっと重大なことには、現今人々に通りのよい意見に妥協して、法をして現代生活の主たる障害に対してまったく余白でしかないものにしてしまうことが問題なのである。「われわれの社会と同質な社会」においてさえ法が機能するためには巧みに織りなされた織物のような社会編成を必要とするというのは、昔はよかったという懐旧のたわ言といってはいられない。もはやそんな社会はかけらもないのである。

けれども幸か不幸か、どのような種類の社会においても、法の精神は秩序のみでなく混乱をも同じように糧としているように思われる。法の精神は比較的に波風のたたぬ水面——刑事犯、婚姻の不一致および財産譲渡など——においてのみ機能するのではなく、(ここでは身近な状況に限定するが)原告が名もなき群衆であり、権利の要求が道徳上の憎悪であって、判決は社会改良のプログラムであるような波立つ領域でも、あるいは外交官の身柄の拘束と解放が銀行口座の封鎖と解除に相応するような波乱の状況においても、法の精神は発動する。実際そうした波乱の場で法の精神がなかなかうまく働かぬことも疑いのないことではあるのだが。国内では社会的な苦痛のたねがまた国際的な場では政治的圧迫が、権利資格、公正、正統性、正義、権利および義務といったイディオムを通して示されるようになるにつれて、そのような混乱の場でこそ、法の精神がますます作動することもまちがいのないところである。ほかの永続的な制度——宗教、芸術、科学、国家、家族——と同様に法も、それが始まった際の確信はすでに失われたままに、生きのびる術を学びつつあるといってよい。

法が社会に対して及ぼす力について合意された保証が事前にある場合にのみ法の機制が有効に適用できるという観念は私のみるところ、ギルモア教授が認めるように、法はそれが存在する社会を受動的に反映したものであるととらえる激した禁欲主義者のホームズ判事に発する以下のような法の観方に由来している。「法は社会の道徳上の智恵を反映してはいるが「これはギルモア教授のことば」、それを決定づけているものではまったくない。十分に公正な社会が示す価値は、十分に公正な法のなかに反映するものである。……不公正な社会の価値は、不公正な法に反映するものである」(78)。

法をめぐるこのようなどちらかといえば受動的な観方にも、疑いもなくいささかの真実が含まれている。それはまちがいなく治安判事の良心に役立つといってよい。けれどもそうした観方は以下のような、きわめて重要な真実を無視してしまう。すなわち法は、道徳的に(あるいは非道徳的に)申し分のない社会に対する技術的なつけ足し以上のものであり、信仰の象徴性から生産手段に到るほかの文化的現実の領域すべてと同様に、その主要な活動部分であるという重大な真実のことである。ハックやダールマ、そしてアダット……イウス、レヒト、ライトなどは、それらが見出される諸社会を活気づけ(そうした概念が提示する観念が活性化する)——そのほかのおびただしいものとともに、それぞれの場所に応じて、それぞれ異なった程度に——社会を形造り、そういってよければ法律的に、あるいはそうでなければ人間らしく社会があるべき姿をつくりだす。

われわれの法はきわめて専門技術化した種類のものではあるが、それでも法は一言でいって構築的であり、別の言い方をすれば構成的で、さらに形成的でもある。その起源はどうあれ、裁決とは、意志をもって意志を統御すること、すなわち義務を忠実に体系化すること、あるいは行動を調和的に一致させることにあるという観念——さもなくば先例、成文律、根本法のうちに暗黙に含まれる、はっきりとした公的な価値に法が存在するという考え方——は、社会存在(あるいは文化といったらよいのか)の形式を定めるうえで徳は人間の栄光であるといったり、お金が世界を動かしているとしたり、パラキートおおむの森のうえには、一匹のもっともすぐれたパラキートおおむが優越するといったさまざまの考え方と同様の貢献をしている。そうした観念とは、秩序が志向するものの一部であり、社会の幻像であって、その反映ではない。

法とはローカル・ノレッジであって、場所と無関係な原則ではないということ、そして法は社会生活を構成するものでその反映ではない、あるいはただたんに反映ではないこと、といった二つの命題をひとまとめにすると、法の比較研究はいったいなにから構成されるべきかについてのありきたりでない考え方にたどりつく。その考え方とは文化の翻訳である。制度上の語彙分類を試みたり、社会統制にかかわる部族社会のやり方を賞讃したり、あるいは常に至当かつよきことのみ(私自身最後のものには信を置いているわけではないが、こうした十分に弁護できる行為)を捜し求めることではなく、法の比較アプローチこそは、まさにここでそうなったように、ある一つの法感覚を特徴づける仮説ならびに先入観と行動枠組を、比較の相手の特徴と比べることによって定式化する試みとなってゆく。あるいは、もうすこし実用的にいえば、規範の基礎と事実の提示との(あるいは、規範の提示と事実の根拠との)関係のような、より焦点を絞った問題について、このような解釈学的な断定《グラン・ジュテ》を移しかえることである。これは当然のことながら、一般にわかりやすくするためにダンテを英語化してしまったり、あるいは量子理論を非数学化するような不完全な企てであり、私がすでに明らかにしたと思うが、おおまかで一時しのぎのやり方といってよい。けれども、自らの固定的な地平に引きこもったり、途方もない物体に無思慮な感嘆を与えてしまうこととは別に、せいぜいそうしたやり方をとるほかはないし、有用性がないわけではない。

それらの有用性の一つは、そうしたアプローチをとると、法がその姿を埋没してしまったり、あるいはそれらの構築的な力につけ足りのものにはならないで、人間の生にまつわるそのほかの偉大な文化の形式——徳、芸術、技術、科学、宗教、労働分業、歴史(法と同様に、統合的ないし決定的、ないし普遍的な諸カテゴリー)とふたたび一体化するということである。それらの諸カテゴリーにとってと同様に、法がその力を保持しようとするなら、現代生活が示す拡散と不連続は法が推し測るべき現実ということになる。さまざまな場所で、あれやこれやの事態について、さまざまな概念を用いて現実を法が判断するか否かは、時代の雰囲気に多くを負っている。そのため十分な満足をえられなくとも、ホームズ流の悲観論にすら十分な理由が存在するといってよい。しかしながら、どのような場合でも、問題は、ほかの文化的諸制度に対するものとかわらない。すなわち法が、「戦争、市民の争い、革命」などの対立によく対処できるのなら、法は成功し、それができなければ法は衰える。絶対に致命的なこととは、差異に考えの及ばぬこと、あるいはそれが消えるのを座視して待つことである。

*

今日では私が述べるように、法の問題に限らず、対立不一致を見つけ出すのはたやすい。このところ差異はわれわれの周囲にあふれかえっているのである。そのなかで不一致を捜し出すのになににもまして好適な場所の一つが、国際社会の領域であるといってよい。私はそこに意図的なものを感ずるが、第三世界と呼ばれるようになった地域においてとりわけそうである。第三世界と、それと同様に見出し語の語彙分類ではいまだ名目上は第一つまり西洋と呼ぶ領域との関係においてはことさらである。法律家は困難な事件と不適切な法にそそられ、人類学者は打撃を受けた伝統と文化の非一貫性にひかれるが、双方ともそこに彼らの奇妙な好みを十二分に満足させるものを見つけ出すことができる。

法に関する限り、そうした魅惑的な無秩序は二つの源泉から生ずる。必ずしも西洋のものと較べて単純とはいえないが、しっかりと自己充足的で、時代を経て形造られた法感覚の示す一貫性がその一つである。もう一つの源泉は、必ずしもより敬服できるとか、より深い構想をもつわけではなくとも、世俗的にはずっとうまくいっている西洋の法感覚と第三世界の法感覚との対面に生ずる。どの第三世界諸国においても――ヴォルタやシンガポールでさえ――正義とは……ハックとは……ダールマとは……アダットとはなにか、そしてそれがどのように運用されるのかについてのすでに定まった考え方と、現代生活の形態と圧力をより大きく反映した輸入ものの考え方とのあいだの緊張こそが、司法過程に存するありとあらゆる緊張を高めているのである。このことは法的な言語の混同ではなく移行過程にすぎない。そして一過性の混乱はほどなく歴史の矯正にかぶとを脱ぐのである。しかしそれこそがものごとの存続条件を固着化するといってよい。

そうした状況が固着すると、本質を見極める好奇心は吹き飛んでしまって、あらゆる種類の見出し語を用いた議論がなされるようになる――「法の多元性」「法の移植」「法の移住」「法のシンクレティズム」「外部法(対内部法)」「法律家の法(対「民間」ないし「慣習」法)」など、これらの見出し語が多様性を示すとしてもそれは論議のおざなりの水準を証明しているのにほかならない。[79] 私なら「法の多元性」ということばを用いるが、それはこの用語が法の変異の事実以上のことをほとんどもち出さないという理由による。さらにその用語が、すべての現象は、圧政の歴史のもう一つの章にしか還元されないとする観念にはほとんど関っていないことも主たる理由である。誰が誰を、いつ、どこで、どのようにだますか、というのが圧政の歴史ということであろうが。西洋流の法を非西洋的な脈絡のなかに導入した意図がどうあるにしろ、そして西洋人の意図が一般的にいってけして博愛的ではなかったという意見に私も反対はしないものの、第三世界における法感覚に生じていることは、ポスト植民地時代の論争を彩る独断的なカテゴリーによっては十分に説明されぬものなのである。

それはまた、さらに均質的な(あるいはそれらしくみえる)国際法のカテゴリーによってもたいして明らかにはならない。国家間の関係を秩序づけるうえで、国際法のいくつかの主要条項——公館規定、公海の自由原則、戦争捕虜規則——にどのような用法があれ、それらは法に関する世界大のカタログ一覧の公約的な共通指標でもなければ、法のあり方を基礎づける普遍的な前提でもない。それらはむしろわれわれ自身の法の側面を世界の舞台に投影することといってよい。実際に存在する以上の精神の共通性を世界の中に空想するようになったり、あるいは語彙に関する知識と、考え方についての熟慮をとりちがえてしまうことを除けば、国際法自体は悪いことではない(私自身の固有の知から見れば、人権をめぐるジェファーソン流の観念はレーニン流のそれよりましである)。けれども、現代世界に花盛る法の多元性の提起する中心問題は――つまり法の役割の変異形がさまざまに入り乱れている現在、その役割をどう理解すべきかという問題――机上の定式化ではほとんどつかまえることができない。

「花盛り」とは、なんとなく皮肉なことばではあるが、強すぎるということはまったくない。エチオピアの状況は第三世界の諸国のなかでもかなり特異といってよい。一九六〇年代まで(軍部が、ある意味ではものごとを単純化し、別の意味では複雑にした時期の前までは)、この国は、遊牧民のガラ族から農耕民のアムハラ族にいたるキリスト教的な脈絡で作用するものもあれば、あるものはイスラム教的に、またあるものは異端の文脈に発動する互いに鋭く対立する部族的な法伝統をもつのみでなく、一七世紀に発するカエサル＝教皇的な帝国法規、そして一〇世紀ころに導入されたシャリーア法のマーリキー(*Maliki*)およびシャーフィー(*Shafi'i*)の変異形をもち、さらにスイス風の刑法とフランス流の海事法、商法、刑法、おまけに英国流の民法があり、そのうえ文民による高等裁判所(一九五七年までは英国人の判事が携わる)が管轄する議会立法府があり、帝国最高裁判所(一九七四年までは、それがふさわしいい方なら、ユダのライオンがその席を占めていた)が執行する王の布告が併存していた。[80] しかしめでたぬ形ではあるが、この世界においては法の折衷主義――国外に発するもの、国内のもの、世俗的なもの、宗教的なもの、法に準拠するものと、伝統に根ざすもの――が一般的といってよい。

私が思うには、西洋流の教育を受けた法律家がこうした状況を眼にしてまっさきに思いうかべることは、このような事態をまっとうな法の状態とは逆のものととらえることであろう。ちょうどそれは、その状況を文化論を気取って説明してしまおうとする、西洋流の訓練を積んだ人類学者のひらめきと相応している。以上に示したような騒々しさのなかで、ふさわしい裁決をどれほどまで徹底して進めてゆくことができるか、そしてそれを進めるとして、裁決の実施がどこまで社会上の意味をもつか、その程度のほどは、それぞれの場合場合で異なった答えの出る経験的な問題といってよい。かりにそれが災禍であるとしても災禍があまりに圧倒的なものであると、それを人為的でとるに足らぬものであると考えることはできない。それが定まったカテゴリーや標準的な典型になかなか一致しないからといって、それらを痛めつけられた社会が生み出す無意味な産物としてうちすてるわけにはゆかない。

私にとってはとにかく、それが興味深いのはその一致の難しさによる。適用すべき法、そしてそれと関連した事実の二分を行う西洋流の分極化——「なにが正しいか」の構図と、「実際にそうであること」についての物語とのけして分けることのできぬものの対比——では、ほかの伝統において裁決がどのように進行してゆくかについての効果的な描写を行うことができない。その不可能性は、そうした伝統のいくつかが混りあい、さらに西洋の法伝統と絡みあうとますます昂じてゆく。法と事実を分け隔てることに依存していると、西洋以外の法をゆがめるというだけでなく、せいぜい嘲笑と嘆きを投げかける以外なにも残らなくなってしまう。ある人にとってはわくわくするほどに前衛的に映り、また別の人にはたんに流行りでしかないと思われる方法（「トレンディ」というい方が流行《トレンディ》りの呼び方であるが）でいえば、まったく新しい言説の体系が必要なのである。あるいはお望みならそれを新たな話法といってもよい。この新しい方法とは世界中のエチオピアのような場所で法的な観点からみてなにが生じているかを把握するのみでなく、この種のことはわれわれ自身の社会においてもつねに再帰的であることから、書かれた対象を再記述する記述者自身についての記述を行うことなのである。

リチャード・ローティは彼の近著『哲学と自然の鏡』のなかで——その著作は中立的な枠組をもつような認識論に対する全面攻撃の書であり、私はこの論文ではそれを法という特定分野において、ローカル・ノレッジの雄叫びを上げつつ攻めたてているが、——彼がその首尾に全面的に納得しているわけではないが、通常《ノーマル》の言説と異常《アブ・ノーマル》の言説と呼ぶもののあいだに、この点についての示差に関して有効な分化を行っている。[81]「通常の」(不必要な反響を避けるうえで、「標準的《スタンダード》」と私なら呼びたいが)言説とは、原則としてはともかく、どのように問題を解決し、「言述が食い違いそうなすべての点について」不一致を一掃することに着手するかを教えてくれる、一定の規則、仮定、前例、基準、信念などのもとに展開してゆく言説のことである。[82]それはふつう科学者が自らもっていると思い(幅ひろい探求の結果実際にそうである)、文芸批評家が終局的にはなんとか手に入れつつあるほどに近くに接近したとずっと考えている(ある瞬間や特定の状況の下では実際そうなのであるが)種類の言説なのである。しかしそれはまた、あのギルモア教授のいう、「穏当なる」つまり合意の過程にしたがって紛争を「合理的」に解決すること——彼が記すように、それが機能しないところをのぞいて、疑いなく行われる条件を司る種類の言説でもある。通常の言説とは、「一致に辿りつくための合意された基準を体現するいかなる(科学的、政治的、神学的そしてあらゆる)言説」であるとローティは記している。[83]それは次の状況を投影している。

……その状況では、すべての一致に到ることのない対立は、「非‐認識的」ないしたんに言語上のものとして、あるいは一時的なもの――すなわちなにごとかをさらに行うことで解消できるもの、とみなされている。問題となるのは、解決を手に入れようとするなら、なにをしなくてはならないかについての合意が不可欠であるという認識である。解決に到るあいだでは、対話者はたがいの相違を認めてよいのである――同時に彼らはお互いの理性を満足させている。(84)

次に「異常な」(あるいは「非‐標準的な」)言説とは、「合意するための一致した基準」がコミュニケーションを展開させる基軸ではない言説で、また、受け容れられた枠組を使って異なった意見を互いに客観的に評価したり、つり合わせて異なった見解の評価を行うことをその組織構成上の目的としていないような言説のことである。けれども一致への希みはすて去られてはいない。人々は時たま、自らと異なった思考の途を辿る個人や集団の信ずるところを察知した結果、考え方を変えたり、違いを和らげることがあるのである。他方この言説においては、「刺激的で有益な結果を生む対立」――あなたのいうことを理解してはじめて、自分がなにを考えているかがわかる――もひとしく理性的であると認識されるのである。(85)

通常の言説[ローティによれば]とは、一組の合意された約束事である。その約束事とは、適切な貢献、質問に応答すること、そしてその解答に対し賛意を示したり、批判を加えることと考えられるものに関わっている。異常な言説とは、そうした約束事を知らなかったり、あるいは無視してしまう人々が言説に参加すると生ずる言説のことである。通常の言説が生み出すものは、互いに相手を「理性的」とみなす、すべての参加者によって真実と一致して認められることのできる一種の言明である。それに対し、異常な言説の産物とは、ナンセンスから知的革命に到るあらゆることといってよい……。[86]

あまり劇的でなく言えば異常な言説は、意志の衝突が続きさらにもっとひどくなりすぐには修復できぬような状況のもとで生きてゆくうえで実用的な方法ともなりうる。これ以上ここで私は哲学的な問題をつきつめようとは思わない。というのも哲学的な問題は採決で物事が決まり、明々白々が支配する世界には根づかないからである。心を悩ます人はほっておいてさらに悩みに悩んでもらえばよい。ほとんどの法律家と、そしてほとんどの人類学者が法の存在に必須とみなすであろうもの――「基本的であるものごとについての合意」(ここではギルモアを引きたてずにもうひとりのストーアズ講義講演者カルドーゾ判事の熱弁を引用して)――がまったくみごとに欠如しているときに、法とはどのようなものになるかについて私は関心をもっているのである。[87]

われわれ人類学に関心をもつ法律家ないし法律に関心をもつ人類学者に関する限り、直面する問題とは、私がいうように、有益な情報を与えるやり方でこうした状況をどのように記述するかということである。ここで情報伝達というのは、そうした状況に関する情報と、法過程を世界における一般現象としてどのように考察する必要があるかに対して状況が示す含意についての情報のいずれをも含む。要するに、自然法がもつ恭敬、法的実証主義の単純さ、あるいは法リアリズムのいい逃れはもはや大きな援けにはなりそうもないということが問題なのである。それは、不規則なものごとを整然としたことばを用いながらしかしわれわれを惹きつける不規則性を損うことなく、不規則なものについて語ることである。それは前の部分に示したように、もっとも不規則な企てということになる。

この不規則な仕事、つまりローティがいうように、「ある通常の言説の観点から異常な言説を探求すること」ならびに「それを[どのように正確に、適切に理解するか]記述し、それによって[体系的な]説明をはじめるにはあまりに不確かな舞台上で生じているものに意味を与える試み」こそ解釈学《ハーミニューティク》と呼ばれるようになったものであり——そのことばがギリシャ風の外見、神学的な過去、そして教授風の思わせぶりをもつからといって不快になるべきではない。というのは解釈《インタープリテイション》というもっと質朴かつあまり大げさでない名目の下に、われわれの多くは少なくともずっとそれについて語り続けてきたのであるからである。[88] そうした不規則な仕事をするうえでもっとも緊急に必要とされるのが、民族誌の事例の個別性に引きこまれた人類学者と、法律事件の個別性で頭がいっぱいの法律家とのあいだに交される局地的な知識のレベルの会話なのである。そうした会話こそ私がこのエッセイの冒頭で提出したように、人類学者と法律家という必ずしも同じではないものの、ともに固有性の愛好家である両者が、まったく同一の問題ではないにせよ関係ある問題について互いに協力するためのもっとも実際的な方法といってよい。それが法的であるがゆえに法律家を惹きつけ、それが複合的であるために人類学者の関心をひく法の多元性は、両者の一方に安心して委ねておいてよい種類の現象ではなさそうである。

法の多元性の解釈学——第三世界においてであろうと、第二世界であろうと、あるいは一つの国家に一つの法が相当するという考え方に対する問い直しが焦眉の急を告げる第一世界においても、エチオピア的な状況を十分にわかりやすい方法で提示する試み——はかくして、ある奇跡的なエスペラント語をつくりだして、対蹠的で、個別的で、余分で奇妙なものすべてを完全に中立的に表現することを意味しはしない。その試みとは平和の鳩を尊重した結果国連の出版物をピジン英語で書いたらどうかと申し立てて、レベッカ・ウエストがかつてさっさと片付けしまったような類いのことではない。（法の人類学研究の第一人者ポール・ボハナンは、アフリカ法はアフリカの概念を用いて分析されるべきか、あるいは西洋流の概念で分析されるべきかをめぐる長い論争に彼自身おそらく絶望して、大まじめな様子で、いっそのことそれをフォートランで書いてみてはどうかと提案した。）ほとんどの研究者にとって革命といってよいのであろうが、法の多元性についての解釈学とは分野に確立された言説を拡張することにほかならない。人類学と比較法の研究者が持ちあわせた事例において、ふつうは縁遠い事態について有力な言明を可能にするようなやり方で、さらに文化の異質性と規範の対立がみられる事例において言説の拡張を行うことなのである。相手をうなずかせるための基準はそれぞれの専門に属するものでなければならない。そのほかのものではありえないのである。すなわち連邦上級裁判所で交される整然とした話ないしは部族社会の民族誌というまとまった話をこえた世界へ入り込んで、それらの限定された領域と関わることのできぬ基準が必要なのではない。

＊

このなかばドンキホーテ的でなかばシシュフォス的な試みといったらよいのか、奇妙なものをさほど奇妙でないことばを用いて示すことこそ(受け容れにくいものには時間がかかる)、法の多元性を明らかにするうえでとりわけ啓発的であるといってよい。というのは、そうした試みに容赦なく引きこまれてしまうのは第三世界の混乱を観察している者だけではなく、そうした混乱に生きる主体もまたそうであるから。第三世界の人々もまた、法の現実を表現するにはあまりに総花的にすぎる用語——再興派＝伝統的、根源的＝革命派、法規＝西洋主義的——を使って彼らの法的世界を理解しようとすることと、ご都合主義で部分的に理解すること以外には法を理解する希みをまったく放棄してしまうこととのあいだをゆれ動いている。事態は内部からみれば外部からみるよりもはっきりするということではないのである。きわめて多言語的な言説についてわれわれが何をいいうるのかという解釈学的な挑戦とわれわれにみえるものは、そうした言説のただ中に生きる人々にとっては、その中で何をいいうるのかという実践的な挑戦なのである。

エチオピアについてよりも私が多少はよく知っている、インドネシア、とくにジャワについてとりあげてみよう。いく度かはわからないが、そしてどのような経路かも不明であるが、ジャワには現在の南中国と北ヴェトナムから、紀元一〇〇〇～二〇〇〇年のころやって来たオーストロネシア人が定着し、おおよそ五世紀から一五世紀にかけて、ジャワはボロブドゥールなど洗練されたインド的な国家の建設の場となった。ジャワは漢代以降、一途な中国人定住商人によって侵蝕され、一二世紀以降はあるものは正統的、あるものはそうでもない、集中的なイスラム教布教にさらされた。一五九八年から一九四二年にかけてオランダによって地方から地方へじりじりと植民地化された(ナポレオン戦争時分にはイギリスが一時的に侵入し、最高土地所有権および左側通行をもたらした)。一九四二年から四五年にかけては、日本軍が占領しかなり手荒く扱った。そして現在、アメリカ、東アジア、オーストラリア、ヨーロッパ、ソヴィエト、中東の政治的かつ経済的な利権がさまざまに侵入し——その結果ジャワがさらされていない法感覚(アフリカの、そしてたぶんエスキモーのそれをのぞいて)はほとんどないといってよい。

アダットをアダット法学と対蹠的にとらえる論議と関連して、オランダ領東インドにおける法的な取りきめの一般的な性格についてすでに私はそれとなく述べてきた。それは基本的にいって、各々にそれぞれの取り分を認める体系(説教じみたスローガンは「恩寵は普くゆきわたるといっている)であり、それぞれがなんであるか、それぞれの自分のものはなにかを決定づけ、自分自身の取り分がなにかについてもオランダ領植民地政府を終局の裁定者とした。[89] 法的な取りきめの基本的な分類はきわめて単刀直入で、ヨーロッパ人と非ヨーロッパ人とを分けるものであった。けれども非ヨーロッパ人といってもさまざまな人々がおり、ヨーロッパ人のあいだでも果断な近代化論者と決然たるアジア主義者、そして時流におもねる者のあいだにはあまりにも大きい対立が存在し、ヨーロッパ人と非ヨーロッパ人との分断の両極に位置する個々人が互いに相手の生に組み込まれるのにもあまりに多くのあり方が存在したために、当初のヨーロッパと非ヨーロッパという単刀直入な区分は壮大な詐術のための枠組以上のものとなってしまった。

当然、この詐術の歴史は長く、変化に富んでおり、それをめぐるもの欲しげな成文化と政策の急変に彩られていた。しかし、今世紀の初めまでにはそれもある程度落ちついて形をなし、あるいは無形のかたちになり、共和国が結局はその法の歴史を継承した。すなわちその内容は、三種類の主要な法的な人間等級――ヨーロッパ人、現地人、現地人以外の東洋人、そして二つの主たる法廷のヒエラルキー――法官僚で満ちた法治国家の行政統治と現地人の事件を専門に扱う者が謂集する植民地行政、さらに人間の法的な等級の区別をぼやかし、法廷のヒエラルキーを混乱させてしまう一群の特例特別措置そして異例な慣行が存在したのである。(90)

法的な人間の分類上の問題として混乱の要因となったのは、現地人以外の東洋人のカテゴリーに備わった多様性であった。そこからあらゆる社会上の分類にはまらぬタイプがはみ出して、擬似ヨーロッパ人の地位、「教育ある」インドネシア人という両義的な位置に入り込んだ。彼らはインドネシア人であったりそうでなかったりしたが、彼らが帝国主義の業務に就く過程で規則を曲げる必要が生じ、おびただしいさまざまな細則が入用となったのである。法廷ヒエラルキーという点からみると混乱の要因は、植民地行政府が半分しか統御しておらずまた半分ほども理解していない発達したシャリーア法廷制度と、拡散し時によっては観念的な文化地域を基盤として一九のアダット法区域に配属されたアダット法律家の集まる多数のアダット法裁判所であった。細かいことはさておき、その分類がいかに興味をそそろうと(日本人は名誉白人であり、オランダ人のように生活するインドネシア人はオランダ人と同様に扱われるよう総督に申し出ることができた。異民族間結婚によってオランダ女性がインドネシア人や中国人になることもあったし、その反対もあった。銀行から金を借りることのような特定の取り引きの目的でヨーロッパ人になりすましたり、そのほかの目的で現地人になることもできた)、どのような法廷制度のヒエラルキーが存在しようと、それはまったく法のうえのことで、人々の合意にもとづくものではなかった。

まず第一に、約三年のあいだ法が銃身によって生み出されていた日本による占領の苛烈な時代、次におよそ五年間、戦争前の社会秩序の少なくともうわべだけでも回復しようとする必死の努力から法が生み出されていて不首尾に終わったオランダ回帰による混乱の時代、こうしたいずれの場合もこのコラージュを構成するさまざまの要素は、乱暴にばらばらにされ、あるものは廃止され、あるものはつけ加えられ、再び荒っぽく再構成されたのである。

こうした問題に関する最高の研究者といってよいダニエル・レヴが何回も指摘したように、インドネシア独立の到来(一九四五年に独立が宣言され、一九五〇年にそれが実現した)が法制度に及ぼした帰結とは、突然活発となった政治生活が法制度を埋没させたことであり、通常それは国内外でもっとも恐れられていた熱帯の病い、すなわち法の没落とまちがって受けとられた。(91)時おり無法なかたちで出現する以外、植民地時代にはあからさまな政治表現として噴出することを未然に防がれていた、宗教上の、地方同士の、人種の、経済の、そして文化上の集団間の緊張が、折衷的としかいいようのないスカルノのもとでたんに表出するにとどまらず雄叫びをあげた。兵士や役人から学生および小作人にいたるあらゆる人々が、対立する派閥に分かれ、確固として対立感情を強めたのである。この運命からは判事も弁護士も法学生も立法議員も警察官も逃れることができなかった。あの法の多元性はオランダの退場とともに消滅するどころか、いかに不公正であれかつては多元性をもち、しかもなんとか作用した制度構造を破裂させてしまったのである。

その当時ほとんど気づかれなかったが、人命の値段が知られるようになった現在判然となったアイロニーがある。それはその心底から一元的なナショナリズムの昂揚のなかに咲き狂ったあらゆるものごとをめぐる意見の相違である。ナショナリズムは普く行き渡り、例外をゆるさぬ社会統合の名にかけて相違した意見の合法性のみならず時には異議の存在さえも否定したにもかかわらずであった。法をめぐる意見の相違の高まりによって、それまで存在した法感覚――イスラム的、アダット、インド的、ヨーロッパ的、そしてなんでも――を、その起爆力が内容よりもはるかに明らかな、「革命的」と呼ばれた新奇な幻覚に従属させようとする試みがなされた。植民地時代の法制度の信用を失墜させ、同時に植民地時代の法制度に由来する問題――なにが正義かについて通約不能な観念――をきわだたせた結果、植民地時代の法制度にすべての原因ありとする考え方が生みだされた。一方をとりのぞけば、もう一方も解消できるというわけである。

ところがそうはゆかなかった。回復された国民的アイデンティティの名の下に大同団結がもたらされたのではなく、むしろその同じ名の下に大規模な不協和音が生じたのである。法についてはどうかというと、人種カテゴリーや民族別の法廷の廃止とともに生じた、西欧人なき西欧流の、すなわち「国民的」な法制度のなかにおける主導権をめぐって、判事と検事と警察官の三どもえの争いというかたちをとって、部分的に不協和音が生じた(ふたたびダニエル・レヴが示したように)。オランダ人の前任者がもっていた特権的な地位を、それにともなう植民地の腐臭なしに受け継ごうとした判事は、その地位を引きあげようとしてコモン・ロー・モデル、なかんずくアメリカ流のそれを希求した(彼らは法律査問制を設立しようとさえしたが、うまくいかなかった)。ちょっとましな法廷書記官以上のものではなかった前任者の「現地人の法役人」の低い地位を直そうとして、検察官は、大陸の市民法モデル、すなわち指導判事制度に注目した。警察は、判事および検事からの独立のみならず、司法大臣や参謀本部長からの独立を指向し、さらにそれによって人々の心にある権力の犬のイメージに終止符を打たんとして、印象を一新するために、革命における前衛の役割に注目した。[92] 不協和音はシャリーア法廷を再び活性化するかたちでも生じた——その拡大と中央集権化および「公式化」に向けて敬虔な人々からの組織的圧力(そして世俗的な人々からの組織的な抵抗)があり、その圧力はさらに、シャリーア法廷の裁判権の拡張、権威の増大、きわめて極端な「イスラム国家」の観念における憲法上の地位の要求に及んだ。[93] また、どのような種類にせよ、たとえば西欧の「実証主義者」、中東の「教条主義者」ないしインド的な「封建主義者」など、外国の不浄に対する防波堤となる「国民の法」として、まったきインドネシア法と表現された、アダット法学運動の更新を地元のやり方で行うことも不協和音の一つのあらわれであった。[94]

　こうした苦難のすべてがどのように生じたか(それらは生じたのではない。それらはたんに続いてきたもので、これからもなんらかのかたちをとって、たぶん無限にそうであろう)という疑問は別にして、たかだか一〇年ほどのあいだに起きた侵入、反動、革命にともなう動乱によっても——暴動、大量殺人とそれに続く軍政——、法をめぐる思考あるいは法の実践が社会開発の周縁に堕することはなかった。むしろ動乱がもたらしたことがあるとすれば、それらは法をめぐる問題を中心に向けてさらに押し出したことといってよい。[95]人間の生がいかに一貫しているかに関する、「かりにそうなら……となる」という考え方を、事件を裁決可能にする「……なので……である」という定式と結びつける努力は、さまざまな考え方が増殖し、定式がぶつかりあうときにも減少しない。ただ、さらに決然たる調子をとるようになるだけである。

私が法の構築的な役割と呼んだものは、こうした点で実にはっきりとする。結局のところ問題は、財産がアダットかシャリーアか、あるいはローマ＝オランダ法原則にしたがって伝わるのか否か、世俗的な婚姻が認められるようになるか否か、金融機関は利子をとってよいか否かという問題ではない。あるいは、バリ島のヒンドゥー教ないしジャワのインド的な神秘主義に国家が法的な地位を認めるべきか否かでさえない——以上すべては独立インドネシアでずっと続く論争であるが。問題であるのは、そしてそれらの紛争がどちらにしても明るみにだすとともに象徴するのは、この元‐オランダ領東インドが現在向かっている社会の種類がどういったものかであり、それが重要かどうかである。法とは社会が受け容れた知恵のたんなる反映でもなければ、紛争解決のための技術にすぎぬものでもない。できごとを処理するための規則がまるでその本質から自然に立ちのぼってくるようなやり方で、法は——この約束とか、あの負傷とか——特定のできぎとを一つの全体的な枠組に位置づける力をもっているのだ。法以外の、意味を獲得し世界をつくりあげるもの——宗教、芸術、イデオロギー、科学、歴史、倫理、常識

――にわれわれが傾けるのと同質の情熱を法がひき寄せるといってさしたる不思議もないのである。その情動は強烈である。というのも法の要、あるいはそう思われるものは、事実をどのように見つけ出すかということと、法をどう実施するかということの一致にとどまるものではないからである。かりにそうした一致などということが問題のすべてなら、それは十分に切り抜けられる。すなわち、ちょっとした徳義についての証言を行い、地位についての立法を行えばよい。村落の不協和を鎮めるための評決を出し、商業銀行取引を可能にするでっちあげを行えばよい。離婚宣告者ないし遺言認定人でさえ、いや何人も、ただ過程のみのために死んでもよいと思う人はいない。問題となるのは、あるいはそのように思われるのは、事実そのものおよび法そのものの概念、そしてそれら相互の関係の概念であり――それなしではなにごとでも裁定してしまうことはいうに及ばず、人が生きることが困難であるような、真実、悪、虚偽そして徳義が実在のものであり、それぞれ見分けがつき、順序よく並べることができるという感覚なのである。

裁定をいかに行うかをめぐる苦闘――バリの官僚でかつ神王と私の滞在した村の人々の反目に類すること――は要するに実現可能な生の形式をつくり出すとともに、オランダ＝インドネシア法よりもっと細分化したアングロ＝インド法によると、問題の底に横たわる誤解と呼ばれたものをつくろうためのさらに幅広く深い苦闘の一部といってよい。このような誤解をしやすい当事者たちは当然のことながら、近年多少は変わってきたし、当事者間の相対的な力関係はさらに大きな変化を遂げた。また当然、当事者の一方が政治的に勝利を得て、その結果彼らの観方を相手に押しつける可能性が少なくとも存在する。

もっとも私はそれに疑問を抱いてはいるが。暴力の節約が最大の課題である場所に、純粋なホッブズ的力が立ち現われる可能性さえある(ある程度まで、こうしたことは一九六五年の一〇月および一一月にすでに起こった)。けれどもかりにそうしたことが起きるとしても、コラージュの断片をいくらか我慢できる配列に押し込めようとする別の企てがそれに続くであろう(スハルトのもとに起きたように)。とにかく一つのことは確かである。法を目的ではなく手段にのみ関わるとする法の道具的な観方、すなわち別の場所に社会価値を実現するための純粋な媒介物としての法——たぶん宗教ないし哲学の場で、あるいはクラプハムのバスの後部にいたあの著名な人によって——は絶対に機能しない。[96]「その男がシャリーアにしたがうか否かを了解するまで、逃げている男を信用してはならない」と、イスラム法悦主義の偉大な敵であるエジプト人のラシッド・リダは記した。彼の法治主義について人がどう思おうと、彼は少なくとも法を自己幻影的なものとしてみていた。[97]

*

さてそれでどうなるというのか。それは当然明らかにするのが難しい。けれども新しい方法には、法をめぐる機能主義的な考え方からの移行——支配階層の利益を前進させ、強者の略奪から弱者の権利を護り、さもなくば社会生活のぼんやりした境界を少しだけはっきりしたものにして(時と場所によって異なった程度であることは確かであるが)人々がバラバラに孤立しないように仕向ける賢明な工夫——法をめぐる解釈学的な思考への移行——として法をとらえることが含まれている。すなわちこの移行とは、法を、特定の場所において特定のものごとに対し特定の意味を与えるやり方(起こること、起こらぬこと、起こるかもしれぬこと)とみなし、そして法の高貴というか陰険というか、あるいはたんに便宜的というか、いずれにせよそうした法の適用には特定の形式があり、特定の影響力がみられるという考え方のことである。要するに、意味は機械類とは違う。

とにかくこれが私の考え方であって、さまざまな問題について息つくひまもなく論じた際に出たり消えたりした本論の主要なテーマは、そのすべてがこの私の考え方を推し進めるために企図されていた。私の考えとはローカル・ノレッジ、直観、目下審理中の事件、法の観方など、独立分野としての「法」と「人類学」をいったん解体して、混交的な融合ではなく特別な交差によって両者をふたたび繋ごうとすること、すなわち法/事実の対立を一貫性のイメージと帰結としての定式とのさまざまな相互作用へと相対化することである。さらにそれは、法の比較研究を文化間の翻訳とみるとらえ方であり、法感覚の歴史的な固着性を強調する観方でもあり、意味作用を主眼とする観方を評価して、法の実際の効力を重視する考え方を否定することである。法の多元性とは一時的な常軌逸脱ではなく、現代という光景にとっての中心的な特徴であるとする確信、自己理解と他者理解は、それらがほかの文化領域と同じく、法において内的に関連するという議論——すべてはある特定の思考の産物であり、ものごとの多様性に眼を向ける傾きが生み出す所産である。以上のことをひとまとめにしようとしても、それらは互いにはじけ合ってしまうばかりで、「解釈学主義」とかあるいはそれに匹敵するほど荒けずりで奔放な体系的な位置にはおさまらない。「解釈学主義」などの題目によって、すべきことが適切に指示され、しかもそれが十分な規則性をもって行われ、法律家は世界についての名もない詩人であるというシェリーの詩句をもち出すのは行きすぎとしても法を社会的想像力の一種ととらえることに意義があるという意味では体系におさまらないのである。

私の考えについて一ついえることは、行動学的心理学、新古典派経済学、功利主義的社会学ないしは機能主義人類学など——こちこちの実証社会科学——以外の分野から引き出された分析上の方法がその理解を支えるということである。社会的行為を、意味を形造りそれを伝達することとみなす方向に社会理論が移行していること、すなわちウェーバーおよびフロイト(あるいはある解釈によればデュルケーム、ソシュール、G・H・ミードも)が熱心に始め、さらに最近大きくなってきた変化は、より標準的な見解のもつ需要と供給の比喩によって与えられたやり方よりもずっと幅のひろいやり方で、われわれが無自覚に行う方法でわれわれがものごとを行っていることの理由を説明する可能性の領野をひらく。

この「解釈学的転回」と呼ばれてきたものは、人間行動とその所産を「なにごとかに関してなにごとかを述べること」——「そのなにごとかは整理され、説明されることを必要とする」——ととらえることである。そしてそれは、社会心理学や科学哲学のような実証主義者の拠点にまで到る、文化研究の文字どおりあらゆる領域に関係してきたのではあるが、法研究においてはいまだ十分な影響を与えていない。実際に法が示す強固な「実用的」偏りこそが——ここでふたたびホームズの冷笑的な要約をまねすれば、法廷に近づかぬようにするにはどうすればよいか、そしてかりにそうできなかった場合、どうすれば法廷で勝ちをおさめられるか——が法研究を危地に陥らせてしまったのである。ある領域の歴史学と社会学と哲学が歴史家や社会学者や哲学者などその技芸の卑近な必要性にとらわれているその分野の実践者と同じ感覚を自身のものとして採用するよう十分に助言されているというのもおかしなことである。結局のところ、われわれはローカル・ノレッジ以上のものを必要としているといってよい。われわれはローカル・ノレッジの多様性をその相互参照性に変える、つまり一方が暗くするのを他方が照らす方法を必要としているのだ。

このための出来あいの方法はないし、私はおそらくありえないと思っている。しかし、現在に到る巧緻の蓄積が存在している。われわれは——法より人類学にとって学ぶことが多いと私は思うし人類学のなかでは法より、交換、儀礼あるいは政治的象徴といった項目により関係が深い——ものごとについての通約不能な観方、すなわちいろいろな経験を記録し、さまざまな生を言い表わすそれぞれ異なった方法を、差異に関するわれわれの受けとり方を消し去ることなく(ふつうそれは深まるのであるが)、別個にながめるときよりも謎めいたところが少ないように思われる概念上の近接さに導くところのものを学んでいるといってよい。事態の核心をつかみとれない場合にのみ人は比較を行うというサンタヤナの有名な格言は、少なくともこの点については真実のまったくの裏がえしのように思われる。どのような核心に到るにせよ、そこへ到ることができるのは比較によるのであり、それも比較できそうもないものを比較することによってである。

こうした禅の公案風の表現を用いるのは申し訳ない気持である(「打ち合わせることのない二本の手の音とはいかなるものか」)。けれども、この比較不能なものを比較すること——ミルトンとシェークスピア、レンブラントとルーベンス、プラトンとカント、ニュートンとアインシュタイン——こそ想像の形式を記述的に説明しようと専念する研究分野がそのきわめて多くの時間を割いてきたことであると思えば、並はずれた逆説の意識が消えてゆく。文芸批評や美術史、道徳哲学、科学史などを一部とする多数の研究分野こそが、出現するすべてのものを一点に集中させるより「科学的」に思える企てよりも、文化伝統や歴史の局面をこえて、事実と法の区分がその形を変えるという困惑を理解するためにずっと多くの突破口を与えるのも、その理由による。本論で私が述べてきたことに伝達されるべき意味があるとすれば、それは、世界とは多様から成り立つ場所であり、その多様性とは、法律家と人類学者の差異であり、イスラム教徒とヒンドゥー教徒の、小伝統と大伝統の、植民地的過去とナショナリストの現代のあいだの差異であって、壮大な現実を無力な一般性と偽りの快適性の霞の中に消し去ろうとするよりも、その現実に直面することによって、科学的にしろそうでないにしろ多くのものが得られるということである。

このように言い表わすと、当然ながらずいぶん威勢がいいように聞こえる。現実原則がわれわれの生命を奪わぬ限りは、現実原則はわれわれにとって好都合であると思いたい。しかし、自らを異なった他者——火星人のようにかけ離れているのでもなく、未開人のように信用のおけぬということでなく、あるいは無告の民のように無力でもない、性と生存についてわれわれと同様の考えをもっている——のなかに位置づけて、自らを定義しようとする真剣な努力にも、知的なエントロピーや道徳上の停滞にとどまることのない、まったく真正の危険がある。われわれの声はほかの多くの声のうちの一つであるということと、しかしながらわれわれは自分がもつ唯一の声で話さねばならないということをしっかり知覚しておくことはむずかしい。いってみれば人類の長い会話とはあまりに不協和音を増加させているため、どんな種類の整理された思考でも、また、法感覚についての地方的形式を互いに深めあう相互的な法解釈に変えることはなおさら不可能にちがいない。それがそうであったとしても、しかしながら選択の余地はないように思われる。誰しも他人を一人にしておかず、またこれからもそうしようとはしない以上、あらゆる場所のあらゆる文化制度にとって基本的な問題は、あらゆるものがほころびもなく一致するようになるのか、あるいは反対にわれわれはそれぞれの偏見のなかに引きこもってゆくのかどうかという問題ではない。人間は、ジャワやコネクティカットで、法および人類学あるいはそのほかの分野を通して、自らが実際に送ることのできる節操ある生を心に描くことができるであろうか、それが問題である。

原註

(1) O. W. Holmesm, Jr., "The Path of Law," reprinted in *Landmarks of Law*, ed. R. D. Henson (Boston, 1960), pp. 40-41. E. A. Hoebel, *The Law of Primitive Man: A Study in Comparative Legal Dynamics* (Cambridge, Mass., 1954), p. 10.

(2) B. Malinowski, *Crime and Custom in Savage Society* (London, 1926)〔青山道雄訳『未開社会における犯罪と慣習』ぺりかん社、一九七〇年〕; K. Llewellyn and E. A. Hoebel, *The Cheyenne Way* (Norman, Oklahoma, 1941); M. Gluckman, *The Judicial Process Among the Barotse of Northern Rhodesia* (Manchester, 1955, rev. ed. 1967); P. Bohannan, *Justice and Judgment Among the Tiv of Nigeria* (London, 1957).

S. F. Moore, "Legal Liability and Evolutionary Interpretation," in *Law as Process* (London, 1978), pp. 83–134; L. Rosen "Equity and Discretion in a Modern Islamic Legal System," *Law and Society Review* 15 (1980–81): 217–45.

(3) 事実の概略化については、J. T. Noonan, Jr., *Persons and Masks of the Law: Cardozo, Holmes, Jefferson, and Whythe as Makers of the Masks* (New York, 1976) を参照のこと。裁決を行ううえで道徳上の問題を限定することに

関しては、L. A. Fallers, *Law Without Precedent* (Chicago, 1969) を、H. L. A. Hart, *The Concept of Law* (Oxford, 1961)〔矢崎光圀訳『法の概念』みすず書房、一九七八年〕と比較参照のこと。民族誌の分析に関する「解釈的」な観方に関しては、C. Geertz, "Thick Description : Toward an Interpretive Theory of Culture", in *The Interpretation of Cultures* (New York, 1973), pp. 3-30〔吉田禎吾ほか訳『文化の解釈学』岩波書店、一九八八年、第1章「厚い記述」〕を参照されたい。

(4) P. Rothstein, *Evidence in a Nutshell* (St. Paul, 1970), p. 5.

(5) A. P. Herbert, *Uncommon Law* (London, 1970), p. 350. 私は引用に際し、整理を行っている。

(6) J. Frank, *Courts on Trial* (Princeton, 1949).

(7) J. Frank, *Law and the Modern Mind* (New York, 1930) ; L. Fuller, "American Legal Realism", *University of Pennsylvania Law Review* 82 (1933-34) : 429-62 ; Noonan, 前掲書。

(8) M. Barkun, *Law Without Sanctions* (New Haven, 1968), p. 143.

(9) K. Llwellyn and E. A. Hoebel, *The Cheyenne Way*, p. 304. また、「事実の正義」と「法の正義」の対比については、L. Pospisil, *Anthropology of Law : A Comparative Perspective*, pp. 234 ff.; M. Gluckman, *The Judicial Process*, p. 336. を参照。

(10) F. von Benda-Beckmann, *Property in Social Continuity*, Verhandelingen van het Instituut voor Taal-, Land- en Volkenkunde, 86 (The Hague, 1979), pp. 28 ff.

(11) このことについては、C. Geertz, "Form and Variation in Balinese Village Structure", *American Anthropologist* 61 (1949): 991-1012; ならびに私の "Tihingan : A Balinese Village," *Bijdragen tot Taal-, Land- en Volkenkunde* 120 : 1-33 参照。

(12) C. Geertz, *Negara : The Theatre State in Nineteenth-Century Bali* (Princeton, 1980)〔小泉潤二訳『ヌガラ——一九世紀バリの劇場国家』みすず書房、一九八九年〕

(13) G. Gilmore, *The Ages of American Law* (New Haven, 1977), p. 111.

(14) P. R. Hyams, "Trial by Ordeal, the Key to Proof in the Common Law," 印刷中。

(15) N. Goodman, *Ways of Worldmaking* (Indianapolis and Cambridge, Mass., 1978).

(16) N. Goodman, "The Way the World Is," in *Problems and Projects* (Indianapolis and Cambridge, Mass., 1972), pp. 24-32.

(17) C. Geertz, *The Interpretation of Cultures*; P. Rabinow and W. M. Sulivan, eds., *Interpretive Social Science : A Reader* (Berkeley and Los Angeles, 1979).

(18) A. M. Hocart, *Kings and Councillors : An Essay in the Comparative Anatomy of Human Society* (Chicago, 1970), p. 128.

(19) Barkun, *Law Without Sanction*, p. 33.

(20) P. H. Gulliver, "Dispute Settlement Without Courts: The Ndenduli of Southern Tanzania," in *Law in Culture and Society*, ed. L. Nader (Chicago, 1969), p. 59.

(21) E. Colson, *Tradition and Contract : The Problem of Order* (Chicago, 1974), p. 82.

(22) N. Goodman, *Ways of Worldmaking* p. 121で彼は次のように語っている。「しかしもちろん真理は、言明を選り抜くための十分な要件ではないのはおろか必要な事項でもない。ほとんど真理と見てよい言明をさしおいて、しばしば真でないことを除いてはまず正しいと見られる言明が選ばれる場合がある。そればかりか、真理があまりに込み入っていたり、あまりに雑然としていたり、他の原理と気持よく適合しない場合には、もっとも真に迫った、受け入れやすく、啓発的な嘘が選り抜かれることもある。たいていの科学法則はこの種のものである。すなわち、法則とは委曲を尽くしたデータの細大漏らさぬ報告ではなく、容器に無理やり内容をつめこむといった体の大雑把な単純化なのである。」(菅野・中村訳『世界制作の方法』二〇五ページ、みすず書房、一九八七年)

(23) 私の作品のなかで、拡散のテーマを扱ったものとしては、とくに *Islam Observed* (New Haven, 1968)〔林訳『ふたつのイスラーム世界』岩波新書、一九七三年〕および *The Religion of Java* (Glencoe, Ill., 1960) を参照されたい。またその際、「イスラム的」ということばはなにも中東を意味しないし、「インド的」というのもインドそのものを指していないことをいっておきたい。

(24) 仮定法的なアプローチの例としては，E. A. Hoebel, *The Law of Primitive Man* を参照されたい。ただし私はこのアプローチを簡単に片づけようと思うのではないし，またその成果を否定したいのでもない。ただそれが私の方法とはちがうことを明らかにしたいのみである。

(25) この論議の処々方々に現われる章句はこれまでの私の作品から引かれている。とりわけ，“Sūq : The Bazaar Economy in Morocco,” in C. Geertz, H. Geertz, and L. Rosen, *Meaning and Order in Moroccan Society,* (Cambridge, England, and New York, 1979), pp. 123-313 と，C. Geertz, *Islam Observed* からの文章である。

(26) W. C. Smith, “Orientalism and Truth”(T. Cuyler Young Lecture, Program in Near Eastern Studies, Princeton University, 1969) ; および W. C. Smith, “A Human View of Truth,” *Studies in Religion* 1(1971): 6-24. 参照。なお引用ページを点々をつけて損じぬように，省略記号を用いる利便をとらずに，章句を省いたところがある。イスラム神学の特徴に関しては，H. A. Wolfson, *The Philosophy of the Kalam* (Cambridge, Mass., 1976), pp. 112-234. をご覧いただきたい。

(27) ハックのさまざまな意味についてさらに徹底した議論を行うためには，*The Encyclopedia of Islam,* new ed. (Leiden and London, 1971), vol. 3, pp. 81-82. の “Ḥaḳḳ” の項を参照されたい。そこでは，ハックの法的な意味がもともとの意味(前‐イスラムの)で，そこから倫理的かつ宗教的な意味が派生したと推測的な論議が行われている。「要約すると，語根[*ḥ-q-q*]の意味は，[木や石ないしは金属に]刻まれた永遠不変の法から，正義，真実，正しくまっとうな倫理の理想に及び，さらに，神と精神の真実にまで拡がっている。」この尋常ならざるほど生産的な語根が示すそのほかの面に関しては，同辞典の “Ḥaḳīḳa”(ibid., pp. 75-76)，および “ḥuḳuḳ”(ibid., p. 551) の項目を参照されたい。

(28) H. A. Wolfson, *Philosophy of the Kalam,* pp. 235-303.

(29) 古典イスラム法の法文書と証拠資料については，J. A. Wakin, *The Function of Documents in Islamic Law* (Albany, 1972)を，Rosen, “Equity and Discretion in a Modern Islamic Legal System” および A. Mez, *The*

Renaissance of Islam (Beirut, 1973[原版はおよそ一九一七年], pp. 227-29 ; J. Schacht, *Islamic Law* (Oxford, 1964), pp. 192-94 を参照のこと。「殉教者」šahīd ということばも「神の証人」という意味において，同じ語根から派生した。これについては，H. A. R. Gibb and J. H. Kramers, *Shorter Encyclopedia of Islam* (Leiden and London, 1961), pp. 515-18 の “Shahīd” の項を参照のこと。「証言」あるいは「証拠だて」を意味する Šahāda はいうまでもなくイスラム教徒の有名な「信仰宣言」である。すなわち「[私は以下のことを確信する]神をおいて神はおわしめさざり，モハメッドこそ神の使者である」(たとえば，[立証の任]を負う当事者は，まちがいなく志操堅固で宗教的に廉直な，イスラム教徒である二人の成人男性を証人に立て，当人の申し立てる真実についての直接的な認識を口頭で立証しなくてはならない)そうした厳格な証拠立ての要請こそ時として，近年ますますシャリーア法廷の裁定が困難になってきたことの主たる理由であるといわれている(N. J. Coulson, “Islamic Law,” in *An Introduction to Legal Systems*, ed. J. D. M. Derrett (New York and Washington, D. C., 1968, pp. 54-74. ここでの引用は p. 70)。この議論には真実も含まれているが，この観方は，立証についてのそうした「厳格」な見解が，シャリーア法廷をひき継いだ「世俗」法廷における裁判過程にどれほどの影響を与えたか，その程度についてみすごしている。

(30) Wakin, *Function of Documents in Islamic Law*, p. 7.

(31) Rosen, “Equity and Discretion in a Modern Islamic Legal System.”

(32) Wakin, *Function of Documents in Islamic Law*, p. 7.

(33) バグダッドに関しては Mez, *Renaissance of Islam*, p. 229 参照。この数字は異様に高いものである。数年のちにはその数字はより妥当な三〇三に下っているが，それでも法律家はまだ高すぎると思っている。二次証人に関しては，Wakin, *Function of Documents in Islamic Law*, pp. 66 ff. および Schacht, *Islamic Law*, p. 94 が，二人の証人がそれぞれの一次証人について有効性を証言しなくてはならないと述べている。*šahada ʿalā šahada* は単数形で，法技術的には，「証人」よりも「証拠だてを行うこと」を意味するため，「証言に関する証言」と訳するのがより妥当であろう。註(29)参照。

(34) Schacht, *Islamic Law*, p. 193. 匿名のカーディについては Mez, *Renaissance of Islam*., p. 228 参照。

(35) Schacht, *Islamic Law*, pp. 122, 189.

(36) *Islamic Law.*, p. 187. 法典のほかの数多くの点については、法解釈学者のあいだに完全な意見の一致があるものではないが、ほぼ同意は存在する。

(37) シャリーア法廷の現代の役割については、Coulson, "Islamic Law" 参照のこと。

(38) この用語は、イスラム世界の中央部で *šuhūd*(単数形は *šāhid* 註(29)参照)と短縮され、その東端と西端で *ʿudūl*(単数形 *ʿadl*) と短縮される。Wakin, *Function of Documents in Islamic Law*, p. 7 参照。彼は、人々が述べたことを記録するだけでなく、人々の言に自らの人格のアウラをつけ加えるようにしているため、*ʿadl* を「公証人」と訳すのは妥当でない(市民法的な調子をもっているので、フランス語の「公証人」ならまだよいかもしれない)。しかし訳語は標準的なもので、文句通りには無理としてもそれ以上のものはない。英語で「信頼に足る証人」という訳語はそれとしてきわめて正しくはない。イスラムの公証人(「信頼に足る証人」という意味あいで)一般については、**E. Tyan**, ***Le Notariat et le Preuve par Ecrit dans le Pratique du Droit Musulman*** (Beirut, 1945) 参照のこと。モロッコの ʿadl に関する私の知識の多くをローレンス・ロウゼンに負っていることを述べておく。

(39) シャリーア法制度および多分その公証人制度は、サウジ・アラビアのような、より伝統的な中東の政治体制においては依然としてひろい活動範囲をもっている。また最近のいわゆるイスラム復興は、リビア、イラン、パキスタンなどにおいて少なくともその活動範囲をふたたび拡大してきたように思われる。

(40) 「インド流の」(インド化した)あるいは「ヒンドゥー的の」(ヒンドゥー化した)ということばよりも「インド的」(インド的となった)という用語を使うことは、東南アジアにおける「インド的なもの」と「インドの影響」がどれほどのもので、どのようなタイプのものであり、どのくらい深く及んでいるか等々に関するきわめて議論を呼んだ問題の全体を洗練する試みであるとくり返しておく。この点についてはさらに C. Geertz, *Negara*, p. 138〔小泉訳『ヌガラ――一九世紀バリの劇場国家』みすず書房、一九八九年〕参照のこと。また Derrett の「アヒルでもガチョウでも七面鳥でもないものはニワトリである」という「ヒンドゥー教」についての見解、すなわち「個人法の法制化された部分を適用するためには、〔インドでは〕ヒンドゥー教徒とは、イスラムでも、パーシーでもキリスト教徒でもユダヤ教徒でもない人間である」J. D. M. Derrett, *Religion, Law and the State in India* (New York, 1968), p. 44(傍点は原文による)を参照のこと。

(41) インドの古典法典をめぐる論議(もしくはさらに正確を期せば、裁判上の観念が由来する典拠のことであるが)については、そのヒンドゥー的展開に関して R. Lingat, *The Classical Law of India*, trans. J. D. M. Derrett (Berkeley and Los Angeles, 1973), pp. 7-9, pp. 18-122 を、その仏教的展開については、R. F. Gombrich, *Precept and Practice : Traditional Buddhism in the Rural Highlands of Ceylon* (Oxford, 1971), pp. 40-45 を、東南アジアについての派生的な研究としては、M. C. Hoadley and M. B. Hooker, *An Introduction to Javanese Law : A Translation of and Commentary on the Agama* (Tucson, 1981), pp. 12-31 と、M. B. Hooker, "Law Texts of Southeast Asia", *The Journal of Asian Studies*, 37 (1978) : pp. 201-19 を参照のこと。

(42) Derrett, *Religion, Law and the State*, p. 118.

(43) W. D. O'Flaherty, *The Origins of Evil in Hindu Mythology* (Berkeley and Los Angeles, 1976). この引用は同書、九四、九五、九六、九八、一〇九ページから適宜とり出した。これはいうまでもなくヒンドゥーに基づいた定式化であり、仏教の場合は大きく異なる(この点については、W. Rahula, *What the Buddha Taught*, rev. ed. [London, 1978]参照)。法典をめぐる議論では、私はできるかぎり次のようなやり方で問題を述べようと望んだ。少なくとも議論が、ヒンドゥー教的インド世界、東南アジア北部のテラワーダ仏教諸国、そしてさらに複合的なインドネシア島嶼部にひとしく適用されるように望んでいる。西洋伝統についての深い分析がカトリックとプロテスタントの差異を探索するのを無視するのと同様、さらに深い分析も、二つのインド的伝統に関する法的な見解の差異を探査することを避ける点では同じではあるが。けれども西洋的伝統と同じく(教派的な分立という点では、イスラムについても私はスンニ派とシーア派の差を無視してきたが)、インド的文明には、その法が投ずる、独特の形式と調子が備わっている。「仏教徒に対して、その人の信仰のことを聞いてみると、その人はあなたがダールマのことを話していると思うであろう。このことは論理的にも歴史的にも正しい。ブッダはヒンドゥー社会に育ち、数多くのヒンドゥー的な仮定を受け容れているのであるから。」(Gombrich, *Precept and Practice*, p. 68)

(44) J. Gonda, *Sanskrit in Indonesia,* 2nd. ed. (New Delhi, 1973), pp. 537, 157 ; Gombrich, *Precept and Practice*, p. 60 ; Rahula, *What the Buddha Taught*, p. 58 ; Linga, *Classical Law of India,* p. 3 ; S. Wojowasito, *A Kawi Lexicon,* ed. R. F. Mills (Ann Arbor, 1979), pp. 287-88. ヒンドゥー伝統におけるダールマの意味と，その法との関係についてのすばらしい論考に，L. Rocher, "Hindu Conceptions of Law", *The Hastings Law Journal* 29 (1978) : 1280-1305. がある。

(45) R. B. Inden and R. W. Nicholas, *Kinship in Bengali Culture* (Chicago, 1977), p. xiv. 私は省略法の援けをかりずに，カースト的なヒンドゥー教にのみ当てはまるようなベンガル語の用語と章句を省いている。同様の定式化については，M. Davis, Rank and Rivalry: *The Politics of Inequality in Rural West Bengal* (Cambridge, England, and New York. 近刊) および M. Marriott and R. B. Inden, "Caste Systems," *Encyclopedia Britannica,* 15th ed. 1974 を参照のこと。

(46) O'Flaherty, *Origins of Evil,* pp. 94-95. 校訂および挿入を施してさらに一般性を与えておいた。Inden-Nicholas とオフラハティの言述のいずれもいうまでもなくカースト的なヒンドゥー教と関係しているが，その点については少なくとも，仏教徒の見解もさほどちがってはいない。「[仏教的]宇宙には，ヒエラルキー的な秩序づけにしたがって，生命あるものが満ちあふれている。人間はそのまん中ほどにおり……。そのうえには，さまざまな位階の神々と精霊がおり，人間の下方には動物と霊と悪鬼が位置している。この世の上方にはいくつもの天上界があり，この世の下にはいくつもの地獄がある。一般的にいって，位階の上に行けば行くほど力と幸福，長寿が増進する。同様に善行をなす力と好みも増す。けれども，どの位階にも死はつきもので，生には欠けるところがあることを免れようもなく思いおこさせる。死は異なった位階のあいだの移動を実現させる。どこにおいてもつねに死と再生がある。誕生時の人間の位置はカールマ (*karma*) によって定められる。カールマとはサンスクリットのことばで，たんに「行為」を意味するが，それは技術的な意味を獲得した……。このことは，あらゆるヒンドゥー教徒とジャイナ教徒によって受け容れられている。すなわちインドの宗教体系のうちのすべての主たるものが容認している。とはいっても仏教こそが，その概念を倫理化した最初の体系であった。仏教にとってカールマとは，道徳的に善かろうが悪かろうが行為のみから成り立っており、儀礼のようなほかの行為は関係しない。」(Gombrich, *Precept and Practice*, p. 68.)

(47) Manu, VIII, 5, の Lingat, *Classical Law of India*, p. 4 からの引用。ランガはマヌ法典をおおよそ紀元前二世紀から紀元後二世紀のあいだのものと年代を定めた(ibid., p. 96)。

(48) ibid., p. 3. これはあきらかにマヌ法典からの引用である。ダールマということばのもつ広大な意味の拡がりは――このことばは、テラ・フィルマというときの「しっかりとした」「堅い」「永もちする」意味でのフィルマ、あるいはラテン語のフィルムスという語に語源的には関連している――マハーバーラタでたぶんそうであるように、はっきりと示されている(*Śāntip.* 109, 59 ; quoted p. 3, n. 2)。「ダールマがそう呼ばれる由縁は、それが……すべてを保護するからである。すなわちダールマは創造されたあらゆるものを保つ。つまりダールマとは、宇宙そのものを維持する法則にほかならない」とある。このことばの特定の意味について(スヴァダールマ)Davis, *Rank and Rivalry* を参照すると、「あとがき」のなかで「ダールマとは、個人ないし個人の集団、そして社会全体に適切な、生理的かつ道徳的な行動のことである。部分的に[それは]……人が生きてゆく、身体的かつ社会的な共同体によって規定されている。というのは、[そうした共同体は]それぞれなんらかの点で互いに異なった生活上の慣習をもっているからである。[個人の]ダールマもまた部分的には……その個人が生きる時間によって定められる。というのもすべての[共同体]はそれぞれ独自の異なった歴史をもっており、同じ[共同体]においてすら、正しく妥当な行動の定義は時間の経過とともに変わるものであるから。そしてダールマには[また]個々人の資質および……人生の段階によって定まるところがある。そのわけは、個人に適切な行動は、その個人の性格および身体-精神上の成熟の度合によって異なるからである。場所、時間、性格、人生の段階……は四つの……定数であり、それに応じて、いかなる個人のダールマも、個人からなる集団のそれも決定されるといってよい。[人々の]それぞれのダールマを形造る特定の行動は一様にひとしく一定ではない。時間と場所によってそれらは異なっており、同じ時間に同じ場所で生きている人々のあいだでも個々人によってちがっており、さらに個々人の人生の段階によっても同じではない。」ダールマ一般と個々のダールマとのあいだの複雑な関係について、一望におさめる論議として、O'Flaherty, *Origins of Evil*, p. 94 ff. が参考になる。

(49) Lingat, *Classical Law of India*, p. 208. これについては、Hoadley and Hooker, *Introduction to Javanese Law*,

p. 14 に「ダールマによる統治は、王の意思が正しく行使されることによってのみ安定的なものとなる。この意味で、*Rāja-dharma*〔正法王〕は[古典的な法の及ぶ]世界において、すべての必要な義務の最上位におかれるものである。」(傍点は原文のまま) Rocher, "Hindu Conceptions of Law," p. 1294 に「西洋文明のもつ法の範疇がより重要な役割を果たす、ダールマの側面は、王の中心性に収斂してゆく」と語っている。*arājaka* および「混乱の支配」については、Lingat, *Classical Law of India,* p. 207 および Derrett, *Religion, Law and the State,* p. 560 を参照されたい。

(50) R. Lingat, "Evolution of the Conception of Law in Burma and Siam," *Journal of the Siam Society,* 38 (1980): 9-31. R. A. O'Connor, "Law as Indigenous Social Theory," *American Ethnologist,* 8 (1980), pp. 223-37. にも引用されている。D. M. Engel, *Law and Kingship in Thailand During the Reign of King Chulalongkorn* (Ann Arbor, 1979), p. 3 に引用された。D. K. Wyatt, *The Politics of Reform in Thailand* (New Haven, 1969), p. 8; M. B. Hooker, *A Concise Legal History of Southeast Asia* (Oxford, 1978), p. 31; Engel, *Law and Kingship,* p. 8.

ワイアットの引用部は、またも仏教とヒンドゥー教の着想が基本的に似ていることを示している。すなわち「バラモン的な神王つまりデワラーヂャの概念は、王をして法の体現者たらしめるために変更された。つまり仏教が統治する期間には、王が法を基準として評価されるべきとする道徳律が確実にされた。この効果は、たとえばクメール[つまりカンボジアの]帝国では、ブラーマンが絶対王権の独裁的過剰に対抗して行おうとした抑制を強めることとなった。」

インドそのものと、東南アジアのインド的影響を受けた地域とのあいだ、すなわち役に立つ自文化中心主義を込めてオランダ植民者が大陸インドと島嶼インドと呼びならわしたもののあいだに生ずる、そのほかの「相違点」についてもひとことというべきであろう。インドについてはL・デュモンが「俗的なタイプ」(「自ら供犠の司式者とはなれぬ[が]、自らの「前面」に司祭をおし立て、……やがて司祭の聖なる権力のために、たんなる俗的な力だけは維持するものの、ヒエラルキー上の至高性を失ってしまった」(*Homo Hierarchicus: An Essay on the Caste System,* Mi Swainsbury 訳[Chicago, 1970], pp. 67-68. 傍点は原文による)と述べているが、東南アジアにおけるそうした王の役割から、東南アジアのさまざまな「神聖」ないし「半神聖」もしくは「模範的」な王権のタイプにわたる拡がりがある(Engel, *Concise Legal History*; O'Connor, "Law as Indigenous Social Theory"; G. Coedès, *The Indianized States of Southeast Asia*, trans. S. B. Cowing (Kuala Lumpur, 1958); Geertz, *Negara*, pp. 121-36.)。王の役割についてのこうした区分はいささか行きすぎかもしれぬが、インド的世界のなかにおける相互比較はともかくとして、インド的な法世界とそれ以外を比較することを考えてみると、その内部分化は大して重要ではない。セデスは「インド化はまずもって、ヒンドゥー教もしくは仏教による宗教信仰、プラーナの神話、およびダールマシャストラの遵守に特徴づけられ、サンスクリットを表現媒体とするインド的な王権の概念のうえに築かれた、組織だった文化の伸張ととらえられなくてはならない。」と語っている(*Indianized States*, pp. 15-16)。セデスの定式化は結局のところ、「インド化」がインドをこえて(もちろんインド内部においても)拡がった程度にちがいがあることをしっかりと念頭においていれば、もっとも正鵠を射た見解のように思われる。

(51) Geertz, *Negara*, pp. 37, 126, 240. インドの古典テクストには次のような類似した人間像が存在する。教養のある人士とは「想念する人」であり、権力を追う人々とは「行動する人」である。また、いちばん大事なことは「知」で、「意志」がそれに続く、とか、宮廷の司祭は「王の頭脳である」といった類のものである(Lingat, *Classical Law of India*, pp. 216, 217. インドにおける知識人と王との一般的な関係については、Lingat, *Classical Law of India*, pp. 215-222; Dumont, *Homo Hierarchicus*, pp. 71-79; L. Dumont, "The Conception of Kingship in Ancient India," in *Religion/Politics and History in India* (The Hague, 1970), pp. 62-81を参照。東南アジアについてはGeertz, *Negara*, pp. 36-37およびpp. 125-27を参照されたい。

王のダールマの一部と考えられているダンダ(字義上「権標」とか「杖」を意味する)つまり制裁の適用と、知者のダールマの一部とみなされるプラーヤチッタ(字義上は「第一等の思索」とか「見出す思考」を意味する)といわれる、苦行を通して浄化を実現することとの差、および両者の結びつき(「[ブラーマン]が苦行を定め、[王]は、その苦行が実行され、反抗する者を処罰するのを見守らなくてはならない。」[Lingat, *Classical Law of India*, p. 66]他方仏教による法則化は、罰と浄化がなにに等しくなるかについてちがっている)は、この関係の法的な側面を理解するうえで枢要なものである。「インド伝統のなかに、それらの二つの力を、キリスト教的な二つの剣のアナロジーとしてみることは意味がない。実際ブラーマンは、儀礼や苦行が問題とされる限りにおいては支配者である。彼のもつ力の拡がりは、実際上、宗教上のみでなく政治的にも王が行う活動のすべてに及んでいる。一方では聖なる、他方では俗なる、それぞれ固有の領域に働く二つの力が存在しているのではない。俗なる力だけでも作用する力をもつ。けれどもその行使が実効性をもつためには適切な指示が必要なのである。王がブラーマンの助言を蔑むと、王は自らの義務を果せぬばかりでなく、悪政の危機を招来してしまうことさえある」(ibid., pp. 214-216. pp. 50, 61-67, 232-37 も参照)。ジャワについては、Hoadley and Hooker, *Introduction to Javanese Law*, pp. 227-28.

(52) 自己利益(アルタ、それ自体不当な感情というわけではないが、私利の魅力が個人の義務の観念を歪めると正当ではなくなる)の考え方は、肉欲(カマ)と同様にインドの古典的な思想のなかではダールマとして展開していたといってよい。そしてその展開についての包括的な論考(アルタシャーストラ)がある。それについては、Dumont, *Homo Hierarchicus*, pp. 165-66, 196, 251-52; Derrett, *Legal Systems*, pp. 96-97; Lingat, *Classical Law in India*, pp. 5-6, 145-48, 156-57 を、ジャワの政治理論における私利——パムリ——と関連しては、B. R. O'G. Anderson, "The Idea of Power in Javanese Culture," in *Culture and Politics in Indonesia*, ed. C. Holt (Ithaca, 1972), pp. 1-69 を参照のこと。[そこで彼は]「役人のとるべき正しい態度とは、個人の動機を排除して、国家の利益のために粉骨の働きを行うことにある。……パムリー[権力をもつ者の]はその当人の究極的な利益にとって大きな脅威となる。というのも個人的で片寄った情熱もしくは偏見に耽溺することは、内面の不均衡および、個人の密度と力が拡散することにほかならないからである」と述べている。タイ国については、O'Connor, "Law as Indigenous Social Theory," pp. 233-34 で「現代のタイ人は……際限のない私利を受け容れてはいるが、それは人をして社会についてのより包括的な秩序にくみ入れる宇宙の秩序や王権の理法、慣習、法らしき原則とくらべて劣ったものとみている」といっている。さらに Engel, *Law and Kingship*, pp. 7-8; L. Hanks, "Merit and Power in the Thai Social Order," *American Anthropologist*, 64 (1962): pp. 1246-61 参照のこと。

(53) Derrett, *Legal Systems*, p. 99.

(54) マヌ法典については Rocher, "Hindu Conceptions of Law," p. 1294; Lingat, *Classical Law in India*, pp. 222-

32を参照。タマサート（サンスクリットのダールマシャストラのタイ語版）については，Engel, *Law and Kingship*, pp. 1-8 ; Hooker, *Legal History*, pp. 25-35 ; Lingat, *Classical Law in India*, pp. 269-279 ; Lingat, "Evolution of the Conception of Law" ; O'Connor, "Law as Indigenous Social Theory" を参照。

(55) Engel, *Law and Kingship*, p. 3.

(56) Hooker, *Legal History*, pp. 26-27.

(57) Engel, *Law and Kingship*, p. 5 ; Prince Dhani Nivat, "The old Siamese Conception of the Monarchy," *Journal of the Siam Society* 36 (1947) : 91-106. 王令もタマサートのなかにおさめられているために，タマサートには「実定法」の要素が含まれているともいえるかもしれない。けれどもそれらはダールマがもつ包括的全体の概念のなかに含まれており，その表現とみなされている。この点について，そしてさらに，東南アジアにおいて，王令を含むことが「自然法」概念からの本来的な離脱を示すとするランガの見解（"Evolution of the Conception of Law"）の部分的な修正については，O'Connor, "Law as Indigenous Social Theory" のとくに pp. 225-27 を参照のこと。彼はまったく正当に，この文脈で，自然法／実定法の区分が妥当か否かに疑問を呈している。

(58) The *Nārada-Smṛti*, in *The Minor Law Books : Narada and Brihaspati*, trans. J. Jolly (Oxford 1889), p. 35 ; M. C. Hoadly, "Continuity and Change in Javanese Legal Tradition : The Evidence of the Jayapattra," *Indonesia*, 11 : 95-109. の九七ページの引用による。

Rocher ("Hindu Conception of Law," p. 1302) が「［古典］時代には実際の法的な行為が無きに等しかった」インドに関しては，もっと近年についての有用な資料として，B. S. Cohn, "Some Notes on Law and Change in North India," *Economic Development and Cultural Change*, 8 (1959) : 79-93 および，とくに彼の "Anthropological Notes on Disputes and Law in India," *American Anthropologist*, 67 (1965) : 82-122. さらにフランスのイエズス会士，ジャン・ヴナン・ブーシェによる "Pondicherry to a great man in France" (Father Bouchet's Letter on the Administration of Hindu Law" trans. Rocher. 印刷中）と題する手紙がある。四世紀南インドのサンスクリット・メロドラマ The Toy Cart は，シュドラカ王の作品といわれているが，たぶん（聖職者の）詩人が王の宮廷で書いたらしい (trans.

P. Lal, in *Traditional Asian Plays,* ed. J. R. Brandon[New York, 1972], pp. 14-114)が，そのなかに王権と法学のあいだの緊張がよくうかがえる裁判の光景が含まれている(とりわけ九六ページの「裁判官」――いわばその場を司る「評定者」もしくは裁判を始める「相談員」――の話を参照されたい)。伝統的なインドの法過程について，法典に基づく評言を行ったものに，Lingat, *Classical Law in India,* pp. 69-70, 254-56がある。タイ国について，Engel, *Law and Kingship,* pp. 60-63，インドネシアでは Hoadley, "Continuity and Change" ; Hoadley and Hooker, *Introduction to Javanese Law,* pp. 26-28 ; F. H. van Naerssen, "De Saptopatti : Naar Aanleiding van een Tekstverbettering in den Nāgarakrtāgama" *Bijdragen tot Taal-, Land- en Volkenkunde,* 90(1933) : 239-58 ; Th. G. Th. Pigeaud. "Decree Jaya Song, About 1350 A. D." *Java in the Fourteenth Century : A Cultural History,* 4 vols.(The Hague, 1960-63), 4 : 391-98(原本では1 : 104-7，訳本 3 : 151-55)，Geertz, *Negara,* pp. 241-44を参照されたい。さらによく知られておらず，また参照するもののほとんどないビルマとカンボジアの法過程については，Maung Htin Aung, *Burmese Law Tales*(London, 1962)および S. Sahai, *Les Institutions politiques et l'organisation administrative du Cambodge ancien VI-XIII siècles*(Paris, 1970)がある。

(59)　David Engel, *Code and Custom in a Thai Provincial Court*(Tucson, 1978), p. 5.

(60)　Ibid, p. 4.「ヤマは[古典ヒンドゥー－仏教的宇宙観においては]正義と結びつけられてきた。実際タンマ(ダールマ)は死神の別名であるともいわれている。死神は正義の概念を体現している。

(61)　Bouchet, "Letter on the Administration." 少々異なるがこの話は，P. Ramachandra Rao, *Tales of Mariada Raman, 21 Amusing Stories*(London[?], 1902), pp. 5-10, 43-47にも登場する。なおこれは(Rocherによって)同書に引用されている。

(62)　近代のインドおよび東南アジアの法に関する文献はもちろんきわめて広範で，しかも一様ではない。インドについては，J. D. M. Derrett, *Introduction to Modern Hindu Law*(Bombay, 1963)および彼の *Religion, Law and the State*を，タイについては Engel, *Code and Custom* and *Law and Kingship*を，インドネシアでは D. S. Lev, "Judicial Institutions and Legal Culture in Indonesia" in Holt, *Culture and Politics,* pp. 246-318を，ビルマとカ

ンボジアについては文献を探すのが難しいが，Hooker, *Legal History,* pp. 150–52 (Burma), pp. 166–68 (Cambodia) を参照されたい。全般的な見解としては，M. B. Hooker, *Legal Pluralism : an Introduction to Colonial and Neo-Colonial Laws* (Oxford, 1975) を参照。

(63) Derrett, *Legal Systems,* p. 83.

(64) ほとんどライデン大学に集中した観のあった，アダット法学運動の中心人物とは，ふつうその創始者と考えられてはいるが，彼以前に同様の視点があった。中心人物とはコルネリス・ファン・フォーレンホーフェン（とくに彼の *Het Adatrecht van Nederlandsche Indië,* 3 vols. [Leiden, 1918, 1931, 1933]）とB・テル・ハール（*Adat Law in Indonesia,* trans. E. A. Hoebel and A. A. Schiller [New York, 1948]）であった。地域ごとの，民事法廷についてのアダット法の手引書は，ライデン大学の独占とはいわないが，強力な後押しのもとに，「アダット法委員会」によって作られた。それらについては，*Adatrecht Bundels* (The Hague, 1910–55) を参照。西洋化を進める対アダット運動反対派はまとまりを欠いていたが（非学術的であるが），I. A. Nederburgh, *Weten Adat* (Batavia, 1896–98) が代表例となる。全体の展望として，M. B. Hooker, *Adat Law in Modern Indonesia* (Kuala Lumpur, 1978) がある。ライデン大学内部からのアダット法学に対する人類学的な批判については，J. P. B. de Josselin de Jong, "Customary Law, A Confusing Fiction," Koninklijke Vereeniging Indlsch Instituut Mededeling, 80, Afd. Volkenkunde, no. 20, Amsterdam (1948) 参照のこと。

(65) 顕著な例として，G. D. Willinck, *Het Rechtsleven der Minankabau Maleirs* (Leiden, 1909), J. C. Vergouwen, *The Social Organization and Customary Law of the Toba Batak of North Sumatra,* trans. Scott-Kemball (The Hague, 1964), R. Soepomo, *Het Adatprivaatrecht van West-Java* (Batavia, 1933). M. M. Djojodigoeno and R. Tirtawinata, *Het Adatprivaatrecht van Middel-Java* (Batavia, 1940). V. E Korn, *Het Adatrecht van Bali,* 2nd ed. (The Hague, 1932) がある。

アダットとはアラビア語（ᶜ*ada*）の派生語であり，ふつう「常道」「慣習」「慣用」「実践」などと訳され，その語根ᶜ-w-dには「帰還」「戻ること」「再起」「復帰」「反復」（ᶜ*aud* は「再び」を意味する）などインドネシア的な感覚をより適切につかみとる力がある。中央部のイスラム地域において習慣を意味するもっともふつうのことばは、*ʿāda* ではなく、「知ること」「気がつくこと」「認める」「知悉する」を意味する *ʿ-r-f* の語根から生じた *ʿurf* である。

(66) テル・ハールは *Adat Law* のなかで beslissingsrecht(おおよそ「裁判官のつくった」もしくは「先例にもとづく」法とでもよべる)の観念のうちに、ファン・フォーレンホーフェンによるより正統的な手引書的なアプローチとは対照的な、アダット法理論のコモン・ロー的な変異形(彼は法報と事例引用をさえ考えた)を展開した。とはいっても、民事上の判定と処罰つまり「法執行者的」な観念からの新展開はけして大きなものではなかった。独立後のインドネシアで「ヌガラ・フクム」という名のもとに行われた法治国家《レヒトシュタート》の概念の継承については、Lev, "Judicial Institutions," p. 258 を参照。

(67) 都市知識人のけして実在しない「有機体的」な社会を求めるノスタルジー、つまり、村落生活に関するユートピア的なみかたに多少は損ねられているものの、戦後の議論のなかで最上かつもっともよく考えぬかれ、持続的な論考が、Moh. Koesnoe, *Introduction Into Indonesian Adat Law* (Nijmegen, 1971). ならびに同じ著者の *Report Concerning a Research of Adat Law on the Islands of Bali and Lombok*, 1971-73 (Nijmegen, 1977). さらに *Opstellen over Hedendaagse Adat, Adatrecht, en Rechts Ontwikkeling van Indonesië* (Nijmegen 1977). *Musjawarah, Een Wijze van Volksbesluitvorming Volgens Adatrecht* (Nijmegen, 1969) である。多少「東洋的な方法」を理想化しすぎる傾きと反動的な自民族中心主義のきらいはあるものの、そのほかの論考として、M. M. Djojodigoeno, *Wat is Recht? Over de Aard van het Recht als Sociaal Proces van Normeringen* (Nijmegen, 1969) は「規範制定」の社会学的基礎をはっきりと示しているし、また R. Soepomo *Kedudukan Adat Dikumudian Hari* (Plakata, 1947) は一見それらしき近代国家におけるアダットの未来について深く検討を行っている。戦後のアダット研究がニーメーゲンに集中した(M. A. Jaspan, *The Redjang Village Tribunal* [Nijmegen, 1968]; G. van den Steenhoven, *The Land of Karenda* [Nijmegen, 1969]; H. W. J. Sonius, *Over Mr. Cornelis van Vollenhoven en het Adatrecht van Nederlands-Indië* [Nijmegen, 1976])ことはキリスト福音主義(それはイスラム教の主導権には強く反対したが)とは関係がない。それはむしろ、van den Steenhoven の督励によって、ライデンから研究の中心が移った結果といって

よい。

(68) 「アダットとは、それによってインドネシア島嶼部の人々が彼らの世界を構築した象徴的な宇宙のことで……アダットとは慣習を意味しない……」と述べた Benda-Beckman, *Property in Social Continuity*, pp. 113, 114 は、それに当たらない。彼の用語解によると、アダットは「伝統、慣習、法、道徳、政治体系、法体系」など「礼儀」と「儀礼」はぬけているものの総体にほぼ等しいものとして「定義」されている。この論議を私なりに進めてゆくうえで、彼の仕事(そして註(67)のKoesnoe の仕事)にきわめて多くのものを負っている。いうまでもなく私の定式化は私自身のものではあるが。私の見解に近い、東アフリカを舞台とする慣習法一般の見方に、Fallers, *Law Without Precedent* がある。

(69) "…… 'Adat' adalah tatanan hidup rakjat Indonesia jang bersumber pada rasa susilanja" という Koesnoe, *Indonesian Adat Law*, p. A9(私は同書A八ページの英訳を変えた。というのは、その訳はややはっきりしないところがあり、その口語的な意味を正確に捉えるにはやや文語的にすぎる「倫理」のような観念をもち出しているからである。)

(70) 「マレイシア」の場所によってそうしたことばはそれぞれ異なる。うえにあげたことばはややジャワ的といってよい。それについての興味深い論議に、Koesnoe の "Over de Operationele Beginselen voor het Oplossen van Adatrechtsgeschillen" in his *Opstellen*, pp. 39-80 がある。

(71) そのような一般の規範的な観念と、そうした制度を覆う道徳的な被膜としてではなく、特定の制度そのものと曲解してしまうと、「アダット法原理」といった理論らしきものによってそれらの観念を区分し、その結果、それぞれに特定の意味づけを行うようなことになってしまう。社会学的にいってより現実的な議論に、R. R. Jay, *Javanese Villagers : Social Relations in Rural Modjokuto* (Cambridge, Mass., 1969) および R. M. Koentjaraningrat, "Some Social-Anthropological Observation on Goton Rojong Practices in Two Villages of Central Java," (Ithaca, 1961) がある。

(72) こうした問題に関する文献には、いうまでもなく莫大なものがある。一つ特定の例をあげれば私の *The Religion*

of Java (Glencoe Ill., 1960), part 1., pp. 11-118.

(73) A. H. Johns, ed. and trans., *Rantjak Dilabueh: A Minankabau Kaba, A Specimen of the Traditional Literature of Central Sumatra* (Ithaca, 1958), pp. 113-16. 民族誌的な細かい点を説明することを省くのと、もしくは文章を語りの調子ですべて記述することを避ける意味で、私はジョンズによる翻訳を多少変えている。アダット裁定におけることわざ、金言、そのほかの「定形的な言明」「形式的発話」など――つまり修辞法――が果たす重要な役割については(〃ミナンカバウに関するものではあるが、現象は一般的である) von Benda-Beckmann, *Property in Social Continuity*, pp. 114-15, 132-33 を参照されたい。

(74) 独立インドネシアでもっとも顕著な場面というのは、アラビア語からの借用語でムスジャワラーという「村会」「集合的審議」(Koesnoe, *Musjawarah* 参照)である。しかし、このことばはやや抽象的でイデオロギー性が強い。ムパカット(これもアラビア語からの借用であるが、ずっと浸透同化している)つまり「一致」「合致」とか、ステュユ「一定方向の」、スタフ「気持が一つの」、ブラット「全員一致の」「完全の」、ルクン「平和な一致」そしてそのほか数多くの地元のことば(たとえば同書 pp. 9-15 の Sasak 語の *begundum*「議論を経て」とか von Benda-Beckmann, *Property in Social Continuity*, p. 193 の〃ミナンカバウ語セイジン「同意」などの例を参照)は多かれ少なかれ、より一般に通用している。

(75) von Benda-Beckmann, *Property in Social Continuity*, p. 115. もともとは M. Nasroen, *Dasar Filsafah Adat Minankabau* (Jakarta, 1957), p. 56 から引用。この場合、英語でよりしっくりする慣用句を用いるために、翻訳を変えた。この詩句はブルク「丸い」ということばの地口から成り立つ。ブルクは水(ブルク・アイ)に適用されると「めぐる」「分配される」という意味になり、言説に適用されると(ブルク・カトのように、カトとは「ことば」)「全員一致の賛成」を意味する。ベンダ＝ベックマンの訳は、「水は竹の筒のなかをめぐりゆく／ことば(決定)はムパカット(全員一致)のなかをめぐりゆく／水は竹をつたって流れる／真実は人間によって明らかにされる(橋渡しされる)」となっている。原語では、"*Bulek aie dek pambuluah/Bulek kato dek mupakat/Aie batitisan batuang/Bana batitisan urang.*" オーストロネシア諸語の名詞が一般にそうであるように、ウラングということばは、数や性によって有徴化されぬため、このことばに「人」もしくは「人間」の意味をあてはめることもできよう。

(76) 彼らがそう呼ぶので、それら二つのパラダイムといっておくが、第一のものは第二とほとんどかわらないことになる。それに関する議論として、J. L. Comaroff and S. Roberts, *Rules and Processes : The Cultural Logic of Dispute in an African Context* (Chicago, 1981), pp. 5-21 を参照のこと。「規則中心」のパラダイムに関しては、L. Pospisil, *Kapauku Papuans and their Laws* (New Haven, 1958) を、「過程重視」のパラダイムについては、Malinowski, *Crime and Custom in Savage Society*〔青山訳『未開社会における犯罪と慣習』ぺりかん社、一九七〇年〕参照。

(77) Gilmore, *The Ages of American Law,* pp. 109-10.

(78) Ibid, pp. 110-11. 彼が p. 49 で要約しているとギルモアのいうホームズの引用は、「すべての司法を一つに[還元してしまう]とは、おそろしい意見だ。」「妥当な法の内実にまず必要なこととは、正しかろうと否と、法が共同体の実際の感情および要請に沿っていることである。」これは O. W. Holmes, Jr., *The Common Law,* ed. M. de W. Howe (Cambridge, Mass., 1963), p. 36 からの引用。この公理が、「感情と要求」が「法の実体」(「正しいか否か」はまたそれ自体別の第三のもの)に対し、どの程度まで優先し、独立のものであるかを仮定しているか、そしてその結果「妥当性」とは後者が前者にどれほど調和するかの程度によって測られることになる、その程度については、ギルモアも彼の才能あふれた前任者も気づかなかったようである。

(79) なかんずく、M. B. Hooker, *Legal Pluralism : An Introduction to Colonial and Neo-colonial Laws* (Oxford, 1975); S. B. Burman and B. E. HarrelBond, eds., *The Imposition of Law* (New York, 1979); M. Galanter, "The Modernization of Law," in *Modernization,* ed. M. Weiner (New York, 1966), pp. 153-65 ; idem "The Displacement of Traditional Law in Modern India," *Journal of Social Issues* 24 (1968): 65-91; idem "Hinduism, Secularism and the Indian Judiciary," *Philoso phy East and West* 21 (1971): 467-87 ; B. Cohn, "Some Notes on Law and Change in North India," *Economic Development and Cultural Change* 8 (1959): 79-93 ; R. S. Khare, " "Indigenous Culture and Lawyer's Law in India," *Comparative Studies in History and Society* 14 (1972) 71-96 ; A. St. J. Hannigan,

"The Imposition of Western Law Forms on Primitive Societies," *Comparative Studies in Society and History* 4 (1961-2), pp. 1-9 ; V. Rose, "The Migration of the Common Law : India," *Law Quarterly Review* 76 (1960): 59-63 ; J. N. D. Anderson, "Conflict of Laws in Northern Nigeria," *International and Comparative Law Quarterly* 8 (1959): 44-56 ; M. Rheinstein, "Problems of Law in the New Nations of Africa," *Legal Transplants : An Approach to Comparative Law* (Edinburgh, 1974) ; J. H. Beckstrom, "Transplantation of Legal Systems : An Early Report on the Reception of Western Laws in Ethiopia," *American Journal of Comparative Law* 21 (1973): 557-83 ; M. A. Jaspan, "In Quest of New Law : The Perplexity of Legal Syncretism in Indonesia," *Comparative Studies in Society and History* 7 (1964-65): 252-66 ; S. Hatanaka, "Conflict of Laws in a New Guinea Highlands Society," *Man* 8 (1973): 59-73 ; A. A. Schiller, "Conflict of Laws in Indonesia," *Far Eastern arterly* 2 (1942-43): 31-47.

(80) Hooker, *Legal Pluralism*, pp. 393-94. 一九七四年の政権奪取以降の状況は，数多くの軍事法廷が存在することをのぞいて，はっきりしない。かつて良い時代を過ごした大陸の学者が制定した民法には三三六七の条項があり，現代の世界でもっとも大きな民法となっている(ibid., p. 399)。私はむろんのこと，「法的な折衷主義」を第三世界固有の現象と論ずる気持ちはないし，それがつい最近のことというつもりもない(Watson, *Legal Transplants* 参照)。ただまさに現代にそれが顕著になっており，ますますそうなっていることをいっておきたい。そのようなわけであるから，そうした現象を病理といおうとするつもりもない。むしろそれは法の変化にとっては通常の過程の一部といってよい。(「法体系の歴史は大まかにいって，別の法体系から法の題材を借用する歴史といってよく……」とR. Poundは，Watson, *Legal Transplants*, p. 22 引用部で述べている。)

(81) R. Rorty, *Philosophy and the Mirror of Nature* (Princeton, 1979). 通常／異常の区分はなかでも pp. 11, 315-22, 332-33, 357-65 にでてくる。ローティも認めるように，区分の考え方はトーマス・クーンの通常科学と革命的科学の区分から来ている。T. Kuhn, *The Structure of Scientific Revolutions*, 2nd ed. (Chicago, 1970)〔邦訳『科学革命の構造』紀伊國屋書店，一九七九年〕および同著者の *The Essential Tension* (Chicago, 1977) 参照。

(82) Rorty, *Philosophy and the Mirror of Nature*, p. 316. 私は普通／普通でない、の区分をよしとするが、それは私が通常／異常にみられる病理的な調子(それ自体クーンのいう通常／革命的という政治的にきこえすぎる区分の修正であるが)をきらうからであり、また純粋型や二分法的二元論ならびに絶対的な対蹠をきらうからである。

(83) Ibid., p. 11.

(84) Ibid., p. 316.

(85) Ibid., p. 318.

(86) Ibid., p. 320.

(87) B. N. Cardozo, *The Growth of Law* (New Haven, 1924), p. 145.

(88) Rorty, *Philosophy and the Mirror of Nature*, p. 320. 異常な言説についての通常の言説を「解釈学《ハーミニューティクス》」というローティの使用法は(そして通常の言説についての通常の言説を「認識論《エピステモロジー》」という)それ自体ふつうではない。私自身はそれを十分に受け容れる用意はない。きわめて標準的な法的もしくは人類学的な(あるいは文学的、もしくは神学的な)評言もまた解釈学と正当に呼ばれてよいように思われる。とはいっても伝統的な形式にしたがって認識論と呼びならわすことに感ずるローティの異和感もわかるつもりではあるが、認識論は解釈学の正反対というよりなにかちがったもの——その名のとおり、知識に関する理論——のように思われる。この用語上の詭弁はここでの関係になんらの重要性ももたないと思う。人類学において解釈がどのようなものであるかについての私の見解に関しては、私の "Thick Description: Toward an Interpretative Theory of Culture," in *The Interpretation of Cultures*, pp. 3–30.〔邦訳『文化の解釈学I』三―五四ページ〕を参照されたい。

(89) オランダ領東インドの法律上の展開に関する全般的叙述については、J. S. Furnivall, *Netherlands India: A Study of Plural Economy* (Cambridge, England, 1944); Supomo, *Sistim Hukum di Indonesia Sebelum Perang Dunia II* (Jakarta, 1957); M. B. Hooker, *Legal Pluralism*, chap. 5; M. B. Hooker, *A Concise Legal History of Southeast Asia* (Oxford, 1978), chap. 7; Hooker, *Adat Law in Modern Indonesia* (Kuala Lumpur, 1978), chap. 4; D. Lev, "Judicial Institutions and Legal Culture in Indonesia", in *Culture and Politics in Indonesia*, ed. C. Holt

(Ithaca, 1972), pp. 246-318を参照。

(90) このことに関する簡潔で体系的な論評として、E. A. Hoebel and A. A. Schiller, "Introduction," in ter Haar, *Adat Law,* その比較としてJ. H. A. Longemann, *Het Staatsrecht van Indonesië, Het Formeel System* (The Hague and Bandung, 1955), pp. 17-30を参照のこと。法廷の体系は実際はこれよりも複雑で、植民地のなかでも「直接的」な行政地域と、「間接的な」ところとではちがっていた。Hooker, *Legal Pluralism,* pp. 275-77参照。

(91) Lev, "Judicial Institutions,"(「法の衰退」についてはp. 257以降およびp. 316以降)を参照。同著者の *Islamic Courts in Indonesia* (Berkeley, 1972)、さらに同著者の "The Politics of Judicial Development in Indonesia," *Comparative Studies in Society and History* 8(1964-65): 173-199をみよ。レヴ自身は時おり(たとえば "Judicial Institutions," pp. 316-317で、"Politics of Judicial Development," p. 189で)、まるで政治的抗争の激しさと法制度のもつ社会的重要性が正反対の関係にあり、一方が進展すると他方が引っこむかのように書いている。私はけれども、これは西洋のとくにアングロ・アメリカン法の一致の理論を採用した帰結にほかならないと思う。現在にしろ昔にしろその法的な生活の事実よりも、「非個人的」で「形式的」かつ「一致的」な根拠としてレヴは一致の理論を提示している。

(92) Lev, "Politics of Judicial Development"; "Judicial Institutions."

(93) Lev, *Islamic Courts.*

(94) アダット法学(現在ではフクム・アダット)については、Jaspan, "In Quest of New Law" を参照のこと。ここでの問題は、自らをイスラム社会であり、イスラム的な政体、そしてイスラム的な国民と位置づけているインドネシアでは「イスラム」に対する公然たる攻撃はほぼ不可能であるという事実によって複雑になっている。彼らの自己定義がそうである以上、アダット法理論家の示す強い反-シャリーア感情は、もっとも頑固な欧化主義者(資本主義者にしろ共産主義者にしろ)でさえ、あるいはイスラム主義者にしろ、アダットに対して、そして「インドネシア精神」に対して少なくともリップ・サービスをしなければならないという事実、そしてとりわけバリではっきりと、さらにほかのジャワの地域でも暗黙のうちに、アダットと考えられるものが実際にはその性格も起源もインド的であるという事実によって、間接的に表現されなくてはならない。自らのほうがより真正であることをうたって覇を競うことはどちらの立場にしろこうした文脈のなかでは、極端に洗練され、異常に微妙なものとなる。

(95) 約二五万から七五万のあいだのインドネシア人がインドネシア人によって殺された一九六五年の大虐殺のただ中でさえ、偏った種類の正義というものが続いていた。それより一三年前に私が調査をしたことのあるジャワのある地域では、軍隊が村民を地区の中心の広場に集め、彼らの中の誰が「共産主義者」か指し示すよう尋ね、ある村の容疑者を他の村の追及者の手に委ね、村に連れ帰り、処刑するよう割り当てた。スハルト政権下、そのような運命を免れた生存者たちは強制収容所に収容され、人権に焦点を当てた法的活動は西洋的と受けとられ、正当な過程を踏んだ刑期は西洋的な、受刑者に肩入れする弁護職がつくったものとみなされ、インドネシア的なものは、そうしたことを追い求めるものではないとされた。結局、イラン製の「権力をもった律法者」の革命に刺激されたイスラム的な政治活動の復興以降、シャリーア司法の役割はかつて以上に活発な議論の焦点となった。

(96) こうした見方はもちろん、法的実証主義一般の特質といってよい。がしかし、人の生を定義づける法の属性と直面することがとりわけ気おくれのすることである、比較法学の研究者にとって実証主義はとくに魅力的に思われる。「[インドネシアにおける法の多元性の論議]を省いてしまう傾向によって、法をそれ自体が究極の価値をもつものと考えるのではなく、さまざまな社会的、政治的なゴールを含めて、ほかの価値を達成する手段にすぎぬものと考える観方に傾きがちである。法は、それ自体本来的な価値をもつ必要のない、社会上かつ政治上の価値を得るための媒体もしくは道具としてとらえられるかもしれない。この観方は法の道具的価値を一方に、法が奉仕する本来的な目的をもう一方に峻別することは明白である。」(Hooker, *Adat Law*, p. 7)

(97) A. Hourani, *The Emergence of the Modern Middle East* (Berkeley and Los Angeles, 1981), p. 97 に引用されている。

解説
ローカルとユニヴァーサル

青木　保

I

クリフォード・ギアーツが一九八四年秋に来日したとき、大阪での講演の後、歓迎の夕食会の席上で少し話をしたことがある。そのときあなたのようなタイプの研究者は、アメリカの人文・社会科学者の間で、どのように位置づけられているのか、と素朴ではあるがかねて興味をもっていた質問をぶつけてみたのだが、ギアーツの答えは「まったくの少数派《マイノリティー》だよ」というもので、「マイノリティーだよ」といく度もくり返したのが印象に残った。

その後、ギアーツに会ったのは一九八八年三月にボストンで全米アジア学会があったときのことで、アジア研究の功労者として記念学会賞をギアーツが受賞した会場である。ギアーツに素朴な質問をしたのも、欧米の研究者から、ギアーツの絶大な影響力と権威性(各種の賞や研究資金、フェーローシップの選定の際に大きな力を発揮する)についてよく聞かされていたので、「マイノリティ」発言は意外でもあったし、またアジア学会での受賞は、なるほどと思うことにもなった。それに、プリンストンの高等研究所(大学とは別組織)のハロルド・F・リンダー記念社会科学講座教授というポストは、その任命前にロバート・ベラーの不幸なスキャンダルがあったとはいえ、他のいかなる大学・学術機関のポストと較べても、際立ったものにはちがいないのである。この二〇年以上にわたって、ギアーツほど賞讃をうけ、その著書や論文が出る度に評判となり、またよく引用される著者であった学者は人文・社会科学において他に較べられる存在はないといってもよいくらいであるから、「マイノリティ」発言は意外と感じられもしたのである。しかし、政治学・歴史学などの分野で「ギアーツ・ブーム」があったことは事実であるが、ジャンルを横断して研究を進める研究者は、大変孤独なのかもしれない。

そう考えれば「マイノリティ」発言にも納得のゆくところがある。そこで想い出されるのは以前ハーバード大学がコメンスメント(卒業式)に各界の貢献者を顕彰して与える名誉博士号をギアーツが受けることとなって、その授与式のときに会場でエスコートする役に当然なるべき人類学部の学部長はこれを嫌がってわざわざ旅へ出かけたため、社会学のダニエル・ベルが代役を引受けたと当の学部長から聞いたことがある。ギアーツの出身学部でもあるのに、ハーバードの人類学アカデミズムは、ギアーツを専門家としてはあまり評価していないようにみえた。この話を聞いた八五年当時のことだが、院生たちもギアーツのことを口にするのをさけるような気配さえあり、奇妙に感じたのを覚えている。これは多かれ少なかれ日本の「学会」にも当てはまるが、あれほどさまざまな栄誉ある賞やメダルを授与されているにもかかわらず、文化人類学者の間で、ギアーツはまともに正面から扱われていない面がある。もちろん、その「文化解釈学」の影響を受けていま活躍する「弟子」もかなりいることは事実であるが、全米人類学全体からすれば「マイノリティ」にちがいない。これは西ヨーロッパを含めてもいえることであろう。日本の文化人類学においても、一部を除いてはギアーツの問題を受けとめていない。ギアーツに限らず、レヴィ＝ストロースにしても、後期リーチ、ニーダム、デュモンなど、「読む」前に「批判」する文化人類学者の「軽チャー化」が目立つ。私もこの学会で三〇年近くを過してきたが、ギアーツの著作を理解する教養と知性を備えた者はまずほとんどこの学会(文化人類学)にはいないといってよいかと思う。それに替って学会を支配するのは、専門に名をかりた野蛮な無教養主義であり、小権力をちらつかせる小エゴイストの横暴である。

以上のようなことをわざわざ書き記したのは、いまこの『ローカル・ノレッジ』の邦訳刊行を前にして、あらためてギアーツのような「学者と学問」のあり方を、考えてみたかったからである。

II

ギアーツはその著書によく献辞を記しているが、ウェーバー、パーソンズ、ガイガー、ターディといった名前がみえる。最後の名前はカレッジ時代の師(哲学)であるが、他の三名はいずれも専門領域をこえて、広く社会科学一般の理論と意味を追求した、「社会科学を専門的技術としてとらえる見方」への「全方向的反逆者」の先駆者である。だが、本書の「序文」に記されてあるように、彼自身は「社会的なるものほぼすべてについての「一般理論」を求めようとすることの虚しさ」とそれを主張することの誇大妄想に組するわけではない。パーソンズ以後、社会科学は統一を望むのを止め、「小さな枠組みへと分解」したとみるギアーツは、「枠組み」こそが「さまざまな人々がそれぞれ自分のやっていることを要するに何であると考えているのかを見定めようとする」ことの「実体」として、その「実体」を文化人類学の「実体」と重ねた上で、それが現代思想の大半における「ある種の最先端部分にとりわけ適合的」であると述べている。こうした見方には異論も多くあるにちがいない。

彼のいう「人類学」は、彼がいう「記号学」と同じく、きわめてギアーツ派のとらえ方であって、文化人類学一般に「適合」されるとは思えない。世の人類学者がとてもウィトゲンシュタインの「語り口」をしてきたとはいえないからだ。哲学者が思索に、文芸批評家ならテクストに、歴史学者なら帰納に、いずれも基づいて考察するはずの「大問題」を民族誌的情報に基づいて行うのだとギアーツは主張するが、「われわれ自身のものではない理解をわれわれが理解するとはどういうことであるのかを何とか理解しようと試みる」ことが、二〇世紀後半の(前期ウィトゲンシュタインがきわめて断定的に「不可能」と託宣したことを後期ウィトゲンシュタインが「言語ゲーム」化して解こうと試みたように、とでもいうのだろうか)人文・社会諸科学の「共通課題」であるとすれば、その「解釈学的人類学」の可能性と限界が自ずと明らかになる。

ギアーツはかつてレヴィ=ストロースを論じて、「脳を使う野蛮人《セレブラル・サヴェージ》」と「野生の思考」を皮肉にとらえ、その科学=論理「万能」主義を批判したことがあった。レヴィ=ストロースの「構築」的な論理主義が、文化の意味の理解を欠くことを示唆したのだが、「社会現象を因果関係の巨大な織物」にする「決定論」的なアプローチをさけて、あくまでも文化に固有の知識の枠組みの中で「大問題」を位置づけようとするのは、それ自体がきわめて大胆な企てなのである。ギアーツの主張する「見取図のはっきりしている一連の困難」を「見取図のあまりはっきりしない一連の困難」と置き換えることは、安易にはできない。それはストレートにはできず、迂回する道をとらざるをえないことになる。記述することと価値づけることの両方を一度に行うためには、「制度的」な「論文」の形よりも、自由な「エッセイ」的形式の方が便利だということには、ギアーツの理由づけ以上の深い意味があると思う。ギアーツの「学問的」「科学的」態度以上に、実はギアーツの「解釈学的実践」にはこの「エッセイ」的な形式のもつ「根元的」な意味が表われている。

それは、誤解されることを承知で一口で敢えていうなら「より文学的」になるということである。すでに指摘されているように、ギアーツの著述は初期から中期そして現在へと「進展」するにつれて、その思考を表現する文章はより「詩的」になっている。『ジャワの宗教』の〝ウェーバー〟的論調と『ヌガラ』の散文的美しさとの対照をここでは想起すれば十分である。この変化を指して、歴史に残るようなすぐれた学問的著作はすべからく「文学」であるといわれるような、古典的表現に迫る変化ということもできよう。問題はギアーツにとって本人が考える以上に本質的だということである。

III

こうしたギアーツの学問の特徴を端的に示しているのが、本書に収められたいくつかの「エッセイ」である。第一章で論じられる「ジャンルがくぐもる」状況の考察は、ギアーツ自身の方法論的でない方法のマニフェストであるが、その現代の人文・社会科学における「言説の混淆」の意味の解明は、「真実」が一つのディスクールにではなく多元的なディスクールを介して顕われることを意味し、それは第三章の「住民の視点から」と重なる。「いま一度だけあの危ない言葉を使えば、〈住民の内面生活〉におけるかたちや力を理解するとは、心を交えることよりは、諺を解したり、ほのめかしに気づいたり、冗談がわかったり——あるいはここで示唆してきたように、詩を読んだり——することに近いということである」と結ぶことばにはギアーツの方法がよく示されていると思う。

この論集で私自身がもっとも〝好ましい〟と評価するのは、第二章の「翻訳に見出す」である。ライオネル・トリリングを記念する講演として行なわれたこのエッセイで、「もしトリリングがなにかに対して強迫観念を抱いていたとすれば、それは文化と道徳的想像力との関係に対してである。そして私もそうなのだ。彼は文学の側からそれにつきあたり、私は慣習の側からそこにつきあたった。」とギアーツが書くとき、「私もまた」といいたくなる想いを抑えられなくなる。このエッセイには、現代の人類学的研究の、あるいは先に引用したいい方にならっていえば「現代思想」の最先端部分に携ろうとする者の、「心得」を直截に表現するような美しい文章がある。たとえば、次のような条り。「文化の〈あるいは歴史の、と言ってもよいが〉相対主義の正しさは、われわれがけっして他の民族や他の時代の想像力をあたかもわれわれ自身のものであるかのようにきちんと理解することはできないとするところにある。他方その誤りは、それゆえわれわれはけっして真にそれを理解することなどできないとするところである。われわれは他の民族や他の時代の想像力を十分に、少なくともわれわれ自身のものではない他のすべてのことを理解するのと同じくらいには理解することができるのだ。ただし、われわれとそれとの間に介在するおせっかいな解説の背後から見るのではなく、それをとおして見ることによってそれは可能になる。伝統的ヒューマニズムの認識論的な自己満足についてのトリリング教授の苛立ちは場違いなものではない。それに対するもっとも正確な回答は、人生とは翻訳であり、われわれはみなそのなかに失われてしまっているのだというジェームズ・メリルのうがった観察である。」

これは文芸批評に対しても人類学に対するのと同じくらい比喩的な「真実」の指摘にはちがいないが、ある意味では人文・社会科学における「発見」や「独創」そのものがすでに「為されたこと」の「理解」の中に埋もれていることを「見出す」作業となった現代の学問的状況における「誠実さ」を正確に示すことであろう。それは「意味は機械ではない」とこれまでの法学を批判して、地域固有の知識体系を掘り起して「法的多元性」の理解を進めることによって、「解釈学的転回」に対して社会諸科学のうちでもっとも鈍い反応しか示してこなかった法研究への批判的発展をうながすことにも端的に示されている。

しかし、ギアーツがその上で、「地方の知」以上のものを必要とすると主張していることは、「枠組み」に閉じ込もることを至上目的とするような現代社会科学の閉鎖性への批判となる。

ギアーツの方法の可能性と限界と記したが、まさにここにそれが示されている。地方の知＝枠組みの理解なくしては何ら「発言」はできないが、「発言」をするためには地方の知＝枠組みをこえなければならない。ギアーツが行なってきたのはその二つのことを統合して一つのディスクールとするための、その試みであるが、地方の知の理解と近代主義的人文・社会科学の「大問題」との結びつけは、予想以上に困難な作業である。しかも、ギアーツ自身は否定しようとする「決定論」的な知の枠組みに、どうしても地方の知の中での問題を人文・社会科学的な大問題として解決しようとするときには接近せざるをえなくなる面があるし、となると結局は両方の面で無理が生ずる。考えてみればその面に、これまでのギアーツ批判は集中しているのである。トリリングとギアーツが共通に出会う「場＝テクスト」であるというヘルムスによるバリ島の王の葬儀の描写の例は、まさにそのジレンマを示すものの端的な例である。ヘルムスの描写にはある意味では「異人の驚き」以外のものが表われていないからである。

そうなると、ギアーツの「ローカル・ノレッジ」もつまるところ「西欧‐アメリカ的」近代主義に還元されることによってしか「意味」をなさないという、もう一つの「決定論」に帰着することになる。これが可能性にして限界と私には思える。

自分を「マイノリティだ」というギアーツのことばには、二重、三重の意味が以上の点からも含まれていることがわかる。それは自らこの論集でマニフェストをしているように、人文・社会科学における解釈学的人類学の位置、彼の方法であるローカルの中にユニヴァーサルをみること、そしてアメリカの学界における彼自身の位置を明らかにすることでもある。それらは互いに相呼応して、ローカルとユニヴァーサルを共鳴させながら他に影響力をあたえるが、そこに彼自身がいう本来的な「曖昧さ」が巣喰うことによって、常に「マイノリティ」でいることを宿命づけられる。そして、「マイノリティ」でいることによって逆に力を発揮する。ギアーツの卓抜した才能が、すでに先人によって使われた「ことば」の、新しい意味づけによる再生(「劇場国家」「分厚い記述」「住民の視点」「インボリューション」「翻訳の中に見出す」等)にあることは、ギアーツの「学問」にとって何ごとか本質的なものを示している。それはまたローカルの中でユニヴァーサルを論じようとする「方法」にとって、近代の人文・社会科学における「大問題」が、もしローカルへと転ずることがあるとすればどうなるのか、ということさえ想像させるのである。

東大法学部がギアーツのようなタイプの「人類学者」を招いて、特別招待講義をしたという話は聞かないが、イエール・ロー・スクールのストーアズ記念講義はギアーツに「ローカル・ノレッジ」を講義させた。アメリカの学会も制度的な矮小な専門主義が覆ってはいるが、こうした点には大きな救いがあり、わが国にはない。

この論集『ローカル・ノレッジ』を読みながら、これまた誤解を恐れずにいうと「現代日本の社会科学と人類学」という「ローカル・ノレッジ」について考えてみることにも意味があると思う。そのとき、ギアーツの存在とその学問のあり方はどうなるのか。ともかく、いろいろなことについて付加価値の多い論集であり、基本的に「文化」についてあらためてよく考えさせてくれる大変刺激的な書物である。

訳者あとがき

本書は，Clifford Geertz, *Local Knowledge : Further Essays in Interpretive Anthropology*, New York : Basic Books, Inc. Publishers, 1983 の全訳である。

本書訳出のきっかけは，本訳書の解説を書かれている青木保教授より，今から五年ほど前にお誘いを頂いたことによる。当初からの訳者に二年前に小泉も加わってそれぞれ独立に作業を進め，初稿の完成した段階で表記や訳語などをめぐって意見を交換し調整を図ったが，基本的に各々の分担責任のもとに翻訳を行った。担当は次の通りである。

序文，及び第I部（第二章を除く）　小泉潤二
第二章，及び第II部（第四章～第七章）　山下晋司・山下淑美（共訳）
第III部（第八章）　梶原景昭

本書の著者名のカタカナ表記にいては，現在「ギアツ」「ギアーツ」「ギーアツ」などがあり，統一されていない。以前に訳者の一人（小泉）が，五通りほどのカタカナ表記に発音記号を添えて，どれを選ぶ

べきか著者本人に問い合わせたところ、その中では「ギアツ」が適当であろうと選択されたこともあり、この表記を採ることも考えられたが、岩波書店の他の出版物との調整の都合により、原語の発音からやや遠い「ギアーツ」となったことを付言しておく。

岩波書店編集部には、索引原稿作成の作業でお世話になった。ここに記して謝意を表したい。

訳　者

一九九一年二月

■岩波オンデマンドブックス■

ローカル・ノレッジ
——解釈人類学論集　　クリフォード・ギアーツ

1991年4月23日　第1刷発行
1999年9月7日　モダンクラシックス版発行
2014年12月10日　オンデマンド版発行

訳 者　梶原景昭《かじわらかげあき》　小泉潤二《こいずみじゅんじ》
山下晋司《やましたしんじ》　山下淑美《やましたよしみ》

発行者　岡本 厚

発行所　株式会社 岩波書店
〒101-8002 東京都千代田区一ツ橋2-5-5
電話案内 03-5210-4000
http://www.iwanami.co.jp/

印刷／製本・法令印刷

ISBN 978-4-00-730156-8　Printed in Japan

索　引

ア 行

カ 行

サ行

タ 行

ナ 行

ハ 行

——の未来　360-376
比較——　359, 376
マラヨ=ポリネシアの——　316, 350-359
ローカル・ノレッジとしての——　360-367
方位　227
法的多元主義　370, 377
法にまつわる民族誌　352
ホカート, A. M. Hocart, A, M. 314
ポコット　142, 144-145
ホジソン, マーシャル Hodgson, Marshall　190-192
ボッティチェルリ, S. Botticelli, S.　182
ホートン, R. Horton, R.　259
ボハナン, ポール Bohannan, Paul 169, 375
ホピ　261
ホーベル, E. A. Hoebel, E. A.　291
ホームズ, O. W. Holmes, O. W. 291, 302, 365, 387
ホリス, ルロフ Goris, Roelof　89
ホールトン, ジェラルド Holton, Gerald　266
ボルヘス, ホルヘ・ルイス Borges, Jorge Luis　32
ホンダ, J. Gonda, J.　337

マ 行

マーカス, スティーヴン Marcus, Steven　80
マケ, ジャック Maquet, Jacques 206
マチス, H. Matisse, H.　167, 169-172
マヌ法典 The Code of Manu　340, 343
マラブート　231
マリノフスキー, ブロニスラフ Malinowski, Bronislaw　12-13, 98-101, 259-260, 303
『マリノフスキー日記』→『厳密な意味での日記』
マリヤータイ=ラーマン Mariyatairaman　347
マン, ナンシー Munn, Nancy　149
マンドルボーム, モーリス Mandlebaum, Maurice　16
『未開社会における犯罪と慣習』(マリノフスキー)　292
未開人　130
——の芸術　168-176
——の思考　259-260
——の常識　152-159
ミード, G. H. Mead, G. H.　387
ミード, マーガレット Mead, Margaret　13, 89
ミレー, J. F. Millet, J. F.　164
民族誌(学)
思考の——　265, 286
——と法　293, 351
ムーア, サリー・フォーク Moore, Sally Falk　292
ムーア, G. E. Moore, G. E.　134, 146
メイラー, N. Mailer, N.　33, 81
メハッラ *mehalla*　233
メリル, ジェームズ Merrill, James 12, 78, 88
メルロー=ポンティ, モーリス

Merleau-Ponty, Maurice　134
モーガン, チャールズ Morgan, Charles　47
モザイク的社会組織　117-119
モース, M.　Mauss, M.　259
モルゲンシュテルン, O. Morgenstern, O.　40
モロッコ　239
　伝統的——の主権と巡幸　230-240
　——の自己の概念　113-119
　——の詩と文化的衝動　188-207

ヤ 行

ヤコブソン, ローマン Jakobson, Roman　16
ヤマ Yama　346
ユーモア　204
ユング, C.　Jung, C.　262
『用意しておきなさい』(ミード)　13
妖術(アザンデの)　136-140
ヨルバの彫刻　170

ラ 行

ライフサイクル　272, 276-279
ライール *lair*　106-108
ライル, ギルバート Ryle, Gilbert　134, 268
『裸者と死者』(メイラー)　83
ラディン, ポール Radin, Paul　157
ラニアン, デイモン Runyon, Damon　42
ラニョン→ラニアン
ラフラ, ワルポラ Rahula, Walpola　337
ランガ, ロベール Lingat, Robert　337, 342
ランガー, スザンヌ Langer, Susanne　48, 56
リーフ, フィリップ Rieff, Phillip　213
理解　212
リクール, ポール Ricoeur, Paul　3, 51
リダ, ラシッド Rida, Rashid　385
両性具有性　140-149
リンゼイ, ジョン Lindsay, John　212
類比
　演劇からの——　44-47
　ゲームからの——　40-43
　社会科学における——　37-38
　テクストからの——　50-55
ル=ロワ=ラデュリ, E. Le Roi Ladurie E.　33
レウェリン, カール Llewellyn, Karl　300
レヴ, ダニエル Lev, Daniel　380
レヴィ=ストロース, C. Lévi-Strauss, C　5, 9, 33, 56, 130, 152, 205, 259, 263
レヴィ=ブリュール, L. Lévi-Bruhl, L.　259
歴史学　278
歴史相対主義　78
レク *lek*　112
ローゼン, ローレンス Rosen, Lawrence　293, 328
ロック, ジョン Locke, John　39
ローティ, リチャード Rorty, Richard　268, 372-375

ロード，アルバート Lord, Albert
194

ワ 行

ワイズガーバー，F.　Weisgerber, F.
234
ワイヤット，デイヴィッド Wyatt, David　342
ワーズワース，W.　Wordsworth, W　15
ワトソン，ジェームズ Watson, James
33, 98
ワヤン *wayang*　52